क्या आपका बच्चा सुरक्षित है?

क्या आपका बच्चा सुरक्षित है?

के. संजय कुमार गुरुदीन
आई.पी.एस.

प्रभात
पेपरबैक्स
www.prabhatbooks.com

प्रकाशक

प्रभात पेपरबैक्स

4/19 आसफ अली रोड, नई दिल्ली–110002

फोन : 23289777 • हेल्पलाइन नं. : 7827007777

इ–मेल : prabhatbooks@gmail.com ❖ वेब ठिकाना : www.prabhatbooks.com

संस्करण

प्रथम, 2018

मूल्य

दो सौ रुपए

अनुवाद

बी.बी. जैन

अ.मा.पु.स. 978-93-5266-958-5

मुद्रक

आर–टेक ऑफसेट प्रिंटर्स, दिल्ली

★

KYA AAPKA BACHCHA SURAKSHIT HAI?

by K. Sanjay Kumar Gurudin, IPS

(Hindi translation of 'IS YOUR CHILD SAFE?')

Published by **PRABHAT PAPERBACKS**

4/19 Asaf Ali Road, New Delhi-110002

ISBN 978-93-5266-958-5

₹200.00

यह पुस्तक 'क्या आपका बच्चा सुरक्षित है?'
अपनी पुत्रियों—आदित्री व आद्रिका
तथा
अपने माता-पिता, जिन्होंने मुझे, जो मैं आज हूँ,
ऐसा बनाने के लिए कठिन परिश्रम किया, को समर्पित है।
एक माता-पिता के लिए
उनकी संतान से अधिक मूल्यवान्
कुछ भी नहीं।

बाल अधिकारों के संरक्षण के लिए केरल राज्य आयोग की चेयरपर्सन का नोट

यूनिसेफ की ओर से बचपन को उस बहुमूल्य समय के रूप में परिभाषित किया गया है, जिसमें बच्चों को भय से मुक्त, हिंसा से सुरक्षित और दोहन तथा शोषण से सुरक्षित रहते हुए, अपने परिवार तथा देखभाल करनेवाले वयस्कों के विस्तृत समुदाय के प्रेम और उत्साहवर्धन के विश्वास के साथ बड़ा होना चाहिए। प्रत्येक बच्चे का पालन-पोषण एवं संरक्षित किए जाने का अधिकार है और उसे विकसित होने का पर्याप्त अवसर मिलना चाहिए, ताकि वह जीवन में आनेवाली चुनौतियों और मुश्किलों का सामना करने के लिए तैयार हो सके। यह प्रत्येक माता-पिता, शिक्षक और पालनकर्ता को सुनिश्चित करना चाहिए कि बच्चे को इस प्रकार के अधिकार मिलें।

इस दिशा में पालकों और विशेष रूप से माता-पिता के सामने मुख्य चुनौती अपने बच्चों में वास्तविक संसार में मँडराते खतरों के प्रति समझ पैदा करने की और ऐसे सुझाव देने की रही है कि कैसे उनसे बचा जाए या सबसे अच्छी तरह से उनसे निपटा जाए। हाल के दिनों में यही प्रयास एक चुनौती साबित होता रहा है, इसके साथ ही बच्चों के साथ बातचीत के अवसर कम हुए हैं, जिसके लिए काम का दबाव और माता-पिता के साथ ही बच्चों के पास भी समय की कमी जिम्मेदार है।

इस परिस्थिति में एक नया पहलू भी सामने आया है, जो विकास के अनेकानेक अवसर प्रदान करता है, लेकिन उसके साथ ही बच्चों की सुरक्षा पर और उसके फलस्वरूप परिवार तथा पूरे समाज की संरचना के लिए खतरा उत्पन्न करता है, जबकि परिवार ही समाज की मौलिक इकाई है। यह गंभीर खतरा है, तकनीक में तरक्की के कारण आभासी या साइबर जगत् तक इंटरनेट के जरिए वह पहुँच जो किसी के लिए, यहाँ तक कि बच्चों के लिए भी उपलब्ध है-एक ऐसी पहुँच, जिसकी कोई सीमा नहीं और जो दुनिया के किसी भी हिस्से से घर के बेहद निजी हिस्सों तक अपनी पैठ बना सकता है।

अधिकांश वयस्कों को जहाँ तकनीक में हुए इन परिवर्तनों की बेहद हल्की समझ

है, और वे इसका इस्तेमाल जरूरत के मुताबिक ही करते हैं, वहीं बच्चों में इसके इस्तेमाल में महारत हासिल करने की एक स्वाभाविक ललक होती है। इस कारण वे जितनी आसानी के साथ ऐसा करते हैं, उसे देख हम चमत्कृत रह जाते हैं, और इस कौशल को यह समझने की भूल कर बैठते हैं कि इस विषय में दक्ष होने के लिए बस इतना ही सीख लेना काफी है! आभासी दुनिया के इस्तेमाल में लापरवाही और उसकी चुनौतियों को लेकर अज्ञानता के कारण किस प्रकार के खतरे उत्पन्न हो सकते हैं, इसकी बिल्कुल भी समझ नहीं है।

माता-पिता जहाँ अपने बच्चों को यह सिखाते हैं कि सड़क पार करते समय सुरक्षा का खयाल कैसे रखना चाहिए या क्यों उन्हें अपरिचित लोगों से बात नहीं करनी चाहिए, वहीं वे उन्हें आभासी दुनिया में किसी रोक-टोक के बिना प्रवेश करने देते हैं, जहाँ बड़े-बड़े खतरे मँडरा रहे हैं! ऐसा मुख्य रूप से इस कारण होता है, क्योंकि उन्हें इन समस्याओं की जानकारी नहीं है। यही कारण है कि माता-पिता ध्यान भटकाने के लिए सबसे सुविधाजनक साधन के रूप में शिशुओं को भी मोबाइल फोन थमा देते हैं और जब वे अपने कामों में व्यस्त रहते हैं, तब उन्हें भी उसमें लगा देते हैं। उन्हें इसका जरा भी अंदाजा नहीं होता कि इस असावधानी भरे काम से वे समस्याओं की एक ऐसी गठरी को खोल रहे हैं, जिसकी उलझनों से बाहर निकलना कई मामलों में असंभव हो जाता है।

राज्य में बच्चों से जुड़ी हाल की घटनाओं में, चाहे खुदकुशी में बढ़ोतरी हो, इंटरनेट की लत या अनुचित व्यवहार (अकसर बच्चे और माता-पिता में अज्ञानता, और एक-दूसरे से इन समस्याओं पर बात न कर पाने के चलते) के दुष्परिणामों के कारण यौन शोषण, वे सभी इस बात की पुष्टि करते हैं कि माता-पिता के साथ ही बच्चों में भी जागरूकता की कमी की वजह से उनके सामने खतरा बढ़ गया है और वे इस तरह की घटनाओं में बढ़ोतरी से मुकाबला करने में लाचार हैं।

यह परिस्थिति चिंताजनक है, जिसे श्री संजय कुमार आई.पी.एस., ने अपनी किताब 'इज य़ोर चाइल्ड सेफ ?' में प्रभावी ढंग से पेश किया है, जिसमें इन खतरों को समझाने के साथ ही विशेष केस स्टडी, सलाह (तकनीकी, व्यावहारिक और विधिक) दी गई है और यह बताया है कि ऐसी परिस्थितियों से कैसे निपटा जाए तथा इस बात पर जोर दिया है कि माता-पिता को नई तकनीकों के विषय में उपयुक्त जानकारी होनी चाहिए और खुद को अपडेट करते रहना चाहिए। यदि वे ऐसा करते हैं, तभी ऐसे प्रभावी माता-पिता बन सकेंगे, जो अपने बच्चों को इस उभरती दुनिया का प्रभावी ढंग से सामना करने की दिशा और क्षमता दे पाएँगे, जहाँ इस प्रकार की तकनीक उसका अभिन्न अंग है। एक पुलिस अधिकार होने के कारण वह इस अँधेरी दुनिया की अंधी गलियों को जानते हैं, जिनमें कई भोली-भाली जिंदगियाँ फँसकर रह जाती हैं। भले ही इस विषय की जानकारी के साथ ही

कानूनी और तकनीकी पहलुओं पर उनकी पकड़ स्पष्ट दिखती है, लेकिन इस किताब को उन्होंने एक स्नेह करनेवाले पिता और संवेदनशील नागरिक के अंदाज में लिखा है। इसे वे लोग भी आसानी से समझ सकते हैं, जिन्हें तकनीक की उतनी जानकारी नहीं है।

एक तरफ जहाँ वे इस आवश्यकता पर बल देते हैं कि माता-पिता खुद को आवश्यक तकनीकी समझ से लैस करें, वहीं वे हमें यह भी याद दिलाते हैं कि हमारे सामने आज जो समस्याएँ हैं, उसका दोष तकनीक पर नहीं मढ़ा जा सकता है। हर बटन के दबानेवाली उँगली तो इनसान की ही होती है, और हर बच्चा इसका इस्तेमाल कैसे करता है, यह बात पर निर्भर है कि उस बच्चे को जिम्मेदार व्यवहार के लिए कैसी शिक्षा दी गई है। यदि बच्चा गलती कर भी देता है, तो उसे माता-पिता के सहारे और समय पर दखल देने की जरूरत होती है। यह तभी संभव है, जब बच्चे और माता-पिता के बीच विश्वास को बनाया जाए। यह संदेश इस पूरी किताब में ऊँचे और स्पष्ट स्वर में सुनाई देता है। इस किताब का दमदार स्वागत हुआ है, जो इस बात से स्पष्ट है कि तीन महीने के भीतर ही यह अपने दूसरे और अद्यतन संस्करण के लिए जा रही है तथा मलयालम भाषा में पाठकों के बड़े वर्ग तक पहुँचना चाहती है। मैं श्री कुमार के इस प्रयास की सराहना करती हूँ और उन्हें सफलता की ढेर सारी शुभकामनाएँ देती हूँ।

—शोभा कोसी

चेयरपर्सन, के.एस.सी.पी.सी.आर.

राज्य पुलिस प्रमुख की डेस्क से

मोबाइल फोन, लैपटॉप, टैबलेट, डेस्कटॉप तथा अन्य उपकरणों के माध्यम से आज के बच्चों के लिए इंटरनेट काफी सुलभ है। इस प्रकार के उपकरणों का उनमें आकर्षण रहता है और सभी प्रकार की जानकारी के लिए वे इंटरनेट को खँगालते हैं। भारत में इंटरनेट का इस्तेमाल करनेवाले बच्चों की संख्या दिन दूनी रात चौगुनी हो रही है। इस जबरदस्त तरक्की से बच्चों को सीखने, महत्त्वपूर्ण विकास करने और शैक्षणिक लाभ की दृष्टि से उपयोगी सामग्री तक पहुँच और उन्हें साझा करने का अवसर मिलेगा। लेकिन दूसरी तरफ डिजिटल साक्षरता और ऑनलाइन सुरक्षा के उपायों के अभाव में बच्चों पर साइबर धमकी, खतरनाक ऑनलाइन व्यवहारों, जैसे ऑनलाइन गेमिंग, व्यसन, यौन हमले तथा अन्य अपराधों का खतरा मँडराता रहेगा। जैसे-जैसे बच्चों को परेशान करने, उनका दोहन और शोषण करने के नए-नए तरीके सामने आ रहे हैं, वैसे-वैसे बच्चों के विरुद्ध साइबर अपराधों की संख्या और प्रकार में वृद्धि हो रही है।

हालाँकि हम महज सोशल मीडिया तथा इंटरनेट की खामियों और खतरों का हवाला देकर उनके लाभ को अनदेखा करते हुए उन्हें छोड़ नहीं सकते। इसकी बजाय लेखक संजय कुमार गुरुदिन, आई.पी.एस. ने इंटरनेट का उपयोग कुशलता और जिम्मेदारी के साथ करने के तरीके को अपनी पुस्तक 'इज योर चाइल्ड सेफ' (क्या आपका बच्चा सुरक्षित है ?) के माध्यम से सामने रखा है। सबसे महत्त्वपूर्ण रूप से इस पुस्तक में माता-पिता और पालकों को अदृश्य खतरों के प्रति जागरूक बनाने पर बल दिया गया है और जब बच्चे उसकी चपेट में आए जाएँ तो चेतावनी के संकेतों और लक्षणों को देखते हुए विभिन्न उपचारात्मक उपायों को भी सुझाया गया है।

व्यक्तिगत रूप से मैं श्री संजय कुमार को पिछले 12 वर्षों से जानता हूँ। अपने कॅरियर में वे लोकप्रिय रहे हैं और राष्ट्रीय जाँच एजेंसी में उन्होंने खुद को एक कुशल जाँच अधिकारी के रूप में स्थापित किया है। अपने पूरे कॅरियर के दौरान वे इंटरनेट सुरक्षा पर प्रवक्ता तथा मार्गदर्शक रहे हैं। समाज के प्रति जागरूक अधिकारी होने के

नाते उनकी नजर बढ़ते ऑनलाइन खतरों पर थी, और स्वाभाविक रूप से उनके भीतर अपने अनुभवों को लिख डालने की इच्छा पैदा हुई होगी, जिससे कि अनभिज्ञ माता-पिता की आँखें खोली जा सकें। चूँकि इंटरनेट और सोशल मीडिया हमारे जीवन का अभिन्न अंग बन चुके हैं, इसलिए लेखक जोर देकर कहते हैं कि माता-पिता को इतनी सावधानी बरतनी चाहिए कि वे अपराध को पहचानें, रोकें और उनकी सूचना दें। इस पुस्तक को किसी जाँच अधिकारी की केस डायरी या भुक्तभोगियों के पछतावे का वर्णन समझने की भूल नहीं करनी चाहिए, बल्कि यह एक ऐसे पिता की ओर से किया गया वर्णन है, जो हमें सावधान और सुरक्षित रहने की दिशा दिखाता है। बदले हुए ऑनलाइन सामाजिक परिदृश्य में यह पुस्तक निश्चित रूप से एक चेतावनी भी है और समाज का मार्ग प्रशस्त करनेवाला प्रकाश भी।

मुझे विश्वास है कि यह पुस्तक अपने उद्देश्यों को पूरा करेगी और समाज के लिए एक ठोस योगदान करेगी। मैं लेखक को शुभकामनाएँ देता हूँ तथा कामना करता हूँ कि उनके सारे प्रयास सफल रहें।

त्रिवेंद्रम

(लोकनाथ बेहरा)
आई.पी.एस.
डी.जी.पी. व राज्य पुलिस प्रमुख, केरल

प्रस्तावना

यह एक अनूठी पुस्तक है, जिसका विषय भी अनूठा है। इस पुस्तक की विषयवस्तु है कि डिजिटल मकड़जाल के बढ़ते प्रभाव के साथ साइबर की दुनिया किस प्रकार कोमल आयु के बच्चों को दूषित कर रही है। इंटरनेट आज बच्चों सहित हर एक व्यक्ति के जीवन में एक महत्त्वपूर्ण भूमिका निभा रहा है। दुर्भाग्य से, जब बच्चे नेटवर्क पर सक्रिय होते हैं तो वे सकारात्मक प्रभाव के साथ-साथ घातक प्रभाव भी ग्रहण करते हैं, जो उनके लिए प्रभावी रूप से हानिकारक होते हैं। चाहे बच्चे नेटवर्क पर सक्रिय हों या नहीं, शिक्षा उनकी सुरक्षा का एक शक्तिशाली माध्यम है। तथापि समय के साथ इंटरनेट तकनीक इतनी अधिक तेजी से विकसित हो रही है कि समाज को उसके नए जोखिमों को समझना और उनके साथ सामंजस्य बिठाना उतनी गति से कठिन है।

माता-पिता तथा शिक्षाविदों के लिए तेजी से बढ़ती हुई इंटरनेट तकनीक के प्रति सामंजस्य बिठाए रहना कठिन है, जबकि उनके साथ में रहनेवाले बच्चों के इंटरनेट माध्यम से त्वरित संदेश आदान-प्रदान करने, ब्लॉग्स बनाने व सामाजिक नेटवर्किंग पर सक्रिय रहने की स्वाभाविक भूख रहती है। प्रश्न यह है कि माता-पिता व शिक्षकों को बच्चों को किस प्रकार का परामर्श देना चाहिए?

एक पुलिस अधिकारी के रूप में लेखक संजय कुमार को इस प्रकार के अपराधों का सामना करने का अवसर प्राप्त हुआ, जिसमें साइबर दुनिया से जुड़े बच्चे भी शामिल थे। स्पष्टतया वे यह देखकर अत्यधिक विचलित हुए कि बच्चों के बीच में साइबर की पकड़ का विस्तार भयंकर रूप धारण कर रहा है। उन्होंने इंटरनेट के सकारात्मक व नकारात्मक पहलुओं के मध्य विरोधाभास का विश्लेषण किया।

एक ओर उन्होंने पाया कि इंटरनेट ज्ञान का भंडार है, जो बच्चों के लिए अनेक अवसर खोलने के साथ-साथ उनके लिए शैक्षिक लाभ पहुँचाने में सक्षम है और जिसमें उनके बौद्धिक क्षितिज का विकास होने की संभावना रहती है, परंतु इसका नकारात्मक पहलू है, ऑनलाइन रहने के दुष्प्रभाव और बच्चों का उसके द्वारा विस्फोटक शोषण।

उन्होंने साइबर खतरों को छह श्रेणियों में विभाजित किया है—

(1) नकारात्मक आदतों का निर्माण (2) साइबर उत्पीड़न (3) बच्चों के साथ ऑनलाइन यौन व्यभिचार (4) बच्चों का ऑनलाइन यौन शोषण (5) इंटरनेट के माध्यम से साइबर में अतिवाद तथा (6) ऑनलाइन व्यावसायिक। लेखक ने उन बच्चों में उन चेतावनी के लक्षणों का बारीकी से अध्ययन किया है, जो उनमें ऑनलाइन खतरों का संकेत होते हैं। साथ ही, इसके उपचारों को भी सूचीबद्ध किया है।

मानव-जीवन की शिशु अवस्था इस प्रकार के दुष्प्रभावों के प्रति अधिक संवेदनशील होती है। अत: लेखक ने उन क्षेत्रों पर अपना ध्यान केंद्रित किया है, जहाँ पर अपराधी साइबर उत्पीड़न के लिए अपने शिकार को अपने मकड़जाल में फाँसते हैं। बच्चों को उनकी प्रारंभिक अवस्था में ही सांकेतिक भाषा के द्वारा यौन क्रियाओं के लिए आमंत्रित किया जाता है, जो अब अपने विकराल रूप में सामने है। अत: लेखक ने बुजुर्गों, विशेष रूप से माता-पिता को कुछ व्यावहारिक परामर्श दिए हैं, जिनके द्वारा वे अपने ऐसे बच्चों पर निगरानी रख सकें, जो साइबर मीडिया का प्रयोग करते हैं। उन्होंने इस पहलू पर जोर दिया है कि बच्चों को पर्याप्त डिजिटल कौशल प्रदान किया जाए तथा उनमें ऐसी क्षमता विकसित की जाए कि वे सकारात्मक निर्णय ले सकें तथा इस प्रकार के आघातों से निपट सकें।

लेखक ने बहुआयामी युक्तियाँ सुझाई हैं, जिनके द्वारा माता-पिता अपने बच्चों को साइबर के खतरों से सुरक्षित रख सकते हैं। इस पुस्तक में उन युक्तियों को इस प्रकार वर्णित किया गया है कि बड़े लोग आसानी से समझ सकें। मुझे विश्वास है कि यह पुस्तक समाज के लिए अत्यंत उपयोगी सिद्ध होगी। आवश्यकता इस बात की है कि यह पुस्तक अधिकाधिक लोगों तक पहुँचाई जाए। मैं लेखक और उनके प्रयास की सफलता की कामना करता हूँ।

कोट्टायम

(जस्टिस के.टी. थॉमस)

पूर्व न्यायाधीश, भारतीय सर्वोच्च न्यायालय

(पद्म भूषण)

भारत के राष्ट्रपति द्वारा पद्म भूषण पुरस्कार द्वारा सम्मानित

लेखकीय

यदि माता-पिता अपने सूचना प्रौद्योगिकी पर सक्रिय बच्चों को सुरक्षित रखना चाहते हैं, तो उन्हें इस प्रौद्योगिकी के ज्ञान को ताजा रखना चाहिए। यह एक ऐसा अनुभव है, जो मैंने एक पुलिस अधिकारी के रूप में प्राप्त किया है। यदि प्रौद्योगिकी की बात आती है तो आज की पीढ़ी बहुत तेज है, किंतु उनमें सांसारिक ज्ञान की अल्पता है, जिससे वे इसके संभावित खतरों से निपट सकें और यहाँ से माता-पिता की भूमिका प्रारंभ होती है। परंतु दुर्भाग्यवश अधिकतर माता-पिता अपने बच्चों को प्रौद्योगिकी के जोखिमों से बचाने में असफल रहे हैं। अनेक पीड़ित बच्चों के माता-पिता विवेचना के दौरान रोए हैं और उन्होंने स्वीकार किया कि यदि वे इन खतरों से भिज्ञ होते तो वे अपने बच्चे को सुरक्षित रखने के लिए सभी उपाय कर लेते। यहाँ पर पीड़ित बच्चे का दोष नहीं है, यह दोष उन माता-पिता का है, जिन्होंने अपने बच्चों को परिपक्वता के लिए अपेक्षित बुद्धि प्रदान नहीं की, जिससे वे ऑनलाइन खतरों से निपट सकते।

इंटरनेट एवं सोशल नेटवर्किंग साइट्स आज हमारे जीवन का अभिन्न अंग हो गई हैं। संचार, मनोरंजन व सूचना के क्षेत्र में हमने इनकी शक्ति को स्वीकार किया है। इसमें संदेह नहीं कि बच्चों को शैक्षिक उपलब्धि की दृष्टि से इंटरनेट ने उनके लिए अनेक अवसर खोल दिए हैं, परंतु साथ ही इंटरनेट ने बच्चों को उनके खतरों व जोखिमों को आधुनिक अपराध के सामने अनारक्षित छोड़ दिया है। ये खतरे (वास्तविक दुनिया से भिन्न) आयु, भौगोलिक सीमाओं से परे हैं। सोशल नेटवर्किंग साइट्स ने अपराधियों के लिए अपने शिकार को ऑनलाइन हानि पहुँचाना आसान कर दिया है। प्रौढ़ अपराधियों द्वारा बच्चों को ऑनलाइन यौन-वार्त्तालाप व शोषण के लिए लालच देकर तैयार किया जाता है या उनका यौन शोषण व उत्पीड़न किया जाता है और फिर इस गतिविधि को साझा किया जाता है, जिससे बच्चे बड़े संकट में पड़ जाते हैं। एक कड़वी सच्चाई यह है कि बच्चों के प्रति साइबर अपराध बढ़ रहे हैं, क्योंकि बच्चों को परेशान करने, उनका उत्पीड़न करने व उनका शोषण करने के लिए नए-नए

तरीके ढूँढ़े और निकाले जा रहे हैं। यह समस्या केवल भारत तक ही सीमित नहीं है, अपितु यह एक भूमंडलीय चुनौती है।

यद्यपि इस प्रकार के प्रकरण पुलिस को सूचित किए जाते हैं, ये बड़े हिमखंड के कतरे के समान हैं। माना जाता है कि ये अपराध उपलब्ध आँकड़ों से कहीं अधिक हैं। इसका विशाल प्रभाव किशोरावस्था वाले बच्चों पर भयंकर रूप से पड़ रहा है, क्योंकि वे इस प्रकार की घटनाओं के प्रति अति संवेदनशील हैं। परिणामत: बच्चों में भावनात्मक अस्थिरता अवसाद का जन्म हो रहा है, जिसकी कभी-कभी परिणति आत्महत्या तक में होती है और फिर कुछ किशोर भी बिना इसके परिणाम जाने इस प्रकार के अपराध स्वयं भी कर रहे हैं। ऐसे किशोर इस प्रकार के अपराधों की गंभीरता को अधिकतर समझ ही नहीं पाते। दोनों ही परिस्थितियों में माता-पिता का यह उत्तरदायित्व है कि वे अपने बच्चों को इस प्रकार के अपराध से बचाएँ और न ही इस प्रकार के अपराध उन्हें करने दें।

यह कहा जाता है कि इस प्रकार के ऑनलाइन अपराध रोकने के लिए आवश्यक है कि नीति निर्धारकों, विधि निर्माताओं, विधि क्रियान्वयन बलों, अध्यापकों, अभिभावकों एवं सामाजिक कार्यकर्ताओं द्वारा एक संयुक्त प्रयास किया जाए, परंतु क्या अभिभावकों को इस बात की प्रतीक्षा करनी चाहिए, जबकि सभी हितार्थी एक मंच पर जुटें और इस समस्या को हल करने के लिए कोई संयुक्त प्रयास करें। यह ऐसा मामला नहीं, क्योंकि यह अंततः उनके बच्चे की ही सुरक्षा का प्रश्न है। सर्वप्रथम, यह अभिभावकों का ही उत्तरदायित्व है कि वे अपने बच्चों को ऑनलाइन रहने में आवश्यक अनुशासन का पालन करें, जिससे वे उन खतरों से अपनी सुरक्षा कर सकें और उनके शिकार होने से बचे रहें। अत: यह बहुत महत्त्वपूर्ण है कि अभिभावक स्वयं इंटरनेट पर होनेवाले उत्पीड़न व शोषण के प्रति पूर्णतया जागरूक रहें तथा उन्हें इनसे बचने के उपायों की भी जानकारी होनी चाहिए। केवल तब ही हम उनसे आशा कर सकते हैं कि वे अपने बच्चों को ऑनलाइन रहनेवाले खतरों से बचा सकते हैं।

यह पुस्तक इस संयुक्त प्रयास की दिशा में एक छोटा सा प्रयास है और इसका प्रमुख उद्देश्य अभिभावकों को इस योग्य बनाने पर केंद्रित है कि वे अपने बच्चों के प्रति सचेत रहें, उन्हें अच्छी परवरिश दे पाएँ तथा उन्हें इंटरनेट पर होनेवाले खतरों से सुरक्षित रख सकें। इसका यह भी प्रयास है कि अभिभावकगण अपने पीड़ित बच्चों के लक्षणों व संकेतों को भी पहचान सकें। इस पुस्तक में उन सभी सुधार संबंधी उपायों का समावेश किया गया है, जैसे—समस्या-समाधान मंच, जिसमें वैधानिक ढाँचा शामिल है आदि, जिसकी सहायता से अभिभावक अपने बच्चों को ऑनलाइन खतरों से बचा सकें। इसका उद्देश्य अभिभावकों को इस बात के प्रति संवेदनशील बनाना

है कि वे न केवल यह ध्यान दें कि उनका बच्चा स्कूल में क्या करता है, बल्कि यह भी देखें कि वह ऑनलाइन क्या कर रहा है? आज अभिभावकों के लिए अति आवश्यक है कि वे अपने बच्चों को डिजिटल दिशा निर्देश दें। यह और भी अधिक महत्त्वपूर्ण हो गया है, क्योंकि अभिभावक व अध्यापक, दोनों इस प्रौद्योगिकी के साथ कदम--से-कदम मिलाकर नहीं चल रहे हैं।

—के. संजय कुमार

आई.पी.एस.

अनुक्रम

1

यह पुस्तक क्यों? अभिभावक अपना मूल्यांकन करें

क्या आप ऐसे अजनबी को, जिसकी नीयत बच्चों को यौनाचार के लिए तैयार करने तथा उनका यौन शोषण करने की हो, अपनी बेटी से बात करने की अनुमति देंगे? आपकी प्रतिक्रिया उस समय क्या होगी यदि कोई व्यक्ति आपके बच्चे को डराने, उसका यौन शोषण करने अथवा ब्लैकमेल करने की नीयत से उसके अश्लील फोटोग्राफ दिखाए? क्या आप उस दर्द की कल्पना कर सकते हैं, यदि आपका बच्चा अपने उत्पीड़न को समाप्त करने हेतु आत्महत्या कर ले?

इस प्रकार के प्रश्न आपके लिए जरूरत से अधिक स्पष्ट व परेशान करनेवाले लग सकते हैं तथा आप में से कुछ इस झूठे भ्रम में जी रहे होंगे कि ऐसा आपके साथ कभी नहीं हो सकता। यदि आप भी उन अभिभावकों में से हैं, तो यह पुस्तक आपके लिए प्रासंगिक नहीं है। एक पुलिस अधिकारी के रूप में, मैं स्वीकार करता हूँ कि मुझे समाज का कलुषित और आपराधिक पहलू अधिक दिखता है, किंतु यह भी सत्य है कि ऐसी घटनाएँ हमारे पड़ोस में हर क्षण घटित हो रही हैं और निरंतर बढ़ रही हैं। वे दिन चले गए जब किसी प्रौढ़ को आपके बच्चे को लुभाने और फँसाने के लिए शारीरिक रूप से उसका पीछा करने अथवा उससे बात करने की आवश्यकता होती थी। आजकल ये शिकारी सीधे-सीधे आपके बच्चे के शयनकक्ष तक प्रवेश पा रहे हैं और यह आश्चर्यजनक रूप से आपकी उपस्थिति में हो रहा है और आप निष्क्रिय बैठे हैं। ये सभी नई प्रौद्योगिकी, इंटरनेट तथा सोशल नेटवर्किंग साइट के माध्यम से हो रही हैं।

हम ऐसे युग में रह रहे हैं, जहाँ प्रौद्योगिकी का प्रयोग सुरक्षित और उत्तरदायित्वपूर्ण होना चाहिए, परंतु डिजिटल अज्ञानता तथा ऑनलाइन सुरक्षा साधनों की कमी के कारण बच्चों के अपराधीकरण व दुष्प्रभाव का जोखिम बढ़ गया है। प्रतिदिन बढ़ती हुई घटनाओं में

पुलिस को ऐसी घटनाओं से निपटना पड़ रहा है, जिसमें कंप्यूटर, टैबलेट्स तथा स्मार्टफोन प्रयोग करनेवाले किशोर आपस में एक-दूसरे को अपनी तथा दूसरों की अश्लील तसवीरें भेज रहे हैं, स्कूल में एक-दूसरे को प्रताड़ित कर रहे हैं, दूसरों के सोशल मीडिया एकाउंट्स में दखल दे रहे हैं, लोगों को परेशान कर रहे हैं तथा धमकी दे रहे हैं। दूसरों को परेशान करने के लिए वे छद्म सोशल मीडिया एकाउंट बनाकर उनका प्रयोग कर रहे हैं। बच्चे ऑनलाइन अजनबियों तथा अनजान लोगों से मित्रता स्थापित कर रहे हैं, उनके साथ यौन वार्त्ता कर रहे हैं, अपनी और अन्य लोगों की अश्लील तसवीरों को साझा कर रहे हैं, इस प्रकार से खुद शिकार हो रहे हैं, शोषित हो रहे हैं, ब्लैकमेल हो रहे हैं तथा धमकी प्राप्त कर रहे हैं। परिणामतः अवसाद, चिंता, भय, अलगाव व स्वयं-हानि झेल रहे हैं।

अध्ययन का दावा है कि भारतीय किशोरों की 21 प्रतिशत आत्महत्याएँ ऑनलाइन पर उत्पीड़न के कारण हो रही हैं और साइबर उत्पीड़न के संबंध में भारत का तीसरा स्थान है।

बहुत से पीड़ितों की मानसिक दशा को देखकर वास्तव में बड़ी पीड़ा होती है। वे बिना किसी को बताए अकेले दर्द सहते हैं। यह उन पीड़ितों के बारे में विशेष रूप से सत्य है, जिनकी तसवीर रिकॉर्ड कर ली गई है और उन तसवीरों के सहारे पीड़ितों का शोषण हो रहा है। वे अपने अभिभावकों को भी इस विषय में नहीं बताते, क्योंकि इसके साथ सामाजिक कलंक जुड़ा हुआ है। ऐसी परिस्थितियों के किशोरों पर अनेक नकारात्मक प्रभाव पड़ते हैं, जिनमें हलके अवसाद से एकांतवास शामिल है और यह परिस्थिति अपराध की गंभीरता के आधार पर किशोरों को स्व-आघात तक पहुँचाने में सक्षम होती है। केवल कुछ ही मामलों में पीड़ित अपनी पीड़ा के विषय में काउंसलर अथवा पुलिस को बताने का साहस जुटा पाते हैं और वह भी इस शर्त पर, कि इस विषय में उनके अभिभावक को नहीं बताया जाएगा।

मेरे सामने ऐसे अनेक मामले आए हैं, जिनमें स्कूल के छात्रों ने आत्महत्याएँ की हैं। पुलिस घटनास्थल पर आत्महत्या की पुष्टि के लिए पहुँचती है और इसकी पुष्टि करने के पश्चात् पुलिस अभिभावकों के पास आत्महत्या के संभावित कारणों का पता करती है। अभिभावक बताते हैं कि पिछले कुछ दिनों से बच्चा दुःखी और अवसाद में दिख रहा था और परीक्षा में इसके अंक भी खराब आए थे आदि-आदि। यह समझकर कि बच्चे ने परीक्षा में खराब ग्रेड के कारण आत्महत्या की थी, पुलिस ने केस बंद कर दिया, परंतु क्या किसी ने यह जानने की भी कोशिश की कि बच्चे के खराब ग्रेड का कारण क्या था? ऐसा अचानक क्या हो गया कि जो बच्चा लगातार परीक्षा में अच्छा प्रदर्शन कर रहा था, अचानक उसे खराब ग्रेड कैसे मिले? इसका कारण न तो पुलिस ने और न ही अभिभावकों ने जानने का प्रयास किया।

1. ऑफलाइन अपराध की अपेक्षा बच्चे ऑनलाइन अपराध के शिकार अधिक संख्या में क्यों होते हैं ?

वर्ष 2012 में टेलीनॉर इंडिया ने 12 देशों में बच्चों की ऑनलाइन सुरक्षा पर एक अध्ययन किया और पाया कि भारतीय बच्चे ऑनलाइन दुरुपयोग के प्रति अधिक उच्च जोखिम श्रेणी में आते हैं। कारण है, सस्ते इंटरनेट सेवा व स्मार्टफोन की बढ़ती हुई पहुँच और बच्चों की कम संवेदनशीलता और साथ ही अभिभावकों एवं बच्चों में विभिन्न प्रकार के साइबर जोखिमों से सुरक्षित रहने के ज्ञान का अभाव।

अपने समक्ष आनेवाले उन सभी मामलों का विश्लेषण करने के पश्चात् मैं इस निष्कर्ष पर पहुँचा हूँ कि बच्चे इस कारण ऑनलाइन अपराध के शिकार हो रहे हैं, क्योंकि न तो उन्हें पूर्व सावधानियाँ लेनी सिखाई जाती हैं, न ही ऑनलाइन अपराधों के विरुद्ध उपाय बताए जाते हैं और न ही उन्हें यह पता होता है कि यदि वे इसके शिकार हो गए हैं तो उन्हें क्या करना चाहिए? यह कहना प्रासंगिक होगा कि अभिभावक अपने बच्चों को शारीरिक जोखिमों व खतरों से बचने के विषय में शिक्षित नहीं करते हैं।

अभिभावक बच्चों को साधारणतया सिखाते हैं कि शारीरिक दुर्घटना के संबंध में कौन-कौन सी पूर्व सावधानियाँ रखी जाएँ और स्वयं को सुरक्षित कैसे रखा जाए? इस निरंतर प्रशिक्षण के कारण बच्चा उन सभी संभावित जोखिमों से परिचित रहता है, जिनका उसे वास्तविक जीवन में सामना करना पड़ सकता है एवं वह इतना सीख जाता है कि ऐसी परिस्थितियों में उसे क्या करना है, परंतु बच्चों को ऑनलाइन आनेवाले खतरों व जोखिमों के विषय में कोई नहीं बताता कि ऐसी अवस्था में वे क्या करें? चूँकि अभिभावक कभी बच्चों को इन जोखिमों के बारे में नहीं बताते। अत: बच्चे जब इस प्रकार की परिस्थितियों में आते हैं तो वे अपने अभिभावकों की प्रतिक्रिया के डर से उन्हें अपनी समस्या नहीं बताते।

2. बच्चा एक सामाजिक प्राणी कैसे बनता है ?

बच्चे के जन्म के प्रारंभ से ही अभिभावक उसकी देखभाल करते हैं और इसी प्रक्रिया में बच्चा सांसारिक व असांसारिक दुनिया के बहुत से जोखिमों व खतरों से परिचित हो जाता है। अभिभावक सुनिश्चित करते हैं कि बच्चा गिरकर चोटिल न हो। जब बच्चा थोड़ा और बड़ा होता है और विद्यालय जाना प्रारंभ करता है, अभिभावक उसे निर्देश-पर-निर्देश देते हैं—चलते समय गिरना नहीं, सड़क पर दौड़ना नहीं, किसी से झगड़ा नहीं करना, अगर कोई तुम्हें परेशान करे तो अध्यापक से बताने में झिझकना नहीं आदि। जैसे-जैसे बच्चा बड़ा होता है, वैसे-वैसे अभिभावकों की चिंताओं और निर्देशों की प्रकृति बदलती रहती है। जब बच्चा अकेला यात्रा प्रारंभ करता है, चाहे व सरकारी वाहन, जैसे—बस या ट्रेन द्वारा ही हो, अभिभावक आमतौर से बच्चे को सर्वाधिक सलाह यह देते हैं कि अजनबियों

से बात मत करना, अजनबियों द्वारा दी गई कोई वस्तु नहीं खाना, संध्या होने से पहले घर आ जाना, अगर देर हो जाए तो पैदल चलने की बजाए ऑटो या टैक्सी लेना, क्योंकि वे समझते हैं कि वह क्षेत्र व सड़कें सुरक्षित नहीं हैं।

ये समस्त परामर्श केवल उनकी सुरक्षा तक ही सीमित नहीं होते। वे बच्चे के स्वास्थ्य संबंधी विषयों पर, घर के अंदर व बाहर की गतिविधियों पर, अध्ययन की समय-सारणी पर, सोने-उठने के समय आदि पर भी अपना ध्यान देते हैं। अभिभावक अपने बच्चों के स्कूल व मित्रों के मध्य प्रगति के प्रति चिंतित रहते हैं। इस प्रकार बच्चे की आयु की चिंता न करते हुए परामर्शों की झड़ी लगी रहती है और यह प्रक्रिया निरंतर चलती रहती है, जब तक अभिभावक जीवित रहते हैं।

यह पूछना महत्त्वहीन है कि प्रत्येक अभिभावक सदैव इतना सतर्क क्यों रहता है कि वह अपने बच्चे की गतिविधियों पर निगाह रखता है? ऐसा इसलिए नहीं कि वे अपने बच्चे के प्रति सशंकित व अविश्वासी होते हैं या अपने बच्चों में उनका विश्वास नहीं होता। सीधा सा उत्तर है कि अभिभावक समझते हैं कि बच्चे को सिखाने की आवश्यकता है। उन्हें दिशा-निर्देश, परामर्श देने की आवश्यकता है, ताकि वे इस वास्तविक दुनिया का सामना करने में सक्षम हो सकें तथा स्वयं को शारीरिक चुनौतियों से सुरक्षित रख सकें और यह सच है कि बच्चे इन परामर्शों को आत्मसात् कर उनका अनुकरण करते हैं, चाहे कोई यह भी कहे कि बच्चा उनकी सुनता नहीं।

3. क्या अभिभावक पर्याप्त प्रयास कर रहे हैं? यदि नहीं, तो क्यों?

यहाँ पर एक युक्तियुक्त प्रश्न यह है कि अभिभावक अपने बच्चों को इंटरनेट की दुनिया में उपस्थित खतरों व चुनौतियों के विषय में क्यों नहीं सावधान करते? जो खतरे बच्चों की वास्तविक दुनिया में उपस्थित हैं, वे ही खतरे उनकी इंटरनेट की काल्पनिक दुनिया में भी उपस्थित हैं, जिनसे बच्चों को अधिक हानि होने की संभावना है। आँकड़ों एवं धरातल की वास्तविकता एक बहुत निराशाजनक तसवीर प्रस्तुत करती प्रतीत होती है कि अभिभावक बच्चों को ऑनलाइन सुरक्षा के प्रति पर्याप्त प्रयास नहीं कर रहे हैं। अब समय आ गया है, जब अभिभावकों को समझना चाहिए कि अकसर ऑनलाइन व ऑफलाइन दुनिया में कोई अंतर नहीं है।

यह भूमंडलीय विषय है : बच्चे व युवा इंटरनेट व सोशल नेटवर्किंग को काफी जल्दी अपनाने की प्रवृत्ति रखते हैं और इस क्षेत्र में प्रमुख आविष्कारक के रूप में सामने आते हैं। यह कहने की आवश्यकता नहीं है कि बच्चे इंटरनेट के प्रयोग, कुशलता व समझ के संबंध में, विशेष रूप से सोशल नेटवर्किंग व अन्य पारस्परिक अन्योन्य मीडिया के मामले में अपने अभिभावकों व अन्य आयुपरक लोगों से काफी आगे हैं।

एक सबसे चिंतनीय बात यह है कि कोई भी अभिभावक यह कहे कि मेरा बच्चा इतना तेज है कि मुझे भी नहीं पता कि वह क्या कर रहा है? 'ध्यान रखें कि आपको पता हो।'

आज इंटरनेट बच्चों को नए प्रकार का भूमंडलीय सामाजिक विस्तार प्रदान कर रहा है, जो अधिकतर तत्कालीन अभिभावकों को उपलब्ध नहीं था। अत: अभिभावकों के लिए सोशल नेटवर्किंग के खतरों व जोखिमों को जानना व समझना और भी अधिक कठिन हो जाता है। किशोरों के लिए परस्पर संबंध बनाने में पूर्ण आसानी व प्रौढ़ लोगों में समझ व जागरूकता की कमी सोशल मीडिया के दुरुपयोग के लिए एक आदर्श परिस्थिति है।

4. बच्चों को ऑनलाइन दुनिया के विषय में प्रशिक्षित क्यों नहीं किया जा रहा?

अधिकतर घरों में अभिभावकों की भूमिका कंप्यूटर खरीदने तथा इंटरनेट सुविधा प्रदान करने तक ही सीमित है। कुछ ही अभिभावक इंटरनेट के प्रयोग करने के संबंध में केवल कुछ सांकेतिक नियम निर्धारित कर देते हैं। अधिकतर अभिभावक यह अनुभव नहीं करते कि उनके बच्चों ने इस तंत्र की समझ उनसे कहीं अधिक विकसित कर ली है और उन्होंने अपने अभिभावकों की अपेक्षा अधिक कुशलता प्राप्त कर ली है। वास्तव में, बहुत से अभिभावक अपने बच्चों से कंप्यूटर और इंटरनेट के संबंध में जानकारी प्राप्त करके सीखते हैं, यानी इस मामले में बच्चे उनके 'गुरु' साबित होते हैं।

इस प्रकार की परिस्थिति में जब अभिभावक ही इंटरनेट के खतरों व जोखिमों से स्वयं परिचित नहीं हैं, तो उनके बच्चों को सुरक्षा के उपाय सिखाना केवल असंगत ही है। एक अध्ययन के अनुसार, अभिभावकों की अधिक प्रतिशतता इंटरनेट की अद्यतन खतरों व जोखिमों से अनभिज्ञ है। ऑनलाइन अपराधों के अधिकतर मामलों में पीड़ित के अभिभावक ने अपनी अज्ञानता को एक कारण बताया, जिससे वे अपने बच्चे की ऑनलाइन अनैतिक व अवैध गतिविधियों पर अंकुश नहीं लगा सके, किंतु अब इससे कुछ अंतर नहीं पड़ता, क्योंकि बच्चा पहले ही शिकार हो चुका है।

5. क्या प्रौद्योगिकी की अज्ञानता मात्र बहाना है?

जिन अभिभावकों को वास्तव में इस प्रौद्योगिकी की अज्ञानता थी, उनके लिए यह बहाना उचित लग सकता है कि वे अपने बच्चों की ऑनलाइन गतिविधियों पर ध्यान नहीं दे पाए, परंतु उन अभिभावकों के विषय में क्या कहा जाए, जिन्हें इसका पर्याप्त ज्ञान था, परंतु वे अपने बच्चों के विषय में कुछ चिंता नहीं कर पाए, जबकि उन्हें अपने बच्चों की ऑनलाइन अनुशासनहीनता व अनियंत्रित व्यवहार का पूरा ज्ञान था। ऐसे अभिभावक अपने बच्चों के इस रोग से पीड़ित होने के विषय में क्या बहाना दे सकते हैं? यहाँ पर कौन अधिक उत्तरदायी है, अभिभावक या वे बच्चे, जो इंटरनेट सोशल नेटवर्किंग के अपरिपक्व प्रयोग के खतरों को पहचानने की क्षमता नहीं रखते थे। ऐसे अभिभावक खतरों

को जानते हुए भी यह नहीं जान पाते कि उनके बच्चे ऑनलाइन अपराध के शिकार हो रहे हैं। ऐसा लगता है कि अपनी लापरवाही के कारण उन्हें कभी नहीं लगा कि उनके बच्चे इन जोखिमों के शिकार हो सकते थे। अंततः परिणाम यह है कि उनके बच्चे समय पर महत्त्वपूर्ण ऑनलाइन परामर्श व दिशा-निर्देश प्राप्त नहीं कर पाते।

6. क्या विशिष्ट प्रकार की भारतीय परवरिश की कमी आज भी व्याप्त है?

हमें ऐसे भी अभिभावक मिले, जो इन खतरों के प्रति सचेत हैं और अपने बच्चों के लिए दिशा-निर्देश व नियम निर्धारित करते हैं तथा सफलतापूर्वक उनका क्रियान्वयन करते हैं। फिर भी, सचेत होने पर बच्चा इस प्रकार के ऑनलाइन खतरों व दुरुपयोग का शिकार हो सकता है। ऐसी परिस्थितियों में भी बच्चों को इन जोखिमों का सामना करना पड़ सकता है और इसके कारण बच्चा भय व अवसाद का शिकार होकर अकेले में बिना किसी के साथ अपनी समस्या साझा किए कष्ट सहता है। इसका कारण है एक विशिष्ट प्रकार की भारतीय परवरिश, जो आज भी बहुत से घरों में प्रचलन में है। बहुत सी बातें, विशेष रूप से यौन संबंधी, अपने बच्चों के साथ साझा करने में हम स्वयं को बहुत असहज अनुभव करते हैं। यह असहजता का भाव बच्चों और अभिभावकों के मध्य एक फासला बना देता है और यही वह बाधा है जो बच्चों को अभिभावकों को अपना कष्ट बताने से रोकती है। परिणामतः बच्चे को शोषित होने को विवश करती है। परिणाम होता है—अवसाद, चिंता, हीनता, भय व एकांत और कभी-कभी आत्महत्या की प्रवृत्ति।

यह सही समय है, जब अभिभावक अपने रूढ़िवादी दृष्टिकोण के परिणामों को समझें और बच्चों की सुरक्षा के उपायों पर कार्य करना प्रारंभ करें। यह सही है कि प्रौद्योगिकी यही रहेगी, बच्चे और अधिक इंटरनेट प्रयोग करनेवाले बनेंगे, अधिकाधिक बेहतर स्मार्टफोन बाजार में आएँगे और भविष्य में सोशल नेटवर्किंग मानव-जीवन का अभिन्न अंग बनने जा रहा है, अतः बुद्धिमानी इसी में है कि अभिभावक सीखें और अपने बच्चों को सिखाएँ और तैयार करें कि वे ऑनलाइन किस प्रकार अधिक सतर्क और सुरक्षित हों। इसका मतलब बड़ी बाधाएँ उत्पन्न करना या बच्चों को अधिक शारीरिक दंड देना नहीं, इसका अर्थ है, किशोरों को शिक्षित करना। असली जिम्मेदारी अभिभावकों की है कि वे बच्चों को अपनी निजता का सम्मान करना व ऑनलाइन अधिक संवेदनशील, लचीला रहना सिखाएँ।

□

2

बच्चों के लिए ऑनलाइन खतरे और चुनौतियाँ

आओ, हम अदृश्य खतरों के विषय में सीखें

पिछले एक दशक में इंटरनेट तथा ऑनलाइन सोशल नेटवर्किंग साइट्स का विस्फोटक प्रयोग देखा गया है। निस्संदेह इंटरनेट ज्ञान का भंडार व मनोरंजन का केंद्र है। हम सभी के लिए साइबर की दुनिया ने अनेक सुअवसर खोल दिए हैं। इसने हमारे ज्ञान के आधार एवं मानसिक क्षितिज को विस्तृत कर दिया है, किंतु दुर्भाग्य से हम इसके नकारात्मक पहलू से अनभिज्ञ हैं। यह भी सत्य है कि इंटरनेट हमारे बच्चों के लिए महत्त्वपूर्ण ज्ञान, सूचना व शैक्षिक लाभ प्रदान करता है, परंतु इसके बढ़ते प्रयोग ने बच्चों के लिए ऑनलाइन के दुरुपयोग व शोषण के शक्तिशाली खतरे उत्पन्न कर दिए हैं। जैसे-जैसे ऑनलाइन के नए-नए तरीके खोजे जा रहे हैं, ऑनलाइन के अपराधों का क्षेत्र बढ़ रहा है और बच्चे परेशानी, उत्पीड़न व शोषण का शिकार हो रहे हैं।

वास्तविक व ऑनलाइन दुनिया के खतरे अभिन्न हैं

हमारा विश्वास है कि इंटरनेट की काल्पनिक दुनिया के खतरे, भौतिक दुनिया के खतरों से भिन्न हैं, परंतु तथ्य यह है कि प्रौद्योगिकी ने परंपरागत खतरों को एक नया, परिवर्तित व अधिक विस्तृत मंच प्रदान कर दिया है, जो पीड़ित के लिए अधिक खतरनाक व अपराधी के लिए अधिक लाभकारी बना दिया गया है। भारत में वास्तविक दुनिया व ऑनलाइन हिंसा अभिन्न रूप से जुड़ी हुई हैं और पारस्परिक रूप से एक-दूसरे से संबंधित हैं। उदाहरण के रूप में एक शारीरिक रूप से प्रताड़ित व्यक्ति प्रताड़ना करनेवाले से ऑनलाइन प्रतिशोध ले सकता है अथवा कोई ऐसा व्यक्ति जिसके पास दूषित संपर्क सूत्र हो, वह उसे भौतिक संसार में ला सकता है, जिसके गंभीर परिणाम हो सकते हैं। वास्तविक

दुनिया में बच्चों के प्रति आम हिंसा व अपराध ऑनलाइन दुनिया में नया रूप धारण कर रहे हैं और उनका प्रभाव बच्चों पर अधिक गहन होता है। अत: यह ध्यान में रखना होता है कि ऑनलाइन दुरुपयोग वास्तविक संसार को अलग करके नहीं देखा जा सकता।

आज अधिकाधिक लोग ऑनलाइन उत्पीड़न का सहारा ले रहे हैं, क्योंकि अपराधी के पास गुमनाम होने, छद्म वेश धारण करने तथा अपनी पहचान छिपाने के लिए प्रौद्योगिकी का प्रयोग करने के विकल्प होते हैं। यह पहलू रक्षक संगठनों के लिए एक गंभीर चुनौती प्रस्तुत करता है तथा इसने अपराधियों को अधिक साहसिक बना दिया है, क्योंकि इससे उनका कानूनी प्रभावों का डर कम हो गया है।

यद्यपि इंटरनेट पर अपराधों की बाढ़ आई हुई है, बच्चों के लिए आनेवाले जोखिम और चुनौतियाँ विशिष्ट प्रकार की हैं, क्योंकि सोशल मीडिया का प्रयोग दुर्भावनापूर्वक व्यावसायिक उद्देश्य से बच्चों के यौन शोषण व उत्पीड़न के लिए किया जा रहा है। ऑनलाइन होने के कारण हानि व अपराधों की तीव्रता अति गंभीर हो गई है। उदाहरणार्थ, यदि किसी बच्चे की अनुपयुक्त तसवीर या लिखित संदेश इंटरनेट पर साझा हो जाए तो यह बहुत समय तक जनता के मध्य बना रहता है और इसे आसानी से हटाया या वापस नहीं लिया जा सकता।

ऑनलाइन सामग्री का इतना उच्चस्तरीय अनावरण (प्रदर्शन), इसका प्रभाव समझना अति आवश्यक है, क्योंकि इस प्रकार की सामग्री का प्रभाव बच्चों व प्रौढ़ों पर बराबर पड़ता है। इस प्रकार के अपराधों की विविधता और किशोरों पर इनके प्रभाव को समझना अति महत्त्वपूर्ण है। अपनी 'भारत के बच्चों की ऑनलाइन सुरक्षा' रिपोर्ट में यूनिसेफ ने बच्चों व बड़ों के प्रति खतरों व चुनौतियों का रेखांकन किया है, जो सामने आ रहे हैं।

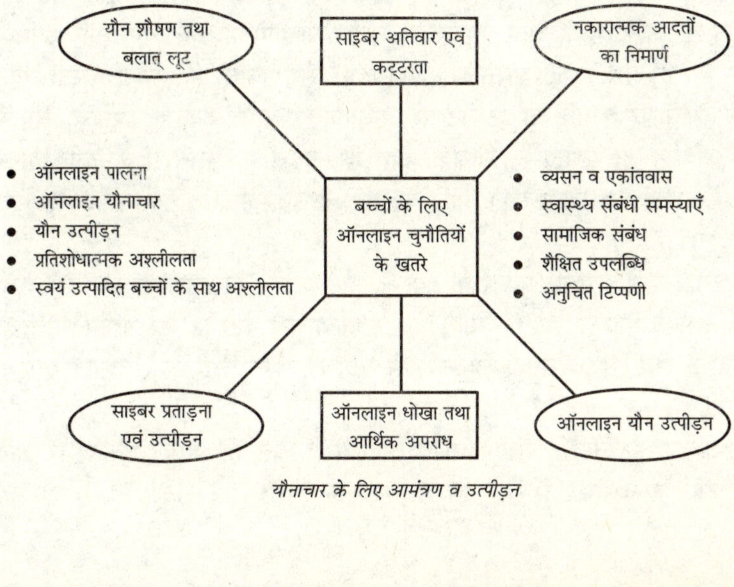

यौनाचार के लिए आमंत्रण व उत्पीड़न

बच्चों के प्रति ऑनलाइन खतरे व चुनौतियाँ

ऑनलाइन मीडिया में बच्चों के प्रति खतरों पर उपलब्ध साहित्य के आधार पर होनेवाले साइबर खतरों को सामान्य तौर पर छह सामान्य शीर्षकों में बाँटा गया है—(1) नकारात्मक आदतों का निर्माण, (2) साइबर प्रताड़ना व ऑनलाइन उत्पीड़न, (3) साइबर अतिवाद व कट्टरता, (4) ऑनलाइन यौनिक दुष्प्रयोग, (5) यौन शोषण व बलात् लूट, (6) ऑनलाइन छल एवं आर्थिक अपराध।

इन सभी विषयों पर आगे विचार किया जाएगा।

1. नकारात्मक आदतों का निर्माण

यह बात सभी को स्वीकार्य है कि इंटरनेट, सोशल नेटवर्किंग एवं खेलों का लगातार प्रयोग लंबे समय में व्यसन बन सकता है, जिसका प्रभाव ध्यान हीनता से लेकर अति मोह, अवसाद व मजबूरी बन जाने तक होता है। भारत में इंटरनेट सामग्री के अधिक प्रयोग का सही-सही प्रभाव जानने के लिए उचित अनुसंधान की कमी है। उपलब्ध अध्ययन बताते हैं कि इंटरनेट व सोशल नेटवर्किंग मीडिया के अधिक प्रयोग के निम्नलिखित प्रभाव होते हैं—

1.1 व्यसन एवं एकांत

विशेष प्रौद्योगिकी के प्रति व्यसन को मोबाइल फोन, इंटरनेट तथा सामाजिक नेटवर्किंग के अत्यधिक प्रयोग के रूप में परिभाषित करते हैं, जो व्यक्ति के शारीरिक, मानसिक स्वास्थ्य एवं सामाजिक जीवन पर हानिकारक प्रभाव डालते हैं। टेबलेट्स व स्मार्टफोन के अस्तित्व में आने के पश्चात् नवीन प्रौद्योगिकी का प्रयोग और अधिक तीव्र हो गया है और इसके वास्तविक प्रयोग की समयावधि की गणना करना बहुत कठिन है। यहाँ पर व्यसन को इंटरनेट पर अधिकाधिक समय व्यतीत करने के रूप में परिभाषित किया जा सकता है, जिसका अर्थ है—पढ़ाई के समय में कटौती, खेलने के घंटे में कटौती एवं खाना खाने आदि के प्रति भी उदासीनता व लापरवाही का भाव उत्पन्न होना।

इंटरनेट के प्रति गंभीर प्रकार के व्यसन को 'इंटरनेट ऐडिक्शन डिस्ऑर्डर' कहा जाता है। इसको इंटरनेट प्रयोग व्याधि एवं समस्यात्मक इंटरनेट का प्रयोग भी कहा जा सकता है और यह व्यसन विशेष रूप से युवा लोगों के लिए एक विशाल समस्या बन सकती है।

अभी तक इंटरनेट के गंभीर व्याधि के रूप में कुछ ही मामले प्रकाश में आए हैं, किंतु आने वाले समय में यह समस्या बढ़ सकती है।

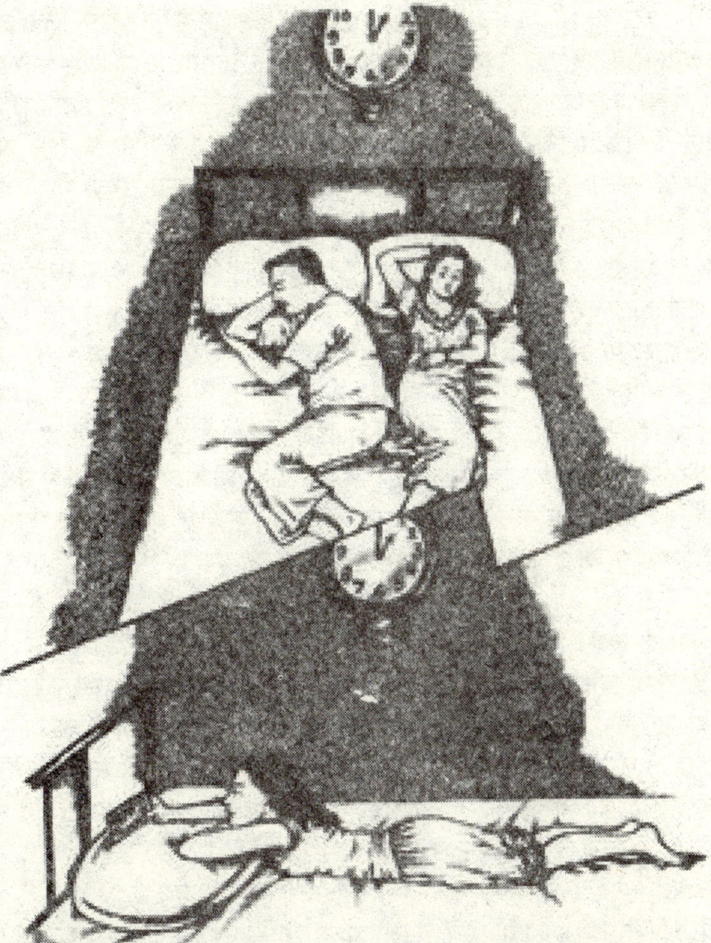

बच्चे कभी भी फोन से दूर नहीं होते, संदेश भेजने, संदेश लिखने, फोन अवलोकन करने, पुनः अवलोकन करने में सदैव व्यस्त, हम यह कैसे निर्धारित करें कि सोशल मीडिया का कितना प्रयोग स्वीकार्य है?

एक अभिभावक के रूप में अपने बच्चों में प्रकट होनेवाले चेतावनी संकेतों का ध्यान से अवलोकन करें व उनको पहचानें। यूनाइटेड किंगडम में 'बच्चों के लिए एक्शन' संस्था द्वारा किए गए एक अनुसंधान में पता चला है कि लगभग 20 प्रतिशत अभिभावकों को अपने बच्चों को टेलीविजन, फोन व कंप्यूटर परदे (स्क्रीन) से अलग गतिविधियों में लगाने के लिए संघर्ष करना पड़ा। जब उनसे पूछा गया कि बच्चों के कौन से व्यवहार को नियंत्रित करना सबसे कठिन था, तो उन्होंने बताया कि उन्हें बच्चों में प्रौद्योगिकी संबंधित गतिविधियों से दूर रखना निम्नलिखित गतिविधियों से 23 प्रतिशत अपेक्षाकृत अधिक कठिन रहा, जबकि बच्चों को स्वास्थ्यवर्धक खाना खिलाना 19 प्रतिशत, सोने के लिए जाना 18 प्रतिशत या अपना गृह कार्य करना 10 प्रतिशत रहा।

केस स्टडी 1 : ऑनलाइन खेल खेलने के व्यसन का एक अपनी तरह का मामला दिल्ली में सामने आया। दो भाई ऑनलाइन खेल के व्यसन में इस कदर पड़ गए कि उन्हें पुनर्वास के लिए नई दिल्ली के राम मनोहर लोहिया में एक माह के लिए भेजना पड़ा। इंटरनेट व खेल-व्यसन के बढ़ते हुए मामलों को दरशाने वाले मीडिया में प्रकाशित रिपोर्ट्स व लेखों ने इस केस को खूब प्रचारित किया कि किस प्रकार बच्चे इंटरनेट पर अत्यधिक समय व्यतीत करके इस व्यसन के खतरों को आमंत्रित कर रहें हैं। यह कोई अकेली घटना नहीं, अनेक किशोर ऑनलाइन गतिविधियों के व्यसन में पड़े हुए हैं। केवल व्यसन की गंभीरता भिन्न हो सकती है।

इंटरनेट व्यसन के लक्षण : क्योंकि प्रत्येक व्यक्ति में समस्या का स्वभाव असमान है, अत: यह सही-सही जानना कठिन है कि बच्चा व्यसनी हो गया है या नहीं, और ऐसी कोई निर्धारित समयावधि नहीं कि जो बच्चा इंटरनेट पर खर्च कर सकता है। तथापि चेतावनी संकेतों को पहचानना अभिभावकों को समय पूर्व सावधानियाँ बरतने में सहायता कर सकता है। कुछ चेतावनी संकेत हैं, जो बच्चे में देखे जा सकते हैं—

1. कंप्यूटर के सम्मुख बैठकर समय का ध्यान नहीं रहना।
2. ऑनलाइन गतिविधि में व्यस्त होने पर किसी के विघ्न डाले जाने पर चिड़चिड़ाहट का होना (जैसे खाने, अध्ययन आदि के लिए)।
3. ऐसे बच्चे दिए हुए कार्य को पूर्ण करने में कठिनाई महसूस करते हैं और कार्य का बोझ बढ़ता जाता है।
4. ज्यादातर बच्चा दूसरे लोगों से अलग, अकेला रहना पसंद करेगा।
5. इंटरनेट के अधिक प्रयोग के मामले में सुरक्षात्मक होना।
6. बार-बार फोन पर संदेश देखना, इंटरनेट का प्रयोग करना तथा फेसबुक पर अपना स्टेटस बार-बार अपडेट करना।

1.2 ऑनलाइन गेम खेलना

29 जुलाई, 2017 को एक 14 वर्षीय लड़के ने, जो अँधेरी (ईस्ट) मुंबई से था, अपनी सात मंजिली इमारत की छत से कूदकर आत्महत्या कर ली। यह लड़का एक इंटरनेशनल स्कूल का कक्षा नौ का छात्र था, एक पड़ोसी के द्वारा कूदते हुए देखा गया था। ऐसा लगता था कि यह छत की चारदीवारी पर घूमता हुआ अपनी वीडियो सेल्फी बना रहा था, तभी वह कूद पड़ा और आत्महत्या कर ली। मुंबई पुलिस की आगे की जाँच-पड़ताल में पता चला कि एक ऑनलाइन गेम 'ब्लू व्हेल' खेलने का आदी था। यह गेम चुनौती-आधारित एक भूमिगत (रहस्यमय) खेल है, जो लोगों के मस्तिष्क से सोचने की शक्ति समाप्त कर देता है और लोगों को आत्महत्या करने को प्रेरित करता है। देश के अनेक कोनों से इसी प्रकार से आत्महत्या के प्रयास करने की घटनाओं की सूचनाएँ प्राप्त हुई हैं, जिनमें से कुछ के शीर्षक नीचे दिए गए हैं—

"इंदौर में एक लड़का, जो अपने स्कूल की इमारत की तीसरी मंजिल से कूदने जा रहा था, ऐन मौके पर बचा लिया गया, जबकि सोलापुर का एक लड़का, जो अपनी चुनौती के आखिरी दौर में पुणे के मार्ग पर था, बचा लिया गया।"

इंडिया टी.वी. न्यूज डेस्क, 11 अगस्त, 2017
1:30 pm भारतीय समय

"ब्लू व्हेल चुनौती असम पहुँची : कक्षा 10 का एक छात्र, जो खेल की अंतिम स्टेज पूरी करने जा रहा था, अस्पताल में भरती कराया गया।"

इंडिया टुडे, गुवाहाटी, 31 अगस्त, 2017

अभिभावक एक युक्तियुक्त प्रश्‍न उठाते हैं—ऐसा कैसे होता है कि कुछ लोग यह गेम खेलते हैं और सुरक्षित रहते हैं, जबकि दूसरे इसके आदी हो जाते हैं और इसके शिकार हो जाते हैं? विशेषज्ञ बताते हैं कि ऑनलाइन गेम खेलने में हर कोई व्यसन की सीमा तक का जोखिम नहीं लेता, किंतु निश्‍चित रूप से हर कोई खतरे का शिकार हो सकता है, यह उसके सामाजिक-मनोवैज्ञानिक वातावरण पर आधारित है।

ऑनलाइन गेम खेलना बच्चों और युवाओं में बहुत लोकप्रिय है। बहुत से मोबाइल डिवाइस या गेम्स कंसोल्स के जरिए गेम खेलते हैं। इनमें कुछ शुद्ध खेल संबंधी गेम होते हैं; कुछ लक्ष्य संबंधी प्रेरक गेम होते हैं, जिनमें कोई चुनौती पेश की जाती है, कुछ इंटरऐक्टिव (पारस्परिक) गेम होते हैं, जो लोगों की विस्तृत रुचि के अनुसार होते हैं, और जो दुनिया के लोगों को एक साथ जोड़कर आपस में खेलने का मौका देते हैं। यूजर्स के पास ऑनलाइन गेम खेलने के अनेक मार्ग हैं। कंसोल्स मोबाइल ऐप गेम्स, हैंड हेल्ड

गेम्स, पी.सी. गेम्स जैसे मैस्सिवली मल्टीप्लेयर ऑनलाइन गेम्स (एम.एम.ओ.), ऑग मेंटिड रिएलटी (ए.आर.) कुछ आम यंत्र हैं, जिनसे ऑनलाइन गेम्स खेले जाते हैं।

ऑनलाइन गेम खेलने का जोखिम : गेम्स वातावरण से इंटरनेट सुरक्षा सलाह प्रत्यक्ष रूप से लागू है, क्योंकि सामग्री, संपर्क, व्यवहार तथा व्यवसायीकरण के जोखिम एक जैसे हैं।

सामग्री (विषयवस्तु) : अनुचित सामग्री बच्चों की आसान पहुँच के अंदर रहती है। बहुत से खेलों में ग्राफिक्स इतने वास्तविक व छद्‌मवादी (सूक्ष्म) होते हैं कि वे बच्चों की आयु के हिसाब से उचित नहीं, क्योंकि उनके अंदर हिंसक व यौन संबंधी सामग्री होती है।

संपर्क : कोई इस प्रकार का सशक्त संपर्क हो सकता है, जो बच्चों को हानि पहुँचा सकता है। यदि आपका बच्चा इंटरनेट पर मल्टीप्लेयर गेम्स में हिस्सा लेता है, (जहाँ पर वे दुनिया के अन्य अनेक कोने के लोगों के विरुद्ध खेलते हैं) तो उसके लिए इस बात का जोखिम है कि दूसरी ओर से गाली-गलौच की भाषा सुननी पड़ सकती है।

व्यवहार : बच्चों को ऑनलाइन व्यवहार का जोखिम भी रहता है, क्योंकि वे अपनी व्यक्तिगत सूचना सार्वजनिक कर सकते हैं। कभी-कभी यूजर समय-सीमा को भूलकर उनका आदी हो जाता है।

व्यवसायीकरण : आक्रामक प्रचारात्मक व मार्केटिंग योजनाओं के द्वारा युवा लोगों की निजता को तोड़ा जा सकता है। बच्चों व युवाओं को यह भी जोखिम रहता है कि ऑनलाइन गेम खेलते-खेलते उनके मोबाइल का बिल भी बढ़ता चला जाता है।

अभिभावकों के लिए ऑनलाइन गेम खेलने के सुरक्षात्मक टिप्स

सबसे महत्त्वपूर्ण बात, जो आप कर सकते हैं, वह यह है कि आप गेम खेलने के वातावरण से अपने को पूर्ण रूप से परिचित कराएँ और यह समझने का प्रयास करें कि ऐसी इसमें क्या बात है, जो इस गेम को इतना आकर्षक बनाती है ? यह भी जाँच करें कि बच्चे किस प्रकार की गतिविधियों में अधिक ध्यान देते हैं ? यदि वे ऐसा कुछ बताते नहीं हैं तो उनसे कहें कि वे आपको भी खेलने दें।

- ऑनलाइन गेम के विषय में प्रकाशित लेख पढ़ें, जिससे कि आप जोखिमों और कठिनाइयों के बारे में जान सकें, जो अन्य खेल खेलनेवालों के सामने आ चुकी हैं और उन्होंने इसमें कौन सी सामग्री (विषयवस्तु) देखी है।
- कुछ गेम्स बच्चों को वॉइस व मैसेज (आवाज या संदेश) के द्वारा दूसरे खिलाड़ियों से चैट करने का मौका भी देते हैं। उनसे पूछें कि वे किनके साथ खेल रहे हैं, और पता लगाएँ कि क्या वे उनसे बात भी कर रहे हैं ? यदि चैट उपलब्ध है तो उसकी भाषा को चेक करें।
- याद रहे कि गेम्स के अंदर अधिकतर चैट गेम के बारे में या उसकी विभिन्न

रणनीतियों के विषय में ही होती हैं। अपने बच्चों से बोलें कि अपनी व्यक्तिगत सूचनाएँ कभी किसी को न बताएँ और लोगों से कहीं मिलने की सहमति न दें।

- ऑनलाइन गेम्स खेलने के लिए सुरक्षित ऑनलाइन यूज के लिए लागू होते हैं।

कुछ केस स्टडीज

वर्ष 2002 में एक 21 वर्षीय युवक शॉन वोले ने अपने कंप्यूटर के सामने बैठे-बैठे आत्महत्या कर ली। उसने कोई सुसाइड-नोट भी नहीं छोड़ा, किंतु कंप्यूटर के स्क्रीन पर गेम 'एवरेस्ट' खुला छोड़ा था। युवक की माँ एलिजाबेथ वोले ने स्वीकार किया कि उनका बेटा अन्य मनोवैज्ञानिक समस्याओं से ग्रस्त था, जिन्होंने उसे आत्महत्या करने को प्रेरित किया होगा, किंतु उन्होंने अपने बेटे की मानसिक समस्याओं को बढ़ाने के लिए उस गेम पर आरोप लगाया। वोले ने गेम विकसित करनेवाले 'सोनी ऑनलाइन' पर इस बात के लिए मुकदमा दायर करने का प्रयास भी किया कि उन्होंने (अपने गेम्स पर) कोई चेतावनी लेबल नहीं लगाया था।

एक ऑनलाइन गेम 'वर्ल्ड ऑफ वारक्राफ्ट' के दृश्य को पुनः प्रदर्शित करने के लिए एक 13 वर्षीय ज्वेंग जियोमी नामक युवक ने वर्ष 2004 में एक 24 मंजिल की इमारत से कूदकर जान दे दी।

वर्ष 2005 में एक 28 वर्षीय युवक गेमिंग कैफे में एक गेम 'स्टार क्राफ्ट' को पूरे 50 घंटे लगातार खेलने के पश्चात् हृदयगति रुक जाने से मर गया। इस बीच वह केवल बाथरूम गया और उसने छोटी-छोटी हलकी नींद ली।

शंघाई एक गेम एडिक्ट को इस दोष के लिए सजा मिली कि उसने एक अन्य सहभागी की हत्या कर दी, क्योंकि सहभागी ने उससे गेम उधार लिया और फिर उसने वह वर्चुअल (इंटरनेट प्रोडेक्ट) प्रोडेक्ट ऑनलाइन रोल-प्लेइंग के अंदर-अंदर ही बेच डाला।

दूसरे अन्य लक्षण ये भी हो सकते हैं कि बच्चा यह सोचने लगे कि वह एक बोझ है, अपने को अकेला अनुभव करने लगे और समस्या पैदा करनेवाले संबंध बनाने लगे। यही समय है, जब आप अपने बच्चे से मित्रों के प्रभाव के विषय में बात करें और उन्हें प्रेरित करें कि यदि उनसे कोई ऐसा करने के लिए, जिसमें वे असहज अनुभव करें तो वे स्पष्ट 'नहीं' कहें। यदि आपको विश्वास है कि आपका बच्चा यह गेम खेल रहा है, तो पुलिस को भी सूचित करें।

मनोवैज्ञानिक कारण

मनोवैज्ञानिक व शरीर विज्ञान, दोनों कारणों से व्यसन पैदा हो सकता है। एक वैज्ञानिक सिद्धांत के अनुसार, व्यसन किसी ऐसी गतिविधि का हो सकता है, जो आनंद

देती हो। आनंद के समय ब्रेन के अंदर एक 'फील-गुड रिसेप्टर' (आनंद ग्रहण करनेवाले रसायन) रसायन डोपामाइन बढ़ जाता है।

मनोवैज्ञानिक रूप से ऑनलाइन गेमिंग के व्यसन के अनेक कारण हैं। वीडियो गेम व्यसनी एक ही प्रकार की विशिष्टताएँ रखते हैं, जैसे—अवसाद, समान स्तर का स्ट्रेस लेवल, सामाजिक चिंता, अकेलापन, निम्न आत्म-सम्मान और अत्यधिक उदासी। जो लोग कमजोर आत्म-सम्मान की भावना रखते हैं, उनके लिए मैस्सिव मल्टीप्लेयर ऑनलाइन रोल-प्लेइंग गेम्स आदर्श खेल के मैदान हैं। गेम के व्यसनी इंटरनेट की दुनिया को एक ऐसा स्थान पाते हैं, जहाँ वे अपनी कोई नई पहचान बना सकें, नए अज्ञात मित्र बना सकें और अधिक दुःखद यह कि वे इसे ऐसा स्थान समझते हैं, जहाँ वे अपने आप को फिट कर सकें।

वीडियो गेमिंग के शरीर विज्ञान व्यसन की तुलना ड्रग एडिक्शन या ऐल्कोहल एडिक्शन से की जा सकती है। चेराइट यूनिवर्सिटी मैडीसन, बर्लिन के द्वारा किए गए अध्ययन के अनुसार यह निष्कर्ष निकाला गया कि मनुष्यों में तीव्र लालसा या निराशा उत्पन्न होती है कि वे गेम खेलें। वीडियो गेम व्यसन के कुछ लक्षणों में शामिल हैं, गेम खेलने में लगने वाले समय की पूर्व कल्पना न कर पाना और प्रतिदिन 3-4 घंटे ऑनलाइन गेम खेलना।

ऑनलाइन चैलेंग गेम्स (जैसे : ब्लू व्हेल चैलेंज गेम)

ऑनलाइन चैलेंज गैम्स ने एक नया संकट पैदा कर दिया है। कुछ टीनेजर्स के व्यवहार को समझना बेहद मुश्किल होता है। हाथ में इंटरनेट आ जाने से ऐसी अनेक खतरनाक समस्याएँ हैं, जिनमें ऐसे किशोर एक के बाद एक महज मनोरंजन, जोश और रोमांच के लिए फँसते चले जाते हैं। ऐसे बच्चे, जो चैलेंज गेम्स खेलते हैं, अकसर खुद को चोट पहुँचाने, आत्महत्या और सोच-समझ में कमी के कारण आपत्तिजनक तसवीरों को ऑनलाइन शेयर करने की दिशा में प्रेरित हो जाते हैं। साथियों के साथ होड़ लगाने का दबाव सोच-समझ पर हावी हो जाता है। ऐसे ही कुछ चैलेंज गेम्स हैं ब्लू व्हेल चैलेंज, पास आउट चैलेंज, साल्ट एंड आइस चैलेंज, फायर चैलेंज, आइस बकेट चैलेंज इत्यादि।

ब्लू व्हेल चैलेंज माता-पिता के लिए चिंता का एक नया कारण है—

- स्वयं को शिक्षित करें
- खतरनाक लक्षणों के प्रति सजग रहें
- इससे संबंधित खतरों पर अपने बच्चों से बात करें

(इमेज कैप्शन—मैं एक व्हेल हूँ)

'ब्लू व्हेल' एक ऑनलाइन गेम है, जो 2013 में रूस से बाजार में आया। इसे मनोविज्ञान के एक पूर्व छात्र फिलिप बुडेकिन ने बनाया था, जिसे कॉलेज से निकाल दिया गया था। इस गेम में खिलाड़ियों को एक के बाद कई टास्क दिए जाते हैं, जिन्हें 50 दिनों में पूरा करना होता है। उदाहरण के लिए सुबह 4:00 बजे उठना और डरावनी फिल्में देखना, अपने शरीर पर रेजर से 'यस' 'एफ40' गोदना, सोशल मीडिया पर अपने स्टेटस को अपडेट कर लिखना कि 'आई एम ए व्हेल', विचित्र संगीत को सुनना, सबसे ऊँची छत, पुल पर चढ़ना आदि। इस तरह के टास्क डर को निकालने के लिए दिए जाते हैं, और आखिर में बिल्डिंग से कूदने और सुसाइड करने का टास्क दिया जाता है।

बुडेकिन के अनुसार, उसने इस गेम को इसलिए बनाया, ताकि उन लोगों को खुदकुशी के जरिए मिटाया जा सके, जो इस समाज में किसी काम के नहीं हैं। यह गेम कई निर्दोषों की जान ले चुका है, जिन्हें इस गेम की लत लगी, वे लास्ट लेवल, यानी सुसाइड तक चले गए।

यह गेम कहाँ खेला जाता है ?

ब्लू व्हेल गेम कोई एप या डाउनलोड किया जानेवाला गेम नहीं है, जिसे किसी स्मार्टफोन में इंस्टॉल किया जाए, बल्कि यह सोशल मीडिया की घटना है। इसका मतलब है कि यह गेम सोशल मीडिया पर सीक्रेट ग्रुप्स के माध्यम से उपलब्ध है। खिलाड़ियों को क्यूरेटर्स ग्रुप्स में शामिल होने का न्योता देते हैं और फिर उन्हें चैलेंज को पूरा करने के लिए मजबूर करते हैं।

माता-पिता लक्षणों का पता कैसे लगाएँ—

- ऐसा बालक, जो ब्लू व्हेल गेम खेलता है, वह खुद को परिवार या दोस्तों से अलग करने लगता है और अकेला रहता है।
- वे अकसर घर से भागने या मौत के बारे में भी बातें करते हैं।
- उनके सोने और खाने के पैटर्न में अचानक बदलाव को भी देखा जा सकता है।
- विचित्र संगीत को सुनना और अजीब समय पर जागना।
- चूँकि ब्लू व्हेल गेम का एक नियम यह है कि अपने आपको हर दिन काटना है, तो उस व्यक्ति के शरीर पर इस तरह के छोटे कटे निशानों को देखकर पता लगाया जा सकता है कि वह ब्लू व्हेल गेम खेल रहा है या नहीं।

माता पिता क्या करें

माता-पिता के रूप में, आप अपने बच्चों को इनसे परिचित होने से नहीं रोक सकते,

लेकिन आप उनसे खुलकर बात कर सकते हैं। अपने बच्चों की ऑनलाइन गतिविधियों पर नजर रखें। खुद को और अपने बच्चों को इस प्रकार के खतरनाक गेम्स के नकारात्मक प्रभावों से शिक्षित करें। चेतावनी के संकेतों को लेकर सतर्क रहें, जिनमें व्यवहार में परिवर्तन या खाने, सोने तथा पढ़ाई में प्रदर्शन या फिर फ्रेंड ग्रुप में बदलाव दिखते हैं। कुछ और चेतावनी के संकेत हो सकते हैं, जैसे किशोर अपने आपको बोझ समझे, अकेला महसूस करे या दोस्त न बना सके। अपने बच्चे से साथियों की नकल करने के दबाव पर और कैसे जो बात उन्हें परेशान कर रही है, उसे 'न' कह देने को लेकर बात करने का यही सही समय है। यदि आप जान लें कि आपका बच्चा यह गेम खेल रहा है, तो आप मदद के लिए पुलिस को भी सूचित कर सकते हैं।

1.3 ऑनलाइन जुआ

ऑनलाइन प्लेटफॉर्म्स के आने से जुए की दुनिया में तेजी से बदलाव आया है। शोधकर्ताओं ने पाया है कि किशोरों के बीच ऑनलाइन जुआ खेलने की गतिविधियों की दर काफी बढ़ गई है।[14] किशोरों की ओर से जुआ खेलने की तीन प्रमुख वजह बताई गई हैं—(क) इससे मिलने वाला रोमांच, (ख) मजा, और (ग) पैसे जीतने की ललक। साथियों से होड़, बोरियत से बचने और डिप्रेशन के एहसास को कम करने जैसे कुछ और कारण हैं जिनके चलते किशोर जुआ खेलते हैं।

"भारतीय क्रिकेटर, गौतम गंभीर को जब एक स्कूल की प्रिंसिपल ने बताया कि बच्चे इंडियन प्रीमियर लीग पर सट्टा लगा रहे हैं, तब हाल ही में उन्होंने अपने ब्लॉग में इस समस्या को उठाया। वाराणसी के डब्लू.एच. स्मिथ मेमोरियल स्कूल की प्रिंसिपल अनीता पॉलीन डे ने पाया कि कम-से-कम चार राज्यों (नाम छिपाया गया है) में क्लास 6 से 10वीं तक के बच्चे क्रिकेट मैचों पर सट्टा लगा रहे थे। उन्हें पता चला कि इनमें से ज्यादातर बच्चे धनी परिवारों के थे, जो अपनी पॉकेट मनी और मोबाइल फोन का इस्तेमाल सिंडिकेट्स के जरिए मैचों पर सट्टा लगाने के लिए कर रहे थे।"

1.4 इंटरनेट के अत्यधिक प्रयोग से संबंधित अन्य समस्याएँ

नई प्रौद्योगिकी बच्चों में अनेक स्वास्थ्य संबंधी समस्याएँ उत्पन्न कर रही है। समय-समय पर किए गए सर्वे यह बताते हैं कि यंत्रों के बढ़ते प्रयोग ने बच्चों में स्वास्थ्य संबंधी अनेक समस्याएँ पैदा कर दी हैं, जैसे—पीठ-दर्द, कमजोर आँखें आदि। शारीरिक गतिविधियों के अभाव के कारण बच्चों में मोटापे की समस्या आम होती जा रही है। जो

लोग अपने दैनिक संचार के लिए सोशल नेटवर्किंग साइट्स का प्रयोग करते हैं, वे इतने फँस जाते हैं कि वे अपने स्वास्थ्य के प्रति उत्तरदायित्व की अवहेलना करते हैं, विशेष रूप से वे अपनी खान-पान के प्रति उदासीन हो जाते हैं। सोशल मीडिया का उनका व्यसन उनके स्वास्थ्य संबंधी अनेक समस्याएँ, जैसे—खान-पान संबंधी अव्यवस्था, मोटापा, हृदय-संबंधी समस्याएँ, नींद न आना एवं अन्य स्वास्थ्य संबंधी समस्याएँ पैदा कर देती हैं।

नए-नए यंत्र सामाजिक संबंधों पर दुष्प्रभाव डाल रहे हैं। इन यंत्रों का प्रयोग करनेवाले बच्चों के पास अपने अभिभावकों के पास बैठने का समय ही नहीं है। वे केवल उन यंत्रों के साथ ही समय व्यतीत करते हैं। अपने मित्र व रिश्तेदारों से मिलने की बजाय, संदेशों व चैटिंग के द्वारा ही बात करते हैं। इस प्रकार वे दूसरों से इंटरनेट की काल्पनिक दुनिया के माध्यम से मिलते हैं, न कि वास्तविक संसार में भौतिक रूप से।

प्रौद्योगिकी का शिक्षा के क्षेत्र में प्रदर्शन पर भी नकारात्मक प्रभाव पाया गया है। ऐसे कई प्रकार के तकनीकी यंत्र हैं, जिनके प्रति बच्चे व्यसनी होते जा रहे हैं। वे अपने अध्ययन पर ध्यान न देकर अपना मूल्यवान समय इन यंत्रों पर बरबाद करते हैं। यह उनके अध्ययन के क्षेत्र में कमजोर उपलब्धि का कारण भी है। इन यंत्रों का अत्यधिक प्रयोग बच्चों के चरित्र पर भी नकारात्मक प्रभाव डालता है। बढ़ती हुई तकनीक की यह सबसे बड़ी समस्याओं में से एक है। बच्चे देश और दुनिया का भविष्य हैं। सबसे दुःखद पहलू यह है कि बढ़ती हुई तकनीक के कारण बच्चे नैतिक मूल्यों से विमुख हो रहे हैं। इंटरनेट का प्रयोग सकारात्मक रूप से करने के बजाय बच्चे इसमें एडल्ट (यौन संबंधी) सामग्री ही देखते हैं।

लेखन एक कला है और कोई भी समझदार व्यक्ति ही इस कला को विकसित करना पसंद करेगा, किंतु नई तकनीक बच्चों की लिखने की कला को नष्ट कर रही है। संदेशों और चैटिंग करने में स्तरीय अंग्रेजी का प्रयोग नहीं हो रहा है। संदेश लिखने में ग्रामर, पंक्चुएशन अथवा स्पैलिंग का कोई ध्यान नहीं रखा जाता। इससे बच्चों के लेखन कौशल पर विपरीत प्रभाव पड़ रहा है।

बच्चे व किशोर नहीं समझ सकते कि सोशल नेटवर्किंग में उचित-अनुचित क्या है? यदि आपका बच्चा गलत फोटो या कमेंट भेज देता है, यह उसका वर्षों तक पीछा करेगा और उसे परेशान करेगा।

एस.एन.एस. का एक अन्य दोष है, समय की बरबादी। प्रौढ़ लोग भी सोशल नेटवर्किंग साइट पर समय बरबाद करने में तत्पर हो रहे हैं। बहुत से अभिभावक इस बात से चिंतित हैं कि उनके बच्चे गृहकार्य करने, व्यायाम करने अथवा भौतिक संसार में लोगों से संबंध रखने की अपेक्षा नेटवर्किंग पर अधिक समय व्यतीत कर रहे हैं।

सेल्फी कल्चर

चाहे किसी नए हेयरकट को दिखाना हो, चाहे ठंडे स्थान पर छुट्टी व्यतीत करने की बात हो, सोशल मीडिया पर अपनी तसवीर डालना एक बहुत ही लोकप्रिय प्रदर्शन हो गया है। विश्वास किया जा रहा है कि सेल्फी (स्वयं द्वारा अपनी तसवीर) आत्म अभिव्यक्ति का एक सुंदर प्रकार है। इसके द्वारा व्यक्ति अपने खुशी व निराशा के भाव साझा करता है। यह सच है, किंतु सेल्फी कल्चर के हानिकारक प्रभाव भी उतने ही सच हैं। किसी अन्य के द्वारा डाली हुई अपने स्वप्न की जीवनशैली की तसवीर देखकर दूसरे अपने अंदर तुलनात्मक हीनता व तनाव विकसित कर सकते हैं। आप नहीं जानते कि यह तसवीर संपादित, परिवर्तित व फोटो शॉप (अनेक फोटो को मिलाकर एक फोटो बनाना) द्वारा बनाई गई है। अब एक नई प्रवृत्ति जन्म ले रही हैं, जिसमें लोग यौन आमंत्रण वाली सेल्फी, नंगी सेल्फी लेकर संबंधित लोगों के लिए भेज रहे हैं। किशोर समझते हैं कि बिना चेहरे की नंगी तसवीर भेजना सुरक्षित है, परंतु यह गलत है, क्योंकि इसके माध्यम से उनका भयादोहन या यौन शोषण हो सकता है।

सेल्फी लेने के दौरान होनेवाली बढ़ती घातक दुर्घटनाएँ चिंता का विषय हो रही हैं। 'वाशिंग्टन पोस्ट' अखबार में छपी रिपोर्ट के अनुसार वर्ष 2015 में अन्य किसी देश की अपेक्षा भारत में सेल्फी लेने से संबंधित दुर्घटनाएँ सर्वाधिक हुई हैं।

अपनी सेल्फी लेने के प्रयास में संसार में कुल 27 मृत्यु की घटनाएँ हुई हैं, उनमें आधी घटनाएँ भारत में घटित हुईं। वास्तव में जनवरी 2016 में अरेबियन सागर में दो लोगों की डूबने की घटना घटित होने के पश्चात् मुंबई पुलिस ने शहर के आस-पास 25 ऐसे स्थानों की पहचान की है तथा उन्हें 'नो सेल्फी जोन' (सेल्फी निषिद्ध क्षेत्र) घोषित किया है तथा वहाँ चेतावनी का साइन बोर्ड लगाने का निर्णय लिया है। साथ ही जीवन रक्षक तैराक भी नियुक्त करने का निर्णय लिया है। अभिभावकों के लिए आवश्यक है कि वे अपनी फोटो लेने की सीमाएँ तय करें। सुझाव यह है कि वे अपने बच्चों के साथ इन बातों पर विचार-विमर्श करें और उन्हें सकारात्मक रूप से समझाएँ कि कौन सी सेल्फी अस्वीकार्य है तथा यौन क्रिया का आभास देने वाली सेल्फी क्यों नहीं भेजनी चाहिए। यह दृष्टिकोण अधिक रचनात्मक होगा अपेक्षाकृत इसके कि उनके फेसबुक एकाउंट अवरुद्ध किए जाएँ या उनके फोन वापस ले लिये जाएँ।

2. साइबर प्रताड़ना (दबंगई)

सोनिया नामक 12 वर्ष की लड़की के (दबंग) सहपाठी ने सोनिया के लिए उसका फेसबुक एकाउंट बनाया तथा उसमें स्कूल के अन्य छात्र जोड़ दिए। उस दबंग ने सोनिया के इस एकाउंट में अश्लील सामग्री डाल दी। परिणामस्वरूप, सोनिया के सहपाठियों ने

उसके व्यवहार के विषय में उससे प्रश्न करने प्रारंभ कर दिए।

साइबर प्रताड़ना (दबंगई) एक प्रकार की ऑनलाइन पीड़ात्मक काररवाई है। यह किसी को मैसेज बॉक्स में या खुले रूप में कठोर, धृष्ट, अपमानजनक व पीड़ा पहुँचाने वाले कटाक्ष करने के समान है। इसमें पीछा करना, ऑनलाइन प्रतिशोध, बदनामी व निजी सूचना को प्रकट व किसी का एकाउंट हैक करना शामिल है। यह एक संवेदनशील लक्ष्य को परेशान करने का कार्य है।

किशोरों के मध्य मोबाइल फोन व नेटवर्क की बढ़ती हुई लोकप्रियता के कारण साइबर प्रताड़ना हाल ही में सबसे अधिक विवादित विषयों में से एक हो गया है। वर्तमान दबंग अपना शिकार विद्यालय प्रांगण में खोजने की बजाय इंटरनेट पर खोजते हैं और इस कारण यह विषय अत्यंत आवश्यक और विचारणीय हो गया है। साइबर दबंगई एक नए प्रकार की प्रताड़ना है, जो छात्रों का उनके स्कूल कक्ष से घर तक पीछा करती है। बहुत से पीड़ित सुबह उठने से जब वे अपना सेलफोन खोलते हैं, लेकर जब तक वे अपना फोन या कंप्यूटर बंद करके सोने जाते हैं, तब तक इस साइबर दबंगई से पीड़ित होते हैं। साइबर बुलींग (दबंगई) एक प्रकार की आक्रामक व जान-बूझकर इलेक्ट्रॉनिक प्रताड़ना है, जो इलेक्ट्रॉनिक संपर्क के माध्यम से की जाती है। इसमें अपमानजनक संदेश लिखना, धमकी भरे इ-मेल्स, गोपनीय इ-मेल या तसवीर अग्रसारित करना (आगे भेजना), व्यक्तियों को चैट रूम से बाहर निकालना, निंदात्मक वोटिंग वेबसाइट निर्मित करना आदि शामिल हैं। साइबर बुलींग (प्रताड़ना) में गाली-गलौच करना तथा पीड़ित के शरीर की बनावट, बुद्धि, पारिवारिक पृष्ठभूमि, ड्रेसिंग भाव, मातृभाषा, जन्म-स्थल, दृष्टिकोण, वंश, जाति, नाम रखना, आदि के बारे में अपमानजनक बातें करके पीड़ित को आधुनिक संचार व्यवस्था जैसे मोबाइल फोन द्वारा एस.एम.एस. व एम.एम.एस. तथा इंटरनेट के चैट रूम, इ-मेल, नोटिस बोर्ड तथा ग्रुप आदि का प्रयोग करके चिढ़ाना व परेशान करना शामिल है।

साइबर प्रताड़ना (बुलींग) के आँकड़े

साइबर बुलींग के मामले में 25 देशों में किए गए अध्ययनों द्वारा यह पाया गया है कि चीन व सिंगापुर के पश्चात् भारत तीसरे नंबर पर आता है। भूमंडलीय युवा ऑनलाइन व्यवहार पर माइक्रोसॉफ्ट द्वारा कराए गए सर्वे के अनुसार 53 प्रतिशत बच्चे भारत में ऑनलाइन बुलींग (प्रताड़ना) के शिकार हुए हैं।

भारत भी उन अनूठे देशों में से एक है, जहाँ पर ऑनलाइन बुलींग (प्रताड़ना) बराबर है, इन देशों में ऑनलाइन व ऑफलाइन बुलींग बच्चों की प्रताड़ना का प्रतिशत 77 प्रतिशत है। एक आँख खोलने वाली प्रवृत्ति यह है कि भारत के 52 प्रतिशत युवा सोशल मीडिया

एकाउंट तब खोलते हैं, जब वे अपने स्कूल में होते हैं, जबकि उनसे आयु में छोटे 57 प्रतिशत सहपाठी 47 प्रतिशत किशोरों की अपेक्षा स्कूल समय में अधिक सोशल मीडिया पर व्यस्त रहते हैं। यद्यपि सोशल नेटवर्किंग साइट्स, जैसे—फेसबुक, स्नेपचैट, पिंटरेस्ट, टिंडर, टुंबिर तथा वाइन पर एकाउंट बनाने या अपने को रजिस्टर करने की न्यूनतम आयु 13 वर्ष है, 10 से 12 तक की आयु के बच्चे अपने किशोर समकक्षों की अपेक्षा प्रतिदिन इंटरनेट पर व्यस्त रहते हैं।

सर्वेक्षण बताते हैं कि भारत में 22 प्रतिशत बच्चे इंटरनेट पर अपमानजनक व अमित्रता का व्यवहार प्राप्त करते हैं; 29 प्रतिशत बच्चों का या तो उपहास किया जाता है अथवा उन्हें परेशान किया जाता है। यह भी पता चला है कि 90 प्रतिशत बच्चे ऑनलाइन बुलींग के विषय में कुछ अथवा बहुत कुछ जानते हैं। उधर, 79 प्रतिशत बच्चे कम या ज्यादा इस समस्या से परेशान थे। 77 प्रतिशत बच्चों ने बताया कि वे ऑनलाइन या ऑफलाइन परेशान किए जाते हैं।

"भारत उन कम देशों में से एक है, जहाँ ऑन/ऑफलाइन बुलींग की दर बराबर है, 'सर्वेक्षण'! सूचना प्रौद्योगिकी पर संसदीय समिति की वर्ष 2014 की रिपोर्ट ने पहचाना कि अन्य अपराधों की अपेक्षा बच्चों का उनके साथियों द्वारा ऑनलाइन बुलींग अधिक है।

एक सुरक्षित सर्फिंग के माध्यम से एक साइबर सुरक्षा विशेषज्ञ ने 1.9 मिलियन से अधिक बच्चों में पहुँच बनाई। वह आजकल भारत में लगभग 100 विद्यालयों में साइबर सभाओं की सहायता करता है और वह यौन अपराध व साइबर बुलींग के मामलों में बच्चों व युवा लोगों से प्रतिदिन 30-40 प्रार्थनाएँ इस आशय से कि वह उनकी सहायता करे, प्राप्त करता है। कुछ इस प्रकार के साइबर बुलींग के मामले, जिनसे उसका सामना हुआ, निम्नलिखित हैं—

- एक बच्चे के नाम से उसके एक सहपाठी ने फेक फेसबुक एकाउंट बनाकर, दूसरे सहपाठियों को अश्लील संदेश भेजने शुरू किए। उस बच्चे का वास्तव में कोई ऐसा एकाउंट नहीं था, परंतु उसे अपने अध्यापक से तथा अन्य अभिभावकों से डाँट खानी पड़ी।
- एक लड़की को अपने स्कूल के व्हाट्स-ऐप ग्रुप से इसलिए निकाला गया कि उसकी काट-छाँटकर बनाई गई अश्लील तसवीर साझा की गई। लड़की को बहुत गंभीर उत्पीड़न व अपमान अनुभव हुआ, यद्यपि स्कूल ने अपराधी का पता लगा लिया गया और उसके विरुद्ध अनुशासनात्मक काररवाई की गई।

- कक्षा 9 की एक लड़की ने अपने मोबाइल फोन से कक्षा 11 के एक लड़के को अपनी अश्लील तसवीर भेजी। लड़के ने इसे अपने लिए निमंत्रण समझकर उससे शारीरिक संबंध बनाने की इच्छा जाहिर की। इससे लड़की भयभीत हो गई और उसने अपने पग वापस खींच लिये। लड़के ने उसको ब्लैकमेल करना प्रारंभ कर दिया। उसने धमकी दी कि यदि वह उससे नहीं मिली तो वह उसकी तसवीर सार्वजनिक कर देगा। अंत में, लड़की अपनी मित्र के साथ स्कूल काउंसलर के पास सहायता के लिए पहुँची। दोनों के अभिभावकों को बुलाया गया। लड़के ने अपनी गलती स्वीकार कर ली और क्षमा माँग ली।

2.1 साइबर बुलींग के प्रभाव

अभिभावकों को समझना चाहिए कि साइबर बुलींग का मनोवैज्ञानिक, भावात्मक व शारीरिक दुष्प्रभाव पड़ता है। प्रत्येक बच्चा इस बुलींग के प्रति अलग-अलग प्रतिक्रिया देता है। ये प्रभाव लघु व दीर्घकालीन हो सकते हैं।

(I) साइबर बुलींग के लघुकालीन प्रभाव

बच्चों की इस प्रकार की स्थिति में अपने उत्पीड़क से आमना-सामना होने से बचने के लिए स्कूल न जाने की संभावना होती है। वे अपने को भावनात्मक, मनोवैज्ञानिक एवं शारीरिक सदमे में अनुभव करते हैं और अपने अध्ययन को जारी रखने की बजाय घर पर ही रहना अधिक पसंद करते हैं।

- **प्रताड़ित बच्चे अधिक बीमार पड़ते हैं :** बुलींग से पीड़ित बच्चों की अधिकतर बीमार पड़ने की सूचना मिलती है, जिसमें खराब गला, खाँसी, सिर दर्द, पेट दर्द व रुकी नाक की शिकायतें आम होती हैं। ये लक्षण मनोवैज्ञानिक रूप से लक्षित नहीं होते, परंतु ये शारीरिक व्याधि के रूप में सामने आते हैं।
- **खराब आदतें :** बीमारी का सामना करने के लिए तरुणावस्था वाले बच्चे शराब पीने लगते हैं और फिर शराब के आदी हो जाते हैं और उनकी यह आदत उन्हें विनाश के रास्ते पर ले जाती है।
- **स्वभाव परिवर्तन :** साइबर बुलींग के शिकार बच्चे आक्रामक, रक्षात्मक, वैरागी तथा प्रतिदिन की आनंदमयी गतिविधियों से दूर रहने की प्रवृत्ति विकसित कर लेते हैं। अत्यधिक साइबर बुलींग के परिणामस्वरूप तरुण

बालक आत्मघातक बन सकता है, स्वयं को हानि पहुँचाने व अधिक खाने-पीने की आदत में लिप्त हो सकता है अथवा अन्य विनाशकारी व्यवहार का शिकार हो सकता है।

- **भयंकर निराशा :** ऑनलाइन बुलींग से पीड़ित बच्चा अवसाद का अनुभव कर सकता है तथा अपने अभिभावकों सहित दूसरों से बचने का प्रयत्न करता है।
- **बुलींग से पीड़ित आत्मविश्वास खो सकता है :** कार्य, शब्द या अन्य प्रकार की बुलींग से पीड़ित बच्चा अपना आत्मविश्वास खोकर समझता है कि न उसमें कोई शक्ति है, न कोई क्षमता तथा वह विचार कर सकता है कि उसका कोई मूल्य नहीं है।

ऑनलाइन बुलींग का प्रभाव ऑनलाइन रहने तक ही सीमित नहीं, यह जीवन के विभिन्न पहलुओं, जैसे निद्रा आदि तक व्याप्त है। भय, विषाद, चिंता एवं अन्य सभी नकारात्मक प्रभाव एक-साथ मिलकर बच्चे को नियमित, पूर्ण एवं आरामदायक नींद से वंचित कर सकते हैं।

ऑनलाइन बुलींग से पीड़ित बच्चा अकारण ही किसी भी बात से चिंतित होता है। अपने पास की हर वस्तु के प्रति भय का अनुभव करता है।

(II) साइबर बुलींग के दीर्घावधि प्रभाव

- जो लोग अपने बचपन में साइबर बुलींग के शिकार हो जाते हैं, वे बड़े होने पर भी मनोवैज्ञानिक रूप से उस अनुभव से प्रभावित रहते हैं। जो बच्चे कक्षा 6 से 9 के बीच बुलींग के शिकार रहे होते हैं, वे अपने 23 वें वर्ष तक आते-आते विषाद के शिकार हो जाते हैं। जो लोग अपने बचपन में परेशान किए जाने की स्मृतियों को सँजोते हैं, वे प्रौढ़ावस्था में विषाद, सामाजिक चिंता एवं आत्महत्या जैसी प्रवृत्ति विकसित करने की ओर अधिक प्रवृत्त होते हैं।
- जिन लोगों का बचपन उत्पीड़ित हो जाता है, बाद के जीवन में अपने कार्यस्थल पर भी उनके पीड़ित होने की संभावना बनी रहती है। अपने कार्य स्थल पर उत्पीड़ित होनेवाले 60 प्रतिशत लोग स्वीकार करते हैं कि बचपन में भी उनका उत्पीड़न हुआ था।
- एक साइबर बुलींग के शिकार में आक्रामक, रक्षात्मक व वैरागी होने की प्रवृत्ति विकसित हो सकती है।
- वे दैनिक गतिविधियों में रुचि नहीं रखते हैं। परिणामस्वरूप, साइबर बुलींग

पीड़ित में अधिक खाने-पीने व अन्य व्यवहार संबंधी व मानसिक व्याधि उत्पन्न हो सकती है।

- साइबर बुलींग के शिकार निरंतर घोर निराशा में आ सकते हैं, जिसकी परिणति आत्महत्या में भी हो सकती है।
- एक तरुण बालक का रुझान स्व-हानि व स्व-अंग-भंग की ओर हो सकता है।
- **पूर्ण सामाजिक बहिष्कार :** यह अनुभव व्यक्ति के आत्म-सम्मान को नष्ट कर देता है व व्यक्ति में अपने संबंधों को सँभालने व बनाए रखने का आत्मविश्वास समाप्त हो जाता है। अतः वे सभी प्रकार के सामाजिक संबंधों से अपने को विरत कर लेते हैं, क्योंकि उनका विश्वास अन्य लोगों में भी समाप्त हो जाता है और उन्हें जैसे वे हैं, स्वीकार नहीं करते।
- **अपराधी प्रवृत्ति :** साइबर बुलींग पीड़ित को एक अपराधी में भी परिवर्तित कर सकती है।
- **असाधारण भय :** ऐसा बच्चा सदैव प्रत्येक बात से भयभीत रहता है। वह उन चीजों से भी डर जाता है, जिनसे डरने का कोई कारण नहीं होता।

परंपरागत संचार साधनों व मीडिया की अपेक्षा इंटरनेट में बदनामी करने की कहीं अधिक क्षमता होती है। ऑफलाइन की अपेक्षा ऑनलाइन निंदा का प्रभाव व्यक्ति की ख्याति पर कई गुना होता है। एक क्षण के सूक्ष्म भाग में ही एक निंदाजनक संदेश अनेक प्रकार के वेब प्लेटफॉर्म्स के माध्यम से लाखों लोगों तक पहुँच जाता है। जब बच्चों को यह आभास हो जाए कि उनके व्यक्तिगत विवरण ऑनलाइन पर लाखों लोगों को प्रसारित कर दिए गए हैं तो वे इस सदमे से उबरने में बहुत समय लेते हैं।

3. बच्चों का ऑनलाइन यौन शोषण

बच्चों के यौन शोषण या दुष्प्रयोग का सीधा-साधा अर्थ है, एक बच्चे व प्रौढ़ अथवा बच्चे व बच्चे के बीच यौन क्रिया, जिसमें पहला दूसरे की आवश्यकता की संतुष्टि करता है। ऑनलाइन यौन दुरुपयोग का अर्थ है, ऐसी सामग्री का निर्माण, वितरण व डाउनलोड करना व देखना, जो बच्चों के यौन शोषण से संबंधित हों। इनमें फोटोग्राफ्स व वीडियो शामिल हैं। बच्चों को यौन संबंधी वार्त्ताओं में आमंत्रित करना, उन्हें लुभाना व लालच द्वारा उनमें लगाना अथवा बच्चों के लिए यौन संबंधी सामग्री निर्मित करना भी बच्चों के यौन शोषण के दायरे में आएँगे। ऑनलाइन परिचय के आधार पर वास्तविक दुनिया में उनकी भेंट कराने का प्रबंध करना भी इसी दायरे में आता है। इंटरनेट की दुनिया से निकलकर बच्चों को अपने शोषणकर्ता से वास्तविक

रूप से मिलने के लिए तैयार करने को 'ग्रूमिंग' कहा जाता है। अभिभावकों को समझना चाहिए कि यह केवल परिभाषा नहीं है, ऐसा स्मार्टफोन के माध्यम से वास्तव में घटित हो रहा है। भारत में बच्चों के ऑनलाइन यौन शोषण के कुछ आमतौर से प्रचलित प्रकार निम्नलिखित हैं—

- **दरशाना :** इसमें किसी अन्य व्यक्तियों के जननांग, गुप्तांग या अश्लील सामग्री दिखाना होता है, जिससे बच्चे को मानसिक आघात या मानसिक रूप से पीड़ित किया जा सके अथवा अपराधी को यौन उत्तेजना दी जा सके।
- बच्चे के यौन प्रदर्शन के फोटो या फिल्म बनाकर यौन उत्तेजना पैदा करना। यह बच्चे की शोषण सामग्री का निर्माण करने में शामिल है। भारतीय संदर्भ में व्यक्तियों के मध्य आपसी सहमति भी अपराध की श्रेणी में माना जाएगा, यदि दोनों में कोई भी 18 वर्ष की आयु से कम है।
- किसी नाबालिग को यौन क्रिया के लिए आमंत्रित करना अथवा लुभाना अथवा संकेत द्वारा प्रस्तावित करना ग्रूमिंग व आमंत्रण करने की श्रेणी में आता है।
- किसी बच्चे को अपमानित या परेशान करने की दृष्टि से उसके विरुद्ध स्पष्ट रूप से यौन संबंधी टिप्पणी करना अथवा बच्चे का ध्यान अनावश्यक रूप से यौनांगों की ओर आकर्षित करना भी यौन शोषण है। यह विद्यालयों में दी जानेवाली यौन शिक्षा से भिन्न है।
- इंटरनेट संपर्क द्वारा बच्चों को वेश्यावृत्ति अथवा यौन व्यापार में लाना बच्चे का यौन शोषण है। 18 वर्ष की आयु से कम बच्चा हमारे कानून में यौन संबंध बनाने की सहमति देने के लिए अक्षम है।
- एक बच्चे को वेश्यावृत्ति अथवा यौन व्यापार में लाने की दृष्टि से उसे फुसलाना, लुभाना, प्रोत्साहित करना, स्वीकृति देना या उसे अनुमति देना या किसी अन्य व्यक्ति को ऐसा करने में सहायक होने के लिए तैयार करना, क्योंकि 18 वर्ष की आयु से कम बच्चों के विषय में मान्यता है कि वे यौन क्रिया के लिए समझदारी से स्वीकृति देने में अक्षम हैं। बच्चे किसी प्रकार के फुसलाने, लुभाने या प्रोत्साहित करने की गतिविधियों से संरक्षित हैं।

3.1 यौन आमंत्रण एवं प्रताड़ित करना

किसी को यौन क्रिया के विषय में बात करने को प्रोत्साहित करना, कुछ यौन संबंधी आचरण करना या अपने विषय में व्यक्तिगत यौन अनुभवों को साझा करना, जबकि दूसरा व्यक्ति ऐसा करना नहीं चाहता, यौन आमंत्रण कहा जाता है। आमंत्रण/

लुभाने, यौन उत्पीड़न तथा यौन बुलींग में स्पष्ट अंतर है। तथापि जिस गंभीरता व बारंबारता से अपराधी उत्पीड़ित कर पीछा करता है, उसके अनुसार यह अंतर मिट जाता है और यह कृत्य बच्चों के साइबर शोषण की श्रेणी में आ जाता है। सामान्य तौर पर किसी व्यक्ति को यौन उत्प्रेरित करना और जबकि वह व्यक्ति ऐसा नहीं करना चाहता, फिर भी उससे यौन क्रिया के लिए बार-बार प्रार्थना व आग्रह करना, जिससे कि वह व्यक्ति यौन क्रिया में लिप्त हो जाए, यौन शोषण है।

अधिकतर यौन उत्प्रेरण/आमंत्रण ऑनलाइन तक ही सीमित रहते हैं तथा बच्चे उनसे बच सकते हैं या उन्हें अस्वीकार कर सकते हैं, तथापि इस प्रकार के आमंत्रण बारंबारता के आधार पर यदि सीमा को पार कर जाएँ तो वे यौन उत्पीड़न की श्रेणी में आ जाते हैं। उत्पीड़क अकसर अपेक्षा करता है कि पीड़ित उससे सहयोग करेगा, चाहे इंटरनेट की दुनिया में या वास्तविक दुनिया में। वह इसके लिए यौन संबंधी संदेश भेजने के लिए व्यक्तिगत रूप से भी संचार साधन का प्रयोग कर सकता है।

4. ऑनलाइन यौन शोषण

यौन शोषण एक प्रकार का यौन उत्पीड़न है। इसमें अंतर केवल इस बात का है कि यौन उत्पीड़न कुछ असमान है और संपर्क अर्थात् संदेश भेजने के प्रारंभ से ही शोषण करनेवाला होता है। उदाहरणार्थ, चूँकि बच्चा आयु में छोटा होता है और अनुभवहीन होता है, उसका शोषण (अपराधी अपने लाभ के लिए) बहला-फुसलाकर अथवा दबाव बनाकर आसानी से करता है।

भारत अथवा पूरे संसार में ऐसे बच्चों की संख्या अज्ञात है, जो ऑनलाइन यौन शोषण का शिकार हुए। इंटरनेशनल एसोसिएशन ऑफ इंटरनेट हॉटलाइन के अनुसार बच्चा-यौन उत्पीड़न की सामग्री में 2012-2014 में 147 प्रतिशत की बढ़ोत्तरी हुई, जिनमें 80 प्रतिशत सामग्री ऐसी थी, जिसमें 10 वर्ष अथवा इससे कम आयु के बच्चे प्रदर्शित किए गए। पार्लियामेंट कमेटी ऑन इन्फॉर्मेशन टेक्नोलॉजी की वर्ष 2014 की रिपोर्ट में यह स्वीकार किया गया कि अल्पायु के बच्चों को कुछ दरिंदे अपनी असली पहचान छिपाकर इंटरनेट का प्रयोग संभावित शिकारों को अपने उद्देश्य के लिए तैयार करते हैं, और यह बड़ी चुनौती है।

साइबर स्पेस (आर्थिक लाभ के लिए) बच्चों को यौन क्रियाओं के लिए फँसाने, बहलाने व तैयार करने के लिए एक उपयुक्त भूमि प्रदान करता है, जिसे हम आमतौर पर 'बच्चों का व्यावसायिक यौन शोषण' कहते हैं। उसमें बच्चे या बच्ची को यौन उद्देश्य के लिए उपलब्ध कराया जाता है तथा इसमें बच्चे से इतर अन्य व्यक्ति उसका

लाभ कमाता है। ब्लैकमेल या यौन भयादोहन के द्वारा दीर्घकालिक यौन शोषण के लिए बच्चों अथवा युवा लोगों की तसवीर अथवा वीडियो प्रयोग किए जाते हैं। यौन शोषण के अनेक प्रकार हैं, जो निम्नलिखित हैं—

4.1 ऑनलाइन ग्रूमिंग

ऑनलाइन ग्रूमिंग का अर्थ है, जब कोई वयस्क यौन अपराधी किसी कम आयु के व्यक्ति में यौन क्रिया के प्रति भय को कम या उसके प्रति व्यक्ति की उत्सुकता बढ़ाकर उस कम आयु के व्यक्ति से व्यक्तिगत रूप से मिलने का प्रयास करता है, जिससे उसके साथ यौन क्रिया की जा सके। इस प्रक्रिया की शुरुआत अश्लील तसवीर भेजकर की जा सकती है, जिससे कि यौन क्रिया संबंधी वार्त्तालाप को सामान्य बनाया जा सके। उसके पश्चात् वेबकॉम पर नंगी तसवीर भेजने की प्रार्थना की जा सकती है या यौन क्रिया करने की इच्छा व्यक्त की जा सकती है। यह सबकुछ डिजिटल टेक्नोलॉजी के माध्यम से हो सकता है। सोशल मीडिया, खेल-साइट्स, इ-मेल, त्वरित संदेश प्रोग्राम, फोरम तथा चैट रूम के माध्यम से अल्पायु के व्यक्तियों का विश्वास जीता जा सकता है। ऑनलाइन अपराधी आसानी से चंगुल में आ सकने वालों पर अपना ध्यान केंद्रित करते हैं। सोशल नेटवर्किंग साइट्स व्यक्तिगत सूचना को साझा करने के लिए निर्मित की जाती हैं, जो उन ऑनलाइन दोषी लोगों को निशाना बनाने का मार्ग प्रशस्त करती हैं, जो अपने को आसानी से उपलब्ध करा देते हैं। उदाहरणार्थ, वे अपने लिए प्राइवेसी (निजता) सेटिंग्स का प्रयोग नहीं करते। बच्चे इस बारे में कमजोर निर्णय लेते हैं और बाह्य व्यक्तियों को अपने ऑनलाइन जीवन में प्रवेश करा देते हैं, यह मानकर कि जो ऑनलाइन अच्छे हैं, वास्तविक जीवन में भी अच्छे होंगे। किशोरावस्था वाले बच्चे वास्तविक खतरे में होते हैं, क्योंकि वे अकसर अपने कंप्यूटर का प्रयोग बिना किसी की देख-रेख के करते हैं तथा अल्पायु बच्चों की अपेक्षा यौन क्रिया के विषय में वार्त्तालाप में भाग लेने के लिए खोज में रहते हैं।

ऑनलाइन ग्रूमिंग : मित्र बनाया गया, प्रशंसा की गई, प्रेम दरशाया गया, तैयार किया गया, बलात्कार हुआ व नियंत्रण के लिए गया।

4.2 ऑनलाइन यौन संदेश

बच्चों के लिए यह विश्वास करना व मानना आसान है कि ऑनलाइन गोपनीय वार्त्तालाप गोपनीय ही रहेगा। उन्हें लगता है कि यह अंतरंग वार्त्तालाप है और अंतरंग बातों को साझा करना निकट संबंध बनाने का मार्ग है, जो मित्रों व प्रेमी-प्रेमिकाओं के बीच में बनता है। यह सबकुछ वयस्क होने की प्रक्रिया है, किंतु यही यौन संबंधी संदेशों के आदान-प्रदान की शुरुआत है। बच्चों द्वारा सांकेतिक नंगी व लगभग नंगी तसवीरों का, जिसमें यौन संकेत निहित हों, निर्माण करना, साझा करना व अग्रसारित करना सेक्सटिंग के रूप में परिभाषित किया गया है। आजकल किशोरों के बीच यह बहुत आम है। सेक्सटिंग में मोबाइल फोन का प्रयोग उनमें निर्मित कैमरे के द्वारा अपनी यौन क्रिया के लिए उत्तेजना उत्पन्न करनेवाली या अपनी निर्वस्त्र तसवीर बनाकर वितरित करना शामिल है। आम तौर से सेक्सटिंग जानकार लोगों से की जाती है, परंतु प्रयोग किए गए फोटोग्राफ अनजान तीसरे लोगों को भी अग्रसारित किए जा सकते हैं, जिससे अकसर शर्मिंदगी का सामना करना पड़ता है तथा उत्पीड़न का भी शिकार होना पड़ता है। यहाँ पर भेजने वाले भी दोषी बनने के जोखिम में आते हैं कि उनके पास बच्चे की अश्लील तसवीरें थीं और उन्होंने उन्हें वितरित किया। यहाँ इस बात का ध्यान नहीं होता कि वे नाबालिग हैं और ये तसवीरें अकसर उन्हीं की अपनी हैं।

केस स्टडी : दिल्ली स्कूल का एम.एम.एस. कांड—

वह दिल्ली के प्रमुख स्कूल के दो तरुणों का एम.एम.एस. कांड, जिसका वीडियो वर्ष 2014 वेबसाइट पर नीलाम हुआ, आज भी साइबर विशेषज्ञों द्वारा बच्चों के ऑनलाइन शोषण के मामले के रूप में उद्धृत किया जाता है। यह भारत में उस समय की घटना है, जब वेबसाइट मीडिया इतना सक्रिय नहीं था, जितना आज और वीडियो की नीलामी व्यावसायिक वेबसाइट पर की गई। वेबसाइट का नाम था (बाजी. काम) जो अब ई.बी. इंडिया हो गई है, परंतु नीलामी हो नहीं सकी।

ऐसा समझा गया था कि वीडियो की शूटिंग लड़के व लड़की की सहमति से की गई, किंतु उसकी क्लिप एक अन्य लड़के के द्वारा बिक्री के लिए अपलोड की गई, परंतु यह स्थापित नहीं हो सका कि वह क्लिप उस अन्य लड़के के कब्जे में थी, इसलिए वह छूट गया। बाद में वेबसाइट के सी.ई.ओ. के विरुद्ध आपराधिक केस पंजीकृत किया गया, क्योंकि उसने उस क्लिप को वेबसाइट पर बिक्री के लिए उपलब्ध कराया।

इस घटना से साइबर दुरुपयोग के विरुद्ध व आई.टी. ऐक्ट 2000 की क्षमता के विषय में जागृति आंदोलन को बल मिला। यह आई.टी. ऐक्ट 2000 बाद में संशोधित

किया गया। उसके बाद से स्कूल व कॉलेज में मोबाइल फोन पर प्रतिबंध लगा दिया गया और यह केस आज भी गैजेट्स के दुरुपयोग के उदाहरण के रूप में उद्धृत किया जाता है।

4.3 सेक्सटोरजन

सेक्स संबंधी संदेश, बच्चे या युवा अपनी स्वयं की यौन संबंधी स्पष्ट तसवीरें, फोटो, क्लिप, वीडियो फाल या अन्य सामग्री निर्माण करते हैं तो उनकी नुकसान उठाने की संभावना कई गुना बढ़ जाती है। बहुत से बच्चे अपने साथियों के दबाव के कारण, जान-बूझकर यौन संबंधी वार्त्तालाप में भागीदार बन जाते हैं, किंतु यह फिर ब्लैकमेल के द्वारा और अधिक ऐसी सामग्री भेजने का कारण बन जाता है, क्योंकि ऐसा करने के लिए उत्पीड़न व परिणाम भुगतने की धमकी मिलती है।

केस स्टडी : बहनों के ब्लैकमेल व बलात्कार की श्रृंखला—

मार्च 2016 में हैदराबाद से एक ऐसा मामला सामने आया, जिसमें कुछ लड़कों द्वारा एक के बाद एक दो बहनों का बलात्कार किया गया और यह उत्पीड़न पहले शूट किए गए वीडियो द्वारा ब्लैकमेल लगातार जारी रहा।

हैदराबाद में बहादुरपुरा के एक कॉलेज छोड़े हुए युवक ने एक किशोरी के साथ अंतरंग, किंतु छोटा सा संबंध स्थापित किया। बाद में उस लड़की की बहन को धमकी देकर उसके साथ वर्ष 2012 में बलात्कार किया। बाद में कॉलेज के एक सीनियर लड़के ने उसी लड़की से संपर्क किया और उसे बताया कि उसके साथ उस कॉलेज के ड्रॉपआउट के संबंधों का पता है और यदि लड़की ने उसके साथ भी शारीरिक संबंध नहीं बनाया तो वह उसके उस लड़के के साथ के संबंध को सार्वजनिक कर देगा। यह उत्पीड़न फरवरी 2014 तक जारी रहा, जब तक वह लड़की गर्भवती नहीं हो गई और उसको गर्भपात कराना पड़ा।

इस समय तक पहले आरोपी, जो कॉलेज ड्रॉपआउट था ने, भी फेसबुक पर लड़की से संपर्क कर उसे बताया कि उसे उसके दूसरे संबंधों का पता है। उसने लड़की को दूसरे लड़के के खिलाफ शिकायत दर्ज कराने का दबाव बनाया, अन्यथा उसने धमकी दी कि वह उसके दूसरे लड़के के साथ संबंधों का वीडियो फेसबुक पर डाल देगा। उसने लड़की के हस्ताक्षर भी ले लिये और उससे रु. 1,00,000 की माँग की। लड़की ने रु. 30,000 का प्रबंध करके उसे दे दिए, किंतु अपने माँ-बाप को भी बता दिया। उन्होंने इस बात की पुलिस में शिकायत दर्ज करा दी।

कोच्चि किले में गृहप्रवास केस लड़की का यौन शोषण करने के बाद लड़की से धन की माँग, अन्यथा उसका वीडियो सार्वजनिक करने का मामला।

सेक्सटोरजन की केस स्टडी—कोच्चि किले में हुए बलात्कार के वीडियोज का प्रयोग करके ब्लैकमेलिंग का मामला—

छह युवकों व दो नाबालिगों की जनवरी 2016 में उनके दो कथित बलात्कार के मामले में कोच्चि किले के होमस्टे से गिरफ्तारी से अनेक बलात्कारी घटनाओं, ब्लैकमेलिंग व सेक्सटोरजन (यौन संबंधी सूचना अथवा तसवीर आदि के बल पर ब्लैकमेल करके जबरन वसूली करने) की गई घटनाओं का खुलासा हुआ। लड़की के साथ यौन शोषण करने के पश्चात् आरोपियों ने उसका वीडियो भी बनाया और फिर वीडियो को सार्वजनिक न करने के बदले में धन की माँग की।

जब लड़की अपने मित्र के साथ एक होमस्टे में ठहरी, उसके साथ बलात्कार किया गया। होमस्टे के मालिक ने उन दोनों को कमरे में बंद करके अपने पाँच साथियों को बुला लिया। उन्होंने लड़की के साथ यौनाचार किया और मोबाइल फोन द्वारा घटना का वीडियो बनाया व उसके सोने के जेवर छीन लिये। उन्होंने लड़की के दोस्त की कार भी ले ली और जब उन दोनों ने विरोध किया तो उन्होंने वीडियो को सोशल मीडिया पर डालने की धमकी भी दी। उन्होंने पुलिस को न बताने की चेतावनी भी दी। वे सभी वहाँ से फरार हो गए। लड़के से कार लौटाने के बदले में एक लाख रुपए की माँग की गई। जब चेतावनी जारी रही और फिर वीडियो को अपलोड न करने के बदले रु. 50,000 की अतिरिक्त माँग की गई, तब लड़के ने पुलिस को शिकायत की।

पुलिस ने अपराधियों को खोज निकाला और मोबाइल फोन से वीडियो बरामद कर ली। जब मोबाइल फोन की छान-बीन की गई तो उसमें दो और नाबालिगों के साथ किए गए बलात्कार की तसवीर थी। यह घटना भी इसी महीने के प्रारंभ की ही थी।

4.4 रिवेंज पोर्न पोर्न (बिना सहमति यौन वीडियो बनाना)

इसमें किसी अन्य व्यक्ति की उसकी बिना सहमति के यौन क्रियाओं का वीडियो या फोटो ली जाती है, जिससे उसको शर्मिंदा व परेशान किया जा सके। इन तसवीरों के साथ व्यक्ति की व्यक्तिगत सूचनाएँ, जैसे—नाम, पता व उसके अन्य सोशल मीडिया से संबंधित संपर्क आदि भी जोड़ दिए जाते हैं। ऐसे अनेक मामले रिपोर्ट किए गए हैं, जिनमें किशोरावस्था वाले बच्चों ने अपने ही अंतरंग क्षणों की फोटो व वीडियो बनाए हैं। कई बार इन फोटो व वीडियो का प्रयोग ब्लैकमेल व शोषण करने या बदला लेने के लिए किया गया है।

इस तरह के मामले, जिनमें बच्चों द्वारा सेक्स संबंधी संदेशों का आदान-प्रदान हो या स्वयं के अंग प्रदर्शन की फोटो या वीडियो बनाए गए हों, इस तरफ इशारा करते हैं कि बच्चे इस दिशा में बहुत असुरक्षित हैं। इन तसवीरों व वीडियो का प्रयोग ब्लैकमेल

अथवा जबरन वसूली के लिए किया जाता है। विश्वास किया जाता है कि अपराधी व दोषी इंटरनेट व मोबाइल के विस्तार का फायदा उठाकर बच्चों का यौन शोषण करते हैं। वे इसमें यौन संदेश, यौन वसूली करते हैं या बच्चों को यौनाचार के लिए तैयार करते हैं। इसके लिए इ-मेल या इंटरनेट प्रोटोकॉल पर मौखिक संदेशों का प्रयोग करते हैं।

प्रतिशोध पोर्नोग्राफी का केस-स्टडी—अप्रैल 2015 में पुलिस ने एक 21 वर्ष के युवक पर केस दर्ज किया। इस अपराध में इस युवक ने अपनी एक पूर्व लड़की मित्र की आपत्तिजनक स्थिति में फोटो खींचकर व्यापक रूप से सोशल-मीडिया साइट्स पर डाल दी। घटना गुजरात के वलसाड के नासगोक ग्राम की थी। यह तसवीर कथित रूप से मोबाइल पर ली गई थी, किंतु आरोपी द्वारा उन्हें पोस्ट तब किया गया, जब लड़की के माता-पिता उसके लिए शादी के उद्देश्य से वर तलाश कर रहे थे। आरोपी पर 'इन्फॉर्मेशन टेक्नोलॉजी ऐक्ट' व प्रोटेक्शन ऑफ चिल्ड्रन फ्रॉम सेक्सुअल ऑफेंसज ऐक्ट' की विभिन्न धाराओं में आपराधिक मामला दर्ज किया गया।

4.5 चाइल्ड पोर्नोग्राफी (स्व-निर्मित)

बच्चों के ऑनलाइन शोषण में बच्चों के यौन शोषण की सामग्री का उत्पादन व उसका प्रयोग सबसे अधिक आम बात है। इसे 'चाइल्ड पोर्नोग्राफी' कहा जाता है। इंटरनेट ने उन बच्चों का जीवन पूरी तरह से बदल दिया है, जिनका यौन शोषण किया गया है। सोशल नेटवर्किंग साइट्स के माध्यम से बच्चों के साथ यौन संदेशों का आदान-प्रदान व बच्चों को यौनाचार के लिए तैयार करना आम बात हो गई है। इस प्रकार के अनेक मामलों में बच्चे तैयार भी हो जाते हैं और फिर उनका शोषण किया जाता है। एक बार यौन शोषण होने पर वह यौन उत्पीड़क इन मिलन क्षणों को फिल्म व वीडियो बना लेता है। इन तसवीरों व वीडियो का प्रयोग अपराधी बच्चे को आगे समर्पण के लिए, ब्लैकमेल करने के लिए करता है। यह सामग्री इस प्रकार के संबंध को जारी रखने व इसको गुप्त रखने के लिए प्रयोग की जाती है। आज स्वयं के द्वारा निर्मित यौन तसवीरें बड़ी चिंता का विषय बन गई हैं, जहाँ स्मार्टफोन पर अनेक सोशल मीडिया-एप्लीकेशन उपलब्ध हैं, बच्चे आसानी से यौन अपराधियों के शिकार हो रहे हैं। अपराधी बच्चों को अपनी स्वयं की सांकेतिक यौन तसवीरें भेजने के लिए आसानी से लुभा लेते हैं।

वर्ष 2014 की 'पार्लियामेंट कमेटी ऑन इन्फॉर्मेशन टेक्नोलॉजी' रिपोर्ट में भी माना गया कि बच्चों के यौन शोषण करनेवाले संभावित शिकार होनेवाले बच्चों को अपनी असल पहचान छिपाकर उन्हें अपना लक्ष्य बनाते हैं तथा उनकी सुरक्षा के लिए खतरा पैदा करते हैं। यात्रा के दौरान बच्चों का यौन शोषण करनेवाले वयस्क लोग आई.सी.टी. एवं इंटरनेट का प्रयोग कर रहे हैं। ऐसी घटनाएँ सामने आई हैं, जिनमें वयस्क अपराधी

आज सबसे बड़ी चिंता का विषय है, बच्चों द्वारा निर्मित अपनी यौन तसवीर। अपराधी उनका प्रयोग बच्चों के द्वारा यौन सांकेतिक तसवीर भेजने के लिए करते हैं।

स्कूल के बच्चों को फंड या अनुदान प्रदान करते हैं तथा इस प्रक्रिया में वे बच्चों को इस कार्य के लिए ऑनलाइन तैयार करते हैं। ऐसे अपराधी अपने शिकार से मिलने के लिए लंबी यात्राएँ करते हैं तथा बच्चों का यौन शोषण करते हैं।

केस स्टडी—निकारागुआ में एक डॉन मार्को डैसी नाम का इटैलियन (59) था, जो चिननदेगा (निकारागुआ) में एक धर्म प्रचारक के रूप में अनाथालय चलाता था। वह उस क्षेत्र में बहुत प्रसिद्ध था, क्योंकि वह एक बड़ा मानवतावादी मिशन चलाता था, जिसका नाम था 'बिटेनिया'। वर्ष 2006 में चिननदेगा के बच्चों के एक समूहगान के दल के बच्चों ने 'रॉक नाटवार' एनजी.ओ. के सामने खुलासा किया कि वह पुजारी उनका नियमित रूप से यौन शोषण कर रहा था। एनजी.ओ. ने मार्को स्कारपटी नामक वकील को अभियोजन में अपना पक्ष प्रस्तुत करने के लिए नियुक्त किया। सबूत के तौर पर बच्चों की गवाही, बच्चों के 1,400 से अधिक नंगी फोटो, अनेक रिकॉर्ड की हुई उसकी फोन कॉल्स, जिसमें वह बच्चों को जान से मारने की धमकी दे रहा था, उनको पथभ्रष्ट करने का प्रयास कर रहा था और निकारागुआ में अपनी हैसियत दिखाकर डरा रहा था, पेश किए गए। प्रथम श्रेणी के निर्णय में डॉन डैसी पुजारी (प्रीस्ट) को बारह वर्ष का कारावास दिया गया, दूसरी श्रेणी का निर्णय अभी (2009) प्रतीक्षित है।

4.6 अभिभावकों की चिंता

टैबलेट्स व स्मार्टफोन आने के पश्चात् डेस्कटॉप व लैपटॉप्स पर इंटरनेट प्रयोग करने का परंपरागत विचार समाप्त हो गया है। आज सोशल नेटवर्किंग, चैट्स, वीडियो चैट्स एवं यौन संदेश के लिए स्मार्टफोन्स में सभी ऐप मौजूद हैं। अतः यौन संदेशों का आदान-प्रदान कई गुना बढ़ गया है, जो अभिभावकों की कल्पना से परे है। मोबाइल एवं इंटरनेट के माध्यम से बच्चे अनेक कारणों से यौन संबंधी सांकेतिक तसवीर एवं सामग्री साझा कर रहे हैं। आज प्रौद्योगिकी लड़के-लड़कियों को अपने को अभिव्यक्त करने एवं अपनी क्षमताओं को खोजने का अवसर प्रदान कर रही है और इसके लिए बच्चे अपने परंपरागत व्यवहार व आचरण से बाहर जाकर बता रहे हैं कि वे क्या बनने की इच्छा रखते हैं।

परंतु यह भी समझना होगा कि यौन संदेश आदान-प्रदान व अपना प्रदर्शन बच्चों को यौन शोषण, प्रताड़ना व रिवेंज पोर्न (जिसमें बच्चों के यौन प्रदर्शन का प्रयोग उनके शोषण व ब्लैकमेलिंग के लिए किया जाता है), के प्रति अपने को समर्पित करना है। स्कूल काउंसलर्स व बच्चों के यौन शोषण के विरुद्ध कार्य करनेवाले लोगों ने पाया है कि आज यौन संदेश आदान-प्रदान (सेक्सटिंग) व आत्म-प्रदर्शन की प्रवृत्ति लड़के

व लड़कियों, दोनों में बँट रही है। अतः आज जोखिम व परिणामों के विषय में विशेष रूप से उच्च श्रेणी की जागरूकता पैदा करने की आवश्यकता है। एक बार डिजिटल सामग्री (संदेश) भेजी गई तो उनको नियंत्रित नहीं किया जा सकता और अनियंत्रित यौन संदेश भेजे जाने के बाद जिन स्थितियों को जन्म देते हैं उनमें मानसिक आघात, आपराधिक आरोप, अपनी ख्याति की हानि और कुछ मामलों में आत्महत्या भी शामिल है। भारतीय अभिभावकों की अपने बच्चों के प्रति परंपरागत मानसिकता एक रोग के समान व्याप्त होने के कारण, जिसमें वे अपने बच्चों के साथ यौन विषयों पर खुलकर बात नहीं कर सकते, अतः वे इस समस्या की मात्रा, गंभीरता व सीमा को समझने में असफल हैं। इससे कैसे निपटा जाए, यह अगले अध्याय में चर्चा का विषय है।

5. साइबर अतिवाद

''इंटरनेट अतिवाद का एक साधन है। संभावना हो सकती है कि आपका बच्चा लोगों से ऑनलाइन मिले या किसी वेबसाइट पर जाए, जो उसे अतिवाद के मार्ग पर ले जाए अथवा इससे वह किसी विषय पर कट्टरवाद को अपना ले। उत्सुकता के कारण आपका बच्चा ऐसे लोगों की तलाश करे या ऐसे लोग आपके बच्चे के साथ मित्रता बना लें, इस आशय से कि वे उन्हें ऐसे समूहों में शामिल होने को प्रोत्साहित करें, जिसे अभिभावक के रूप में आप अतिवाद के रूप में देखते हैं।''

इंटरनेट और सोशल मीडिया का प्रयोग करके कट्टरवाद का प्रचार व प्रसार एक बढ़ती हुई समस्या है, जो देश की सुरक्षा के लिए खतरा पैदा कर रही है। अतिवादी लोग अपनी सोच, धर्म, कुल, जाति, भाषा, विषयक, अति-वामपंथी, अति दक्षिणपंथी के रूप में विकसित करने के लिए इंटरनेट का प्रयोग कर रहे हैं, जिसके द्वारा लोगों को उनके विचारों का क्रियान्वयन करने के लिए प्रभावित करते हैं। इस कट्टरवादिता की प्रक्रिया में इंटरनेट महत्त्वपूर्ण भूमिका निभाता है, और अधिकतर मामलों में यह कट्टरवाद की तीव्रता व गति को कई गुना बढ़ा देता है। इंटरनेट अपने प्रयोग करनेवाले तथा अपने विश्वास को और प्रगाढ़ करने के लिए आवश्यक ज्ञान व सूचना उपलब्ध कराता है। इसमें विशेष रूप से महत्त्वपूर्ण है वीडियोज व तसवीरें, जो एक विचार विशेष को प्रगाढ़ करने व उसके विषय में कट्टरवाद उत्पन्न करने में सहायक हैं और ये वीडियोज व इमोजिज कट्टरवाद की प्रक्रिया को और अधिक तेज व सुदृढ़ कर देते हैं। इससे लोगों को अपने जैसी विचार पद्धति वाले लोगों को तलाश करने में आसानी होती है, जो वे इस भौतिक संसार में नहीं कर सकते थे। ऐसा करने की प्रक्रिया में वे लोग असामान्य को सामान्य बना देते हैं, जैसे अतिवाद के दर्शन तथा

समस्याओं से निपटने अथवा उनके समाधान के लिए हिंसा के प्रयोग को सामान्य घटना के रूप में प्रदर्शित किया जाता है।

दूर-दराज के क्षेत्रों में रहनेवाले लोग इंटरनेट की सेवा उपलब्ध होने पर विस्तृत विषयों पर वृहद् जानकारी हासिल कर सकते हैं, जिसमें उत्तेजना फैलाने की सामग्री भी शामिल है। सूचना की अबाध गति एक प्रजातांत्रिक समाज का गुण है, किंतु कट्टरतावादी विचार एवं भड़काऊ भाषण व्यक्ति पर नकारात्मक प्रभाव डालते हैं, क्योंकि वह अपने को उपेक्षित व असुरक्षित अनुभव करने लगता है। तब संभावना बनती है कि वह व्यक्ति भी कट्टरवाद में बहकर अपने को विरोध, हिंसा और आतंकवादी गतिविधियों में शामिल कर बैठता है। ऐसे अनेक अतिवादी संगठन हैं, जो युवाओं को इंटरनेट का प्रयोग करके कट्टरवाद की ओर धकेल रहे हैं।

केस स्टडी—वर्ष 2014 में ब्रिटिश टी.वी. नेटवर्क चैनल 4 ने एक ट्विटर हैंडलर-@ शमी विटनेस का पता लगाया। सोशल मीडिया पर इसको 'इसलामिक स्टेट इन ईराक तथा लेवेंट' (आई.एस.आई.एल.) के प्रचारक के रूप में जाना जाता था। यह भी पता चला कि इसका संचालन बंगलुरु में एक बहुराष्ट्रीय कंपनी में काम करनेवाले एक भारतीय इंजीनियर मेंहदी विश्वास द्वारा किया जा रहा था। जाँच में पता चला कि आई.एस.आई.एल. ने अनेक भाषण व वीडियोज व अन्य सामग्री जो भारत से संबंधित थी, जारी कर दी है। यह जारी की हुई विषयवस्तु बंगाली, तमिल व मलयालम भाषाओं में थी।

केस स्टडी—केरल के युवाओं को ऑनलाइन कट्टरवाद में प्रशिक्षित करना

एक 23 वर्ष के युवा ने यह कहकर कि वह इसलामिक अध्ययन के लिए श्रीलंका जा रहा है, अपना परिवार एवं पत्नी छोड़ दी। ऐसे ही कसारगौड जिले से 16 व पलक्कड़ जिले से 4 लोग देश से बाहर निकल गए। आगे किसी व्यक्ति ने इन 21 लोगों द्वारा जारी किया गया एक (कूट रूपित) गोपनीय ऑडियो-वीडियो, जो उन्होंने किसी अफगान नंबर से जारी की थी, सुनी, "हम अपनी मंजिल पर पहुँच गए हैं। पुलिस को सूचित करने का कोई लाभ नहीं है। हमारी अल्लाह के मुकाम से लौटने की कोई योजना नहीं है।"

इस प्रकार समूह में पलायन ने यह विश्वास पैदा कर दिया कि उन्होंने इसलामिक स्टेट में प्रवेश कर लिया है और इस शंका को जन्म दिया कि अच्छे खाते-पीते परिवारों के पढ़े-लिखे व्यक्ति भी, जिनका कोई आपराधिक इतिहास नहीं रहा, अतिवाद में शामिल हो रहे हैं और उनको कट्टरवाद में प्रशिक्षित किया जा रहा है।

6. ऑनलाइन व्यावसायिक छल

सफेदपोश अपराधी इंटरनेट के द्वारा लोगों को धोखा देकर अवैधानिक रूप से धन इकट्ठा कर रहे हैं। ऑनलाइन चोरी किए गए वीडियोज व फिल्म्स का उत्पादन व प्रयोग, ऑनलाइन आर्थिक छल-कपट व धोखा बहुत प्रचलित हो रहा है। क्योंकि लोग बहुत समय इंटरनेट पर व्यतीत कर रहे हैं व अनेक प्रकार के परस्पर संबंध बना रहे हैं, उनका ऑनलाइन आर्थिक शोषण उसी अनुपात में बढ़ रहा है। ऑनलाइन शॉपिंग, इ-बैंकिंग व अन्य मोबाइल आधारित बिक्री बेतहाशा बढ़ रही है। अतः इस कारण अधिकाधिक लोगों के आर्थिक फ्रॉड (धोखे) के शिकार होने की संभावना बढ़ गई है।

टी.सी.एस. जैन बाई के द्वारा सर्वेक्षण से यह खुलासा हुआ कि ऑनलाइन शॉपिंग करनेवाले किशोरावस्था के बच्चों की संख्या में बेतहाशा वृद्धि हुई। ऑनलाइन शॉपिंग करनेवाले उत्तरदाताओं का अनुपात वर्ष 2012-13 में 37 प्रतिशत से बढ़कर वर्ष 2013-14 में 68 प्रतिशत हो गया। प्रति 10 विद्यार्थियों में 4 कपड़े और सहायक सामान की ऑनलाइन खरीद करने के स'थ, सर्वे में यह बात प्रमुख रूप से सामने आई कि किशोरावस्था वाले बच्चे कम कीमत की वस्तुएँ, जैसे—सिनेमा टिकट खरीदने के स्थान पर कीमती चीजों, जैसे—डिजाइनर कपड़े व सहायक उपकरण को खरीदने की तरफ बढ़ रहे हैं।

6.1 पहचान चोरी करना व निजता भंग करना

फिशिंग उस प्रयास का नाम है, जिसमें व्यक्ति द्वारा अपनी असली पहचान छिपाकर इलेक्ट्रॉनिक कम्युनिकेशन द्वारा विश्वसनीय व्यक्ति बनकर संवेदनशील सूचना प्राप्त की जाती है, जैसे—यूजरनेम, पासवर्ड तथा क्रेडिट कार्ड डिटेल व अप्रत्यक्ष धन आदि। सामान्यतः वे दूसरी ओर के व्यक्ति को वेबपेज पर आने के लिए ललचाते हैं, जो यूजर के इ-मेल एकाउंट के गोपनीय विवरण को पहचानने के लिए निर्मित किया जाता है। वह पहचान किया हुआ इ-मेल एकाउंट तत्पश्चात् स्पैम भेजकर, फिशिंग द्वारा व निंदात्मक इ-मेल भेजकर अधिक व्यापारों व खातों पर हमला किया जाता है। उदाहरणार्थ, पे-टीएम घोटालेबाज आपको इ-मेल द्वारा हमला कर सकते हैं, जिसमें वे आपको एक लिंक पर क्लिक करने का निर्देश दे सकते हैं, ताकि वे आपके खाते में कथित गलती, अनियमितता को सही कर सकें। वास्तव में, वह लिंक आपको एक झूठे पे-पाल लॉग-इन पेज पर ले जाकर यूजर के लॉग-इन गोपनीय तथ्यों को इकट्ठा करेगा और उन घोटालेबाजों तक पहुँचा देगा।

ऑनलाइन धोखाधड़ी : तीन चीजें याद रखें—

1. आपको हमला आमंत्रित करने के लिए कुछ करना होगा।
2. अनजान लिंक पर फाइल्स, इ–मेल्स, संदेश, सोशल मीडिया साइट्स पर कभी क्लिक न करें।
3. व्यक्तिगत सूचना कभी न दें।

6.2 फॉर्मिंग

चूँकि इंटरनेट प्रयोगकर्ता पारस्परिक फिशिंग घोटालों के प्रति बुद्धिमान हो जाते हैं, समय के साथ अपराधी इसको त्याग रहे हैं। अब इसकी बजाय वे नए तरीके, जिसे फॉर्मिंग कहते हैं, अपना रहे हैं। यह आक्रमण का नया तरीका है, जो डी.एन.एस. नामक सिस्टम से निकला है। इसमें घोटालेबाज (हमला करनेवाले) यूजर को एक नकली वेबसाइट पर आमंत्रित करता है, जो हैकर द्वारा निर्धारित की गई है। लगभग सभी डी.एन.एस. सर्वर सुरक्षात्मक पहलुओं से सुसज्जित होते हैं, जो इस प्रकार के सेंधमारी से सुरक्षित रहते हैं, परंतु हैकर सदैव उनमें सेंधमारी करने की दृष्टि से छिद्र ढूँढ़ते रहते हैं। फॉर्मिंग कई लोगों को एक-साथ शिकार बना सकती है, जो एक बड़े डी.एन.एस. सर्वर में बदलाव करके किया जाता है, जिसका परिणाम यूजर को गलत वेबसाइट पर जाने को निर्देशित करना होता है। फॉर्मिंग सेंधमारी से सुरक्षित होने के लिए संस्थानों को अपने कर्मचारियों को बताना चाहिए कि वे केवल एच.टी.टी.पी.एस. द्वारा सुरक्षित साइट्स पर ही अपने गोपनीय आँकड़े लॉग-इन करें। कंपनियों को अपने कॉर्पोरेट डिवाइसिस पर एंटी-वायरस सॉफ्टवेयर डलवाना चाहिए।

ऑनलाइन सिक्योरिटी की अपरिपक्व जागरूकता व अति-आत्मविश्वास का व्यवहार उपभोक्ताओं, विशेष रूप से बच्चों और युवा लोगों को सेंधमारी के लिए उपयुक्त बना रही है। आनेवाले दिनों में ऑनलाइन फ्रॉड और घोटाले बढ़ते ही जाएँगे, क्योंकि एक ओर हम डिजिटल इंडिया की ओर बढ़ रहे हैं, परंतु दूसरी तरफ हम सुरक्षा के प्रति इतने जागरूक नहीं हैं और फिर हमारे यूजर की सामाजिक व आर्थिक दशा अपराधी द्वारा यूजर को ललचाने को आसान बना रही है। यह सब इस ऑनलाइन लॉटरी या ऑनलाइन जॉब जैसे ऑफर देकर संभव हो रहा है। यदि ऑनलाइन यूजर इस प्रकार के फ्रॉड करनेवाले उन अपराधियों के प्रति सजग नहीं होगा, जो ठगने के कई-कई रास्ते बना लेते हैं, तो इस प्रकार के फ्रॉड और भी बढ़ते जाएँगे।

□

3

पहचान करना व इस चुनौती से लड़ना

सभी जानते हैं कि समस्या को आने से रोकना बाद में पछताने से बेहतर है, किंतु हममें से कितने हैं, जो अपने बच्चों के ऑनलाइन व्यवहार के विषय में इतने सावधान हैं? हम यह दावा नहीं कर सकते कि हमें इन खतरों के विषय में कोई जानकारी नहीं थी। इन खतरों के विषय में जानकारी बहुतायत में दी जाती रहती है तथा उनसे बचने के तरीके भी समझाए जाते रहते हैं। फिर भी हम इससे बचते रहते हैं। ऐसा क्यों है?

अभिभावकों के साथ बातचीत करने से कुछ बिंदु सामने आए हैं। चलो, उनका विश्लेषण करते हैं।

अभिभावक स्वयं अपने बच्चों के विषय में भ्रम में रहते हैं। यद्यपि अभिभावक मीडिया पर इस प्रकार की घटनाओं का सामना करते रहते हैं, फिर भी वे समझते हैं, वे इस बात को स्वीकार नहीं करते कि उनके बच्चे इस प्रकार के ऑनलाइन शोषण के शिकार हो नहीं सकते हैं। "हमारा हमेशा विश्वास है कि इस प्रकार की घटना केवल अन्य बच्चों के साथ ही हो सकती है।" अपने बच्चों में विश्वास करना ठीक है, किंतु अतिविश्वास करना उचित नहीं है।

हमने प्रौद्योगिकी के क्षेत्र में प्रगति कर ली है, किंतु भारतीय अभिभावकों की अभिभावक के रूप में पुरानी बीमारी आज भी उनका पीछा कर रही है। हम आज भी अपने बच्चों के साथ यौन संबंधी अथवा अश्लीलता के विषयों पर चर्चा नहीं करते। हम विश्वास करते हैं कि हमारे बच्चे इस विषय से अनभिज्ञ हैं और यदि हमने इस पर चर्चा की तो हम अनेक समस्याओं व मुसीबतों को आमंत्रित कर लेंगे।

अधिकतर अभिभावकों ने इस विषय में पहल न करने का बहाना/कारण बताया, "हम प्रौद्योगिकी में अधिक ज्ञान नहीं रखते। फिर हम अपने बच्चों का पक्ष प्रदर्शन

किस प्रकार कर सकते हैं?" ऐसे लोगों को मेरा कहना यह होगा, "क्या आप अपने बच्चों को स्वस्थ रहने के लिए कुछ सावधानी बरतने को नहीं कहते? क्या आप ऐसा इसलिए करते हैं कि आप डॉक्टर हैं?" जब कोई अभिभावक अपने बच्चे में बीमारी के कोई लक्षण देखता है, तो वह तुरंत चिकित्सक के पास दौड़ता है। इसी प्रकार जब किसी अभिभावक को अपने बच्चे में ऑनलाइन होने के विषय में कुछ चेतावनी के लक्षण दिखें तो तुरंत उपचार के उपाय करने चाहिए।

फिर, कुछ अभिभावक अपने बच्चों के प्रौद्योगिकी प्रयोग अपनाने के मार्ग में बाधा ही नहीं बनना चाहते। "क्या यह खराब बात नहीं होगी कि हम अपने बच्चे को नई-नई बातें सीखने से रोकें, जबकि दुनिया आधुनिक तकनीक के माध्यम से जुड़ रही है?" परंतु जब हम इंटरनेट के प्रयोग के विषय में निगरानी रखने की बात कहते हैं तो इसका अर्थ यह कदापि नहीं होता कि हम बच्चों को तकनीक का प्रयोग करने से रोकें। हमारा उद्देश्य केवल उनकी सुरक्षा को सुनिश्चित करना है। आज की युवा पीढ़ी डिजिटल तकनीक में अपने अभिभावकों से बहुत आगे है। वे अपनी परिपक्वता की कमी और अनुभवहीनता के कारण बहुत शीघ्र ही किसी मुसीबत में पड़ सकते हैं। अतः अभिभावकों के लिए आवश्यक है कि वे अपने हर आयु के बच्चों के साथ सोशल मीडिया के विषय में चर्चा करें तथा उनके ऑनलाइन व्यवहार पर निगरानी रखें, जिससे अभिभावक बच्चों को इस नई ऑनलाइन सोशल दुनिया में विचरण करने में सहायता कर सकें।

यहाँ पर हम विभिन्न प्रकार के ऑनलाइन खतरों के लक्षणों व संकेतों की चर्चा करेंगे, जिन्हें हर अभिभावक को पता होना चाहिए, जिससे वे उचित सुरक्षात्मक उपाय समय से करने के उद्देश्य से अपने बच्चों के ऑनलाइन व्यवहार पर 'परिमाण व गुणात्मक' दोनों दृष्टि से निकटता से निगरानी कर सकें।

1. सेक्सटिंग (सेक्स चैटिंग)

एक शांत संध्या को आपका परिवार कैसा दिखता है? आप डिनर तैयार करने में व्यस्त हैं और आपके पति न्यूज चैनल के सम्मुख आराम से समाचार देख रहे हैं, किंतु आपके बच्चे कहाँ हैं?

आपकी किशोर बेटी फेसबुक अथवा व्हाट्स-ऐप पर व्यस्त है। वह अपने मित्रों को संदेश भेज रही है और उसका मित्र अपने संदेश में उससे आग्रह कर रहा है कि वह अपनी अंतरंग तसवीर भेज दे।

वास्तविकता

B	:	हे बेब, क्या कर रही हो?
G	:	कुछ नहीं।
B	:	तुम्हें प्यार करता हूँ।
G	:	मैं भी।
B	:	कितना?
G	:	टनों में।
B	:	फोटो?
G	:	तुम्हें कुछ मिल गए?
B	:	नहीं, एक कोई विशेष।
B	:	क्योंकि मैं तुम्हें प्यार करता हूँ।
B	:	कृपया मुझसे साझा करो।
G	:	इस प्रकार की?

कोई भी चीज तुम पोस्ट करते हो या भेजते हो तो वह कभी समाप्त नहीं होती। यह ऑनलाइन सदैव मौजूद रहती है। तुम इसके वितरण को भी नियंत्रित नहीं कर सकते। बहुत से यौन संदेश इमेज पाने वाले अन्य व्यक्तियों को भी भेजते हैं।

वह नीचे जाती है, अपनी शर्ट ऊपर उठाती है और तीन सेकेंड में उसकी एक अंतरंग पिक्चर उस लड़के के पास पहुँच जाती है, जिसे वह प्रभावित करना चाहती है। इस प्रकार से चीजें तेजी से कार्य करती हैं।

ऐसी संभावनाएँ हैं कि आपके बच्चे का ऑनलाइन व्यवहार सोची हुई वास्तविकता के विरुद्ध हो, जो अनेक अध्ययनों के अनुसार उससे अधिक है, जैसा अभिभावक सोचते हैं।

अभिभावकों के रूप में हमारा कर्तव्य है कि हम अपने बच्चों को वास्तविकता के प्रति सचेत करें। अत: हो सकता है कि आपका बच्चा यौन-संदेश आदान-प्रदान कर रहा हो, परंतु हो सकता है, उसे ऐसा करने के लिए प्रेरित किया जा रहा हो।

ऑनलाइन चैट रूम के परिवर्णित शब्द (पहले अक्षरों से निर्मित) व कोड					
A/S/L	=	Age, Sex, Location	LOL	=	Laugh out loud
BF/GF	=	Boy Friend, Girl Friend	MORF	=	Male or Female
BRB	=	Be right back	MOS	=	Mom over shoulder
CD 9	=	Code 9, means parents are around	NIFOC	=	Naked in front of computer
GNOC	=	Get Naked on cam (Web cam)	NOOB	=	When someone can't use a computer very well
G2G	=	Got to go	NMU	=	Not much, you ?
IDK	=	I don't know	P911	=	Parents emergency
LMIRL	=	Let's meet in real life	PAW	=	Parents are watching
WTTP	=	Want to trade pictures	LH6	=	Let's have sex
DOC	=	Drug of Choice	TWD	=	Texting while driving
9	=	Parent watching	GYPO	=	Get your pants off

99	=	Parent gone	53 X	=	Sex
1174	=	Party meeting place	THOT	=	That hoe over there
SUGA RPIC	=	Suggestive or erotic Photo	WAREZ	=	Pirated software
420	=	Marijuana	8	=	Oral Sex
KOTL	=	Kiss of Lips	IPN	=	I'm posting naked
PIR	=	Parents in room	KPC	=	Keeping Parents clueless
POS	=	Parents over shoulder	NIFOC	=	Naked in front of computer
PRON	=	PORN	CU 46	=	See you for sex
PRW	=	Parents are watching	CAD	=	Acid, the drug
S2R	=	Send to receive (This related to pictures)	Broken	=	Hung over from alcohol
TDTM	=	Talk dirty to me	(L)MIRL	=	Let's meet in real life
TYK	=	Take your knickers off			
W/E	=	What ever			

सेक्सटिंग के परिणाम

किशोरों को समझाना चाहिए कि इंटरनेट या स्मार्टफोन द्वारा भेजे गए संदेश व वीडियो कभी भी वास्तव में गोपनीय व बेनाम नहीं होते। कुछ ही क्षणों में वह समस्त संसार में देखे जा सकते हैं। यदि आपके नाबालिग बच्चे की आपत्तिजनक तसवीर सार्वजनिक हो जाती है तो आपका बच्चा सामाजिक रूप से अपमानित होने, शर्मिंदा होने व सार्वजनिक रूप से हँसी के पात्र बनने के जोखिम पर है। इससे भी खराब बात यह है कि आपका बच्चा स्वयं आत्मग्लानि अनुभव कर सकता है। वह अवसाद व अन्य मानसिक रूप से रोगग्रस्त हो सकता है। कभी भी संभावित वैधानिक परिणामों की अनदेखी न करें। इससे परे भी, किसी का ऑनलाइन विवादित व्यवहार, कॉलेज

में प्रवेश करते समय या सम्मानित नौकरी खोजने वाले व्यक्ति का आनेवाले वर्षों तक पीछा कर सकता है। अधिकाधिक कॉलेज व अन्य नियोक्ता अपने यहाँ नौकरी देने से पहले अभ्यर्थी की उपयुक्तता या उनके खराब विवेक अथवा उनके अपरिपक्व होने की ऑनलाइन जाँच करते हैं।

आवश्यकता है कि अपनी लड़कियों को उनके अपने विषय में, अपने अधिकारों के प्रति और अपनी सीमाओं के प्रति मुखर होने की शिक्षा दी जाए। यदि उसका बॉयफ्रेंड उससे कहता है कि वह उससे प्रेम करता है और वह उसकी नंगी तसवीर सदैव देखने के लिए अपने पास रखना चाहता है तो अपने आत्मसम्मान के लिए बॉयफ्रेंड को स्पष्ट मना करना सिखाना चाहिए।

यहाँ कुछ संकेत व लक्षण दिए हैं, जो आभास दे सकते हैं कि आपका तरुण या तरुणी सेक्सटिंग कर रहा/रही है—

1. आपका बच्चा अपने सेलफोन के प्रति आवश्यकता से अधिक सुरक्षात्मक है कि वह आपके हाथ से उसे छीन ले। वह अपना सेलफोन अपने तकिए के नीचे रखकर सोता/सोती है।
2. जब भी वह कोई संदेश प्राप्त करे या भेजे तो वह ऐसा अपने निजी कमरे में अकेले में करे और किसी के आने पर उसकी स्क्रीन छिपा ले।
3. उससे उसके गोपनीय ढंग से फोन करने के विषय में पूछने पर वह क्रोधित, परेशान या सुरक्षात्मक हो।
4. **ग्रेड परिवर्तित होना :** ऐसे बच्चों का स्कूल परीक्षा में ग्रेड (स्तर) गिरना प्रारंभ हो जाता है, क्योंकि उनका व्यवहार उनकी जिम्मेदारी पर भारी पड़ने लगता है।
5. **मित्र परिवर्तन :** आपके बच्चे के सोशल एकाउंट को जाँचने पर यदि आप पाएँ कि उनमें इश्कबाजी के फोटो व भाषा या उनके वैसा ही करनेवाले मित्र बढ़ रहे हैं, तो यह ऑनलाइन (डिजिटल) जोखिम भरा हो रहा है।

यदि आपको बच्चे पर सेक्सटिंग करने का संदेह हो तो अपने संदेह से इनकार न करें। उन्हें बाहर सामने लाएँ और इस मामले का निपटारा करें। अपने बच्चों के संदेशों की परख करें। अपने बच्चे के फोन, संदेशों, इ-मेल और फेसबुक संदेशों के विषय में उनसे प्रश्न करें। कुछ बच्चे नाराज हो सकते हैं, परंतु मोबाइल के विषय में उन्हें सिखाना एक गंभीर उत्तरदायित्व है। अपने बच्चे को समझाएँ कि सेक्स चैटिंग के गंभीर परिणाम हो सकते हैं, जिसमें मानसिक आघात, आपराधिक आरोप, प्रतिष्ठा हनन और यहाँ तक कि आत्महत्या तक शामिल है। बच्चों को समझाएँ कि कोई भी संदेश या तसवीर एक बार भेजने के पश्चात् फिर उसके नियंत्रण में नहीं रहती।

अभिभावक अपने बच्चों के लिए ऐसे होने चाहिए
कि जब वे ऑनलाइन व ऑफलाइन हो तो वे उनके विश्वासपात्र हों।

आपके बच्चों के लिए कुछ चेतावनी/सुझाव—

1. आपके निकाल देने के पश्चात् भी आपकी तसवीर साइबर दुनिया में बनी रहती है। इस डिजिटल युग में सूचना व तसवीर सुरक्षित नहीं है। आपका डाटा तभी तक सुरक्षित है, जब तक आपके पास है। वह भी तब, जब आप साइबर दुनिया से जुड़े नहीं हैं। आपकी पुत्री अपने बॉयफ्रेंड पर विश्वास करके अपनी फोटो उसके साथ साझा कर सकती है, परंतु वह बॉयफ्रेंड भी अपने किसी निकट मित्र पर विश्वास कर मजाक-मजाक में उसके साथ साझा कर सकता है या उसका कोई शत्रु भी हो सकता है, जो एक बार चक्र में आने पर अधिकाधिक हानि पहुँचा सकता है या उसका फोन किसी अन्य के, जैसे स्कूल प्रिंसीपल के हाथ भी लग सकता है। ऐसी अनेक संभावनाएँ हो सकती हैं, जिन्होंने अनेक मामलों में बच्चों का जीवन बरबाद किया है।
2. **सेक्सटिंग कभी-कभी अपराध बन सकता है :** बच्चों की अश्लील फोटो एक-दूसरे को भेजना अपराध है और एक नाबालिग भी बच्चों की अश्लील फोटो को फैलाने का आरोपी हो सकता है, चाहे वह अपनी ही फोटो भेज रहा हो। एक बॉयफ्रेंड या गर्लफ्रेंड, जो किसी अन्य के साथ फोटो साझा करता है/करती है, समान रूप से दोषी है। अपने बच्चे को समझाएँ कि यदि वह पकड़ा जाता है तो उसके गंभीर परिणाम हो सकते हैं, क्योंकि उनके व्यवहार को नियमित करने के कानून भी हैं। ऐसे अनेक मामले सामने आए हैं।
3. **आपकी प्रतिष्ठा आपके अपने हाथ में है और इसकी रक्षा करनी चाहिए :** आप अपने बच्चे को याद दिलाएँ कि दुनिया किस प्रकार से उन्हें देखती है, जबकि वह सोचती है कि उसे अपनी प्रतिष्ठा और निजता पर उसका अपना नियंत्रण है, सेक्सटिंग उस नियंत्रण को समाप्त कर देता है। वह सोच सकती है कि ये उनके अभिभावकों का झूठा भय है कि उसके द्वारा इधर-उधर भेजी गई भटकी हुई फोटो उसका पीछा कर सकती है, किंतु आप उसे वास्तविक दुनिया का दर्शन करा सकते हैं, उसे वास्तविक घटनाओं व दृश्यों के बारे में बता सकते हैं कि क्या हो सकता है यदि कोई उसको ब्लैकमेल करता है या उसका शोषण करता है? क्या हो सकता है यदि इन फोटो की चर्चा जॉब के समय साक्षात्कार के समय सामने आती है या उसकी होनेवाले रिश्ते या होनेवाली शादी के समय सामने आती है?
4. **कोई भी कदम उठाने से पूर्व दो बार सोचें :** आखिर में, अपने बच्चे को दूसरों के साथ कुछ भी साझा करने से पहले दो बार सोचने को कहें। यह उसके ऊपर है कि वह अपना निर्णय स्वयं ले, किंतु उसके माँ-बाप या शुभचिंतक होने

के नाते आपका यह कर्तव्य है कि आप उसे गलती करने से बचने में मदद करें तथा कष्टों से बचने की सलाह दें। सेक्सटिंग एक ऐसी गतिविधि है, जो यदि लापरवाही से की जाए तो उसके दु:खद परिणाम हो सकते हैं।

अभिभावक नियंत्रण

अभिभावक ऐसे कुछ ऐप का प्रयोग कर सकते हैं, जो उनके अपने बच्चों के फोन पर होनेवाली गतिविधियों की जासूसी, निगरानी व नियंत्रण रखने में सहायक हो सकते हैं। जब आप वास्तविक रूप से वहाँ नहीं भी हैं, तब भी वे इन सोशल मॉनीटरिंग प्रोग्राम के माध्यम से यह निगरानी कर सकते हैं और बच्चों को बिना बताए यह हो सकता है। जो इस प्रकार है—

- **बेमामा बीयर :** अपने फोन पर पेरेंटएप व बच्चों के फोन पर चाइल्डएप इंस्टॉल करें। आपका बच्चा जब भी सोशल मीडिया पर कुछ पोस्ट करेगा, तब ये ऐप खतरनाक भाषा या बुलींग लक्षण पहचानेगा और वह आपके मोबाइल पर अलर्ट भेजेगा।

- **टेक्स्ट गार्ड :** फैमिली ऐडिशन अभिभावकों को बच्चों के टेक्स्ट संदेशों की जानकारी कराता है, और वह भी बिना बच्चों की जानकारी के।

- **माई मोबाइल वॉचडॉग :** यह ऐप आपको अपने किशोरावस्था वाले बच्चों के स्मार्टफोन से संबंधित 20 प्रकार के नियंत्रण प्राप्त कराता है, जिनसे आप उनके टेक्स्ट संदेश व कॉण्टैक्ट हिस्टरी देख सकते हैं। साथ ही, आप उनके वेबसाइट को ब्लॉक कर सकते है तथा उनके द्वारा प्रयोग किए जानेवाले रूप को निष्क्रिय कर सकते हैं। यह ऐप अन्य कई बातें करने के लिए आपको सक्षम बनाता है।

- **टीन सेफ :** यह ऐप अभिभावकों को कई प्रकार की क्षमता प्रदान करता है। वे इस ऐप के द्वारा बच्चों के टेक्स्ट मैसेज, फोन कॉल, सोशल मीडिया गतिविधियाँ, इंटरनेट ब्राउजिंग हिस्टरी, व्हाट्स-ऐप मैसेज, किक मैसेंजर टेक्स्ट और अन्य बहुत कुछ की निगरानी व नियंत्रण रख सकते हैं।

- **टीनटॉर :** यह विस्तृत सेलफोन जासूस सॉफ्टवेयर ऐप है, जिसकी सिफारिश अभिभावकों के लिए की जा सकती है। इससे वे बच्चों को सोशल मीडिया से

होनेवाली हानियों से बचा सकते हैं। इस सॉफ्टवेयर के द्वारा आप अपने बच्चों की सोशल मीडिया वेबसाइट पर होनेवाली गतिविधियों को सीमित कर सकते हैं और उन पर निगरानी रख सकते हैं।

2. ऑनलाइन ग्रूमिंग

प्रारंभ में बच्चों का विश्वास जीतने की प्रक्रिया को 'ग्रूमिंग' कहते हैं। इसके लिए इंटरनेट के संचार टूल्स, जैसे त्वरित संदेश वाहक ऐप्स या सोशल मीडिया नेटवर्क का प्रयोग किया जाता है। यद्यपि मीडिया में इससे संबंधित समाचार नियमित रूप से आते रहते हैं। फिर भी, अभिभावक इसको समझने के लिए संघर्ष करते रहते हैं कि ग्रूमिंग क्या है और इसके प्रभाव से बच्चों को कैसे बचाया जाए?

ऑनलाइन ग्रूमिंग एक आपराधिक व्यवहार है। कारण, इसका असली उद्देश्य बच्चों का शोषण करना होता है। आमतौर पर इंटरनेट द्वारा अपराधी का मुख्य इरादा बच्चों को यौन संबंधी गतिविधियों में शामिल व भागीदारी करने के लिए प्रोत्साहित करना है। इसका पहला कदम यह हो सकता है कि बच्चा वेबकॉम पर अपना शरीर प्रदर्शन करे, अपने संकेतात्मक फोटोग्राफ इ-मेल करे और फिर अपराधी को व्यक्तिगत रूप से मिलकर उसके साथ यौन क्रिया करके यौन शोषण का शिकार हो जाए। ग्रूमिंग अपराधी द्वारा बच्चे को यौन संबंध बनाने के लिए तैयार करने की प्रक्रिया है, जो यह बताता है कि यह संबंध गुप्त या गोपनीय बना रहेगा। इस संबंध को गोपनीय बनाए रखना ग्रूमिंग का आवश्यक पहलू है।

फॉरेंसिक मनोवैज्ञानिक विशेषज्ञ डॉ. माइकेल वैल्नर यौन शोषण की प्रक्रिया के छह चरण बताते हैं। यौन अपराधी ग्रूमिंग प्रक्रिया में सर्वप्रथम बच्चे में यह भावना उत्पन्न करता है कि वह बच्चे के लिए एक विशेष व्यक्ति है और वह बच्चे के प्रति ऐसे विशेष प्यार का प्रदर्शन करता है, जिसकी उसे आवश्यकता है और इसके माध्यम से वह बच्चे को उसके सभी साथियों से अलग कर देता है। यौन अपराधी द्वारा अपनाई गई ग्रूमिंग प्रक्रिया बिल्कुल धीमी गति की एक सुविचारित प्रक्रिया है, जिसके द्वारा बच्चे को यौन शोषण की दुनिया में स्वेच्छा से फँसने के लिए तैयार किया जाता है।

बच्चे ऑनलाइन मिलने वाले अजनबियों को परख नहीं सकते।
अतः बच्चों को समझाएँ कि ऑनलाइन मिलने वाले लोग वे नहीं हैं, जो वे समझते हैं।

चरण-1 : **शिकार को लक्ष्य बनाना :** सर्वप्रथम, अपराधी अपने शिकार का आकलन करता है, जिसमें वह बच्चे की कमजोरी आँकता है—उसकी भावनात्मक आवश्यकता, उसका अकेलापन, उसके आत्मविश्वास का निम्न स्तर। जिन बच्चों को माँ-बाप की उपेक्षा और प्रेम का अभाव रहता है, वे इसके लिए आसान शिकार होते हैं।

चरण-2 : **शिकार का विश्वास जीतना :** यौन अपराधी बच्चे के विषय में जानकारी जुटाता है, उसकी गतिविधियों पर नजर रखता है। बच्चे की ग्रूमिंग करनेवाला बच्चे की आवश्यकताओं का पता लगाता है और उनकी पूर्ति करता है। यौन अपराधी बच्चे के केयर टेकर के साथ घुल-मिलकर बच्चे का विश्वास और ध्यान जीतता है। कोई अजीब सा या अति उत्साहित व्यवहार संदेह उत्पन्न कर सकता है। अत: एक अधिक अनुभवी यौन अपराधी इस विषय में बहुत अनुशासित होता है कि वह अपनी असलियत छिपाकर धीरे-धीरे कैसे आगे बढ़े।

चरण-3 : यौन अपराधी अकसर यह जानने की कोशिश करता है कि बच्चे के जीवन में सबसे अधिक महत्त्वपूर्ण चीज क्या है? वह फिर बच्चे को वह चीज उपहार स्वरूप देता है। बच्चा इस प्रकार उसको अपना आदर्श मान लेता है। यदि माँ-बाप ऐसा देखें तो उन्हें सावधान हो जाना चाहिए और उन्हें इस ओर ध्यान देने की आवश्यकता है।

चरण-4 : **बच्चे को और लोगों से अलग करना :** अपराधी और बच्चा एक-दूसरे के साथ समय बिताना शुरू करते हैं और वे ऐसा सबसे एकांत में करते हैं। इस प्रकार के विशेष संबंधों में बहुत सी गोपनीय बातें होती हैं। इस प्रकार से वह अपराधी बच्चे को अन्य लोगों से पृथक् कर देता है। धीरे-धीरे बच्चे को अनुभव होने लगता है कि वह व्यक्ति उनको उनके माता-पिता से भी अधिक प्यार व प्रशंसा करता है।

चरण-5 : **संबंध को यौन रूप देना :** पर्याप्त भावनात्मक निर्भरता व विश्वास की अवस्था में अपराधी धीरे-धीरे संबंध को यौन भावना की ओर ले जाता है। अपराधी बच्चे की स्वाभाविक उत्सुकता को जगाता है, फिर उसे उत्तेजित करता है और उसका यौन शोषण करता है।

चरण-6 : **नियंत्रण बनाए रखना :** एक बार यौन शोषण प्रारंभ हो जाने पर अपराधी आमतौर से गोपनीयता का प्रयोग बच्चे को यौन शोषण करते रहने को मजबूर करता है। चूँकि यौन गतिविधियाँ बच्चे को इस संबंध से निकलने को प्रेरित करती हैं, परंतु इस डर से कि अपराधी उसके संबंधों को उजागर कर देगा,

बच्चा उसकी इस धमकी के कारण चुप रहता है। उसे ऐसा लगता है कि यदि उसने संबंध तोड़ा तो उसके परिणाम उसे समाज में अपमानित कर सकते हैं और वह पूर्ण रूप से सबका प्रेम व स्नेह खो देगा।

कैसे पता करें कि बच्चे की ग्रूमिंग हो रही है?

निम्नलिखित कुछ चिह्न व लक्षण इस बात की ओर इशारा कर सकते हैं कि बच्चा जोखिम में है—

- बच्चा अधिकाधिक समय ऑनलाइन व्यतीत कर रहा है। वह अकेला रहना चाहता है। वह उन सभी गतिविधियों में अब रुचि नहीं ले रहा है, जिन्हें वह पहले बहुत पसंद करता था।
- बच्चा यौन संबंधी अधिक जानकारी प्रदर्शित कर रहा है, कुछ यौन-आचरण कर रहा है और बिस्तर गीला कर रहा है।
- आपका बच्चा उन नंबरों पर कॉल करना शुरू कर रहा है और उन नंबरों से कॉल भी प्राप्त कर रहा है, जिन्हें आप नहीं पहचानते हैं।
- आपके बच्चे को मोबाइल फोन, इलेक्ट्रॉनिक आइटम्स या क्रेडिट कार्ड वाउचर जैसे अस्पष्टीकृत (रहस्यमय) गिफ्ट्स मिल रही हैं।
- आपका बच्चा भावनात्मक रूप से उत्तेजित हो जाता है और अकेले में चला जाता है। उसके व्यवहार में स्पष्ट परिवर्तन आ गया है।
- आपको उसके कंप्यूटर पर अश्लीलता मिलती है। ऑनलाइन अपराधी हो सकता है कि अश्लील तसवीर भेज रहा है, जिससे बच्चा उनके आग्रह के बारे में सामान्य हो जाए कि वह अपनी तसवीर भेज सके।
- यदि आपके बच्चे की फ्रेंड्स लिस्ट में ऐसे लोग हैं, जिन्हें आप नहीं जानते हों और आपका बच्चा भी उनसे कभी ऑफलाइन नहीं मिला हो।
- आपका बच्चा यौन भाषा बोलने लगा है, जिसकी आपको अपेक्षा नहीं थी।

ऑन-लाइन ग्रूमिंग को कैसे रोकें?

ऑनलाइन ग्रूमिंग रोकने का सर्वोत्तम मार्ग है कि बच्चों के साथ ईमानदारी से खुले दिल से वार्त्ता करें। अभिभावकों को चाहिए कि वे बच्चों को दिशा-निर्देश दें कि क्या उचित है और क्या अनुचित और वे बच्चों को बताएँ कि वे अन्य वेब यूजर्स को संदेह और सावधानी की दृष्टि से देखें। बच्चों को बताया जाए कि जो लोग उनके साथ ऑनलाइन चैटिंग शुरू करते हैं, हो सकता है कि वे झूठ बोल रहे हों। इससे बच्चों को इस

बात में सहायता मिले भी कि वे ऑनलाइन अपराधियों के विषय में अधिक सावधान रहें। बच्चों को वास्तविक जीवन की उन घटनाओं के विषय में बताया जाना चाहिए, जिनमें बच्चे अपने असुरक्षित ऑनलाइन व्यवहार के कारण कठिनाई में पड़ गए। जोखिम भरे (ऑनलाइन) व्यवहार के बारे में बच्चों को बार-बार बताकर उनके चेतन मन में अच्छी प्रकार से उतारा जाए। साथ ही, अभिभावकों के लिए आवश्यक है कि अपने बच्चों के व्यवहार पर ध्यान से नजर रखें और उनके बदलते हुए व्यवहार व प्रवृत्ति (एटिट्यूड) पर ध्यान दें। उदाहरणार्थ, यदि बच्चे या किशोर बच्चे अपने वेब के बारे में छिपाने की प्रवृत्ति दरशाएँ, अपने फोन को छिपाने लगें या अपने संदेशों को हटाने (डिलीट) लगें।

बच्चों के लिए सलाह

बच्चों को नियमित रूप से बताया जाए कि क्या करें और क्या न करें? बच्चों के लिए कुछ टिप्स हैं, जो निम्नलिखित हैं—

- व्यक्तिगत सूचनाएँ पूर्ण रूप से व्यक्तिगत ही रहनी चाहिए। किसी भी दशा में साझा नहीं की जानी चाहिए। इस प्रकार के विवरण, जैसे—आपका नाम, इ-मेल, फोन नंबर, घर का पता, स्कूल का नाम कभी भी ऑनलाइन अनजान लोगों के साथ साझा न किया जाए।
- उन लोगों से व्यक्तिगत रूप से मिलना, जिनसे आप केवल ऑनलाइन ही परिचित हों, खतरनाक हो सकता है। यह केवल अपने माता-पिता या अपने केयर टेकर (प्रभारी) की उपस्थिति में ही होना चाहिए।
- अनजान लोगों से अथवा उनसे जिन पर आप विश्वास नहीं करते, इ-मेल, आई.एम. मैसेज या उनकी भेजी फाइल खोलना खतरनाक हो सकता है। उनमें वायरस या गंदे संदेश हो सकते हैं। कुछ लिंक एक बार खुल जाने पर ही आपके कंप्यूटर या मोबाइल को हैक किया जा सकता है।
- हो सकता है कि ऑनलाइन व्यक्ति ईमानदार या सच्चा न हो। वे अपने बारे में झूठ बोल सकते हैं। हो सकता है, जो सूचनाएँ वे अपने बारे में इंटरनेट पर डालते हैं, वे झूठी हों। एक झूठी प्रोफाइल द्वारा लोगों को विश्वास दिलाने के अनेक मार्ग हैं।
- यदि कोई बात आपको असहज या परेशान कर रही है तो अपने माता-पिता या अभिभावक (केयर टेकर) को अवश्य बताएँ।

सर्वाधिक महत्त्वपूर्ण

अपने बच्चों को विश्वास दिलाएँ कि एक अभिभावक के रूप में सदैव आप उनके

साथ और उनके हित में हैं। ऐसा वातावरण हो कि वे अपने किसी भी डर को आपके सामने रखने से डरें नहीं। यदि बच्चे आपसे डरेंगे तो वे अपनी बात आप से कह नहीं पाएँगे और लगातार सहते रहेंगे और उनका शोषण भी जारी रहेगा। पूरी सावधानी बरतने के बावजूद भी हो सकता है कि वे किसी जाल में फँस जाएँ। ऐसी परिस्थिति में आपके बच्चे को आपसे आस्था होनी चाहिए कि वह अपनी समस्या आपको बता सके। उन्हें विश्वास हो कि चाहे उनके माँ-बाप उन पर गुस्से से चिल्लाएँगे और डाँटेंगे भी, परंतु अंतत: वे उनके साथ ही खड़े होंगे।

3. इंटरनेट और सोशल नेटवर्किंग का नशा

प्रत्येक नशे (व्यसन) का एक मनोवैज्ञानिक पहलू है कि व्यसनी अपने आवेग को रोक नहीं पाता। यह व्यसनी के पारिवारिक व दोस्ताना संबंधों को नष्ट कर देता है तथा उसके व्यावसायिक कार्य पर भी नकारात्मक प्रभाव डालता है। माता-पिता के लिए बच्चों में इंटरनेट का व्यसन चिंता का विषय होना चाहिए, क्योंकि इस आयु में मस्तिष्क विकास की प्रक्रिया में होता है तथा इंटरनेट का लगातार प्रयोग विकसित होते हुए मस्तिष्क के लिए घातक हो सकता है।

सोशल नेटवर्किंग वेबसाइट्स ने हमारे जीवन को काफी आसान और आरामदेह बना दिया है। हम अपने प्रियजनों से आसानी से और त्वरित गति से वार्त्ता कर सकते हैं, चाहे वे संसार के किसी भी कोने में रह रहे हों। अभिभावक व बच्चे समान रूप से फेसबुक, टंबलर, ट्विटर और दर्जनों अनेक ऐप व सोशल नेटवर्किंग साइट्स का प्रतिदिन प्रयोग कर रहे हैं, किंतु कठिनाई या समस्या तब उत्पन्न होती है, जब इन सोशल नेटवर्किंग साइट्स का प्रयोग व्यक्ति के असली जीवन की धारणा व अनुभव के साथ खिलवाड़ करता है। यदि व्यक्ति का ऑनलाइन व्यवहार उसके जीवन व जीवन की प्रतिदिन की गतिविधियों के प्रति बदलना प्रारंभ कर दे, तो इस पर ध्यान देने की आवश्यकता है। सोशल मीडिया व्यसन किसी को भी हो सकता है, परंतु बच्चे इसके प्रति सर्वाधिक संवेदनशील हैं और वे आसानी से इसका शिकार हो सकते हैं।

अपने मित्रों के साथ संदेश व इमेज का आदान-प्रदान करना गलत नहीं है, किंतु बहुत से बच्चों के लिए वास्तविक जीवन व ऑनलाइन दुनिया के बीच की विभाजनकारी रेखा धुँधली हो जाती है। इस सोशल नेटवर्किंग में अभिभावकों की भूमिका यह है कि वे इस गतिविधि में आनेवाले खतरों व जोखिमों से बच्चों को सावधान करें। वे बच्चे को, कभी भी वास्तविकता को भूलकर पूरी तरह से सोशल मीडिया द्वारा उत्पन्न किए भ्रम में न डूबने दें।

क्या-क्या बच्चों को सोशल मीडिया एडिक्ट बनाने में योगदान दे सकते हैं?

अपने निर्माणात्मक वर्षों में बच्चों पर आसानी से प्रभाव पड़ जाता है और वे बाह्य प्रभाव में विशेष रूप से आ जाते हैं। वे एक स्पंज की तरह अपने चारों ओर की सूचनाओं को अपने अंदर सोख लेते हैं। इस वजह से वे आसानी से शिकार बनाए जा सकते हैं। सोशल मीडिया वेबसाइट्स मानव भावनाओं से खेलने के लिए बनाई जाती हैं। सबसे बड़ा डर, इस बात का होता है कि कहीं कुछ छूट न जाए। कोई भी मानव प्राणी यह नहीं चाहेगा कि वह शेष समाज से अलग-थलग पड़ जाए। सोशल मीडिया वेबसाइट्स यह सुनिश्चित करती हैं कि ऐसा न हो, ये साइट्स इस प्रकार का भ्रम पैदा करती हैं, वे लगातार उपस्थित हैं तथा इनके कारण व्यक्ति स्वयं को सुरक्षित व पर्याप्त समझता है।

बहुत से बच्चे व किशोर आत्मसम्मान की बात के कारण परेशान रहते हैं और वे इसे पाने के लिए सोशल मीडिया में प्रवेश करते हैं, जिससे कि उन्हें अनुमोदन व स्वीकृति मिले और वे दूसरों का ध्यान अपनी ओर आकर्षित कर पाएँ। ऐसा तब विशेष रूप से होता है, जब बच्चे को अपने अभिभावकों से अथवा ऑफलाइन मित्रों से पर्याप्त सहारा व समर्थन नहीं मिलता। कई प्रकार से इस प्रकार की वेबसाइट्स बच्चों तथा वयस्कों को सामाजिक वैधता, पहचान व सामाजिक मान्यता प्रदान करती हैं। परंतु यह एक बहुत ही क्रूर व शातिर चक्र है, क्योंकि ऑनलाइन पारस्परिक संबंध अकसर बिल्कुल सतही होते हैं और ये बच्चे को उसके वास्तविक जीवन में उसके अपने लोगों से उसे और अधिक दूर कर देते हैं।

ऐसी स्थिति में इन मामलों को शुरुआत में सँभालना अधिक आसान है अपेक्षाकृत उस स्थिति में, जब बच्चा अपने जीवन की फेसबुक या अन्य सोशल मीडिया वेबसाइट के बिना कल्पना नहीं कर सकता। यह महत्त्वपूर्ण है कि अभिभावक इंटरनेट व्यसन के प्रभाव के लक्षणों को समझें और वे सीखें कि वे बच्चों को इस व्यसन में पड़ने से कैसे रोक सकते हैं? अभिभावकों के लिए उन चिह्नों या लक्षणों को पहचानना आसान है, यदि वे जान जाएँ कि उन्हें किस चीज की खोज है?

इंटरनेट व्यसन के संकेत व लक्षण

प्रारंभ में बच्चों में इंटरनेट एडिक्शन (लत) के संकेत परेशान करनेवाले होते हैं, परंतु यदि आप बच्चे के इंटरनेट का प्रयोग करने के तरीके को ध्यान से देखें और यह देखें कि बच्चा यदि इंटरनेट का प्रयोग नहीं कर पाता तो उसकी प्रतिक्रिया कैसी होती है, तो आप बच्चे की स्थिति को समझ सकते हैं।

इंटरनेट प्रयोग करने की लंबी समयावधि

आपका बच्चा समय को ही भूल जाता है, जब वह इंटरनेट का प्रयोग कर रहा होता है। कभी-कभी वह खाना व शारीरिक व्यायाम के समय में भी कटौती कर सकता है। बच्चे को सुबह जल्दी व रात को देर तक इंटरनेट का प्रयोग करते देखा जा सकता है। जब उससे इंटरनेट प्रयोग करने के विषय में प्रश्न किया जाता है, तो वह रक्षात्मक (डिफेंसिव) हो जाता है।

स्कूल का कार्य अधूरा

आपके बच्चे को स्कूल का कार्य पूर्ण करने में कठिनाई का अनुभव हो सकता है और उसका कार्य संचय (बैकलॉग) बढ़ता जाता है। उसके अध्यापक से उसके कार्य के अधूरे रहने की शिकायत अकसर आती रहती है।

ग्रेड में गिरावट

कई अभिभावकों को यह देखने को मिल सकता है कि उनका बच्चा ग्रेड्स में लगातार गिरावट दर्ज कर रहा है। यह इंटरनेट व्यसन का प्रथम लक्षण हो सकता है। अभिभावकों को समझना चाहिए कि बच्चा समस्या ग्रस्त है। अवसाद, ड्रग यूज और इंटरनेट व्यसन के मामले गिरते ग्रेड्स प्रथम लक्षण व संकेत होते हैं। यदि बच्चा इंटरनेट के प्रयोग में अधिकाधिक व्यस्त रहता है, तो वह पढ़ाई में अपना ध्यान केंद्रित नहीं कर सकता।

नींद में कमी

इंटरनेट का अधिक प्रयोग बच्चे के सोने के पैटर्न को प्रभावित करता है, क्योंकि वह इंटरनेट का प्रयोग प्रातःकाल तक करता है। ऐसा तब होता है जब बच्चे का कंप्यूटर उसके शयन कक्ष में ही हो। जब उसका शयन कक्ष बंद रहता है, तब आपके लिए उसकी गतिविधियों पर निगरानी रखना कठिन हो जाता है। बच्चा प्रातःकाल में उठने में कठिनाई का अनुभव करता है और यदि उठ भी जाता है तो वह स्वयं को थका हुआ अनुभव करता है और असमय सो जाता है।

ध्यान केंद्रीकरण (एकाग्रता) की समस्या

कंप्यूटर या स्मार्टफोन का लंबे समय तक प्रयोग मस्तिष्क की एकाग्रता की क्षमता को प्रभावित करता है। ऐसा प्रभाव आंशिक रूप से इंटरनेट त्वरित गति से संपर्क होने के कारण होता है। इंटरनेट के अधिक प्रयोग के कारण मस्तिष्क लगातार उत्तेजना में

रहता है और यह स्थिति मस्तिष्क की अपनी उस कार्यक्षमता को प्रभावित करती है, जिसके लिए लंबी विचार प्रक्रिया और एकाग्रता की आवश्यकता होती है। संभव है कि आपका बच्चा अपना गृहकार्य इंटरनेट की सहायता के बिना नहीं कर पाता हो।

सामाजिक संबंधों से दूर होना

इंटरनेट के व्यसन में पड़ने के पश्चात् बच्चा उन गतिविधियों में रुचि लेना बंद कर सकता है, जो उसके लिए उत्साहवर्धक और आनंददायक होती थीं। ऐसे व्यसनी अपना समय अपने मित्रों के साथ मिलने-जुलने या परिवार के साथ व्यतीत करने की अपेक्षा अपने कंप्यूटर पर बिताना अधिक पसंद करते हैं।

सनकीपन या अवसाद

इंटरनेट के व्यसनी को यदि इंटरनेट का प्रयोग उपलब्ध नहीं होता तो वे अकसर उदास, निराश या चिड़चिड़े हो सकते हैं। यदि उन्हें इंटरनेट प्रयोग न करने दिया जाए तो वे अकसर कंप्यूटर तक चोरी से पहुँचने का प्रयास करेंगे और यदि आप उन्हें रोकेंगे तो वे क्रोधित हो सकते हैं।

इंटरनेट के प्रयोग के विषय में झूठ बोलना

जब आप अपने बच्चों से इंटरनेट के प्रयोग के विषय में प्रश्न करेंगे तो वे रक्षात्मक हो जाते हैं। वे अकसर इस विषय में कि वे इंटरनेट का कितना प्रयोग करते हैं या वे ऑनलाइन क्या करते हैं, झूठ का सहारा लेते हैं। वे संभवतया आपको चिंतित होने या उनके इंटरनेट के प्रयोग में दखल देने से रोकते हैं।

इंटरनेट व्यसन को कैसे रोकें?

जिन बच्चों को इंटरनेट व्यसन की गंभीर समस्या हो गई है, उन्हें इसके इलाज के सुव्यवस्थित प्रोग्राम की आवश्यकता होती है, किंतु यदि समस्या अभी इतनी गंभीर नहीं है या सामान्य स्तर की है तो आपके लिए अग्रलिखित उपाय करना सहायक होगा—

A. बच्चे से बात करें

बहुत से बच्चे इंटरनेट पर इसलिए ऑनलाइन अपना समय व्यतीत करते हैं, क्योंकि वे स्कूल या घर पर कुछ समस्याओं से अपना ध्यान हटाना चाहते हैं। हो सकता है, ऐसा बच्चा स्कूल में कुछ सोशल प्रॉब्लम के कारण निराशा (डिप्रेशन) में हो और संभव है कि बच्चा उस अप्रियता तथा तनाव से मुक्ति पाने के लिए इंटरनेट पर आश्रित हो गया

हो। यदि ऐसा है तो बच्चे को आपके सहारे की आवश्यकता है। उसके दु:खी होने के कारण को जानने का प्रयत्न करें और उसका समाधान करें।

B. अपने इंटरनेट के प्रयोग को व्यवस्थित करें

न्यूज एग्रीगेटर का प्रयोग करें। फीडली और डिग रीडर जैसे समाचार एग्रीगेटर आपके बच्चों को वे सभी प्रिय वेबसाइट उपलब्ध करा देगा, इसके बजाय कि इधर-उधर अनेक विंडोज पर क्लिक करते रहें। उनकी एग्रीगेटर पर केवल वे वेबसाइट डालें, जो उनके लिए केवल आवश्यक हो और उन पर व्यस्त रहें। अपने बच्चों को अनावश्यक जानकारी से अपने मस्तिष्क को भरने न दें।

व्यर्थ के एकाउंट्स को हटाएँ : हो सकता है, उनके पास वेबसाइट्स के साथ ऐसे एकाउंट्स हों, जिनका वे कभी प्रयोग न करते हों, किंतु वे उन्हें निरंतर उनकी सेवाएँ लेने को याद दिलाते हों। बच्चों को उनके प्रयोग के लालच से दूर रखें और ऐसे एकाउंट्स को तुरंत हटा दें, जिनका बच्चे प्रयोग नहीं करते और इस विषय में बच्चों से बात करके उनको विश्वास में लेकर अनसब्सक्राइब कर दें।

नोटिफिकेशंस को टर्न ऑफ करें : यदि आपके बच्चे के स्मार्टफोन पर इ-मेल के नोटिफिकेशंस आते रहते हैं और उनके किए हुए मैसेज व पिक्चर्स पर लगातार लाइक्स मिलते रहते हैं तो बच्चा अपने फोन पर इंटरनेट पर व्यर्थ में व्यस्त रहेगा। अत: उन्हें इस बात के लिए मनाएँ और तैयार करें कि वे अपने स्मार्टफोन पर ऐप सेटिंग को बदल दें तथा नोटिफिकेशंस को तुरंत रोक दें। उनकी समय सारिणी तैयार करें और उन्हें आदर्श रूप में दो घंटे में एक बार अपने इ-मेल और सोशल मीडिया को चेक करने की अनुमति दें।

C. अपने बच्चे के इंटरनेट समय का कोटा तय करें

उनको अचानक सर्फिंग करने से रोकने के बजाय, क्योंकि यह कठिन होगा, उनके इंटरनेट के प्रयोग को कम करें और वह भी इस प्रकार कि उन्हें यह न लगे कि उनके जीवन का एक महत्त्वपूर्ण अंग खो गया है।

टाइमर सेट करें : एक बार आपने प्लान बना दिया है, आग्रह करें कि बच्चा उसका पालन करे और सुनिश्चित करें कि वह भटके नहीं। अधिकतर फोन में टाइमर ऐप उपलब्ध है, अत: टाइमर भी सेट कर दें।

इंटरनेट : यदि बच्चा व्यसन में इतना पड़ गया है कि आपके उस समयबद्धता का पालन नहीं करता है, जो आपने निर्धारित की है तो फिर इंटरनेट ब्लॉकिंग ऐप प्राप्त करें और उसका प्रयोग करें।

D. बच्चों को सिखाएँ कि इंटरनेट से इतर भी जिंदगी है

उन्हें अध्ययन या काम में व्यस्त कर दें। एक बार आप उन्हें इंटरनेट का अधिक प्रयोग करने से रोकते हैं तो उनको एक ऐसा सकारात्मक आउटलेट चाहिए, जिससे वे अपने अंदर की बंद ऊर्जा को बाहर ला सकें। उन्हें अध्ययन में या काम में एक नई ऊर्जा के साथ लगाने में सहयोग करें। इससे उनका मस्तिष्क कार्यरत रहेगा और वे स्कूल में व अन्य स्थानों पर भी अपने परफॉर्मेंस में बड़ा सुधार ला सकते हैं।

उनके मित्रों को विश्वास में लें : अपने बच्चे की समस्या के विषय में उसके मित्रों से भी बातचीत करें और उनसे प्रार्थना करें कि वे आपके बच्चे के साथ अधिक गुणात्मक समय व्यतीत करें। अपने बच्चों को प्रोत्साहित करें कि वे अपने मित्रों को डिनर पर आमंत्रित करें और उन्हें मित्रों से मिलने जाने को बोलें बजाय इसके कि वे उनसे ऑनलाइन चैटिंग करें।

नई हॉबी (शौक) विकसित करें : नई गतिविधियों की एक दुनिया है, जिनका वे इंटरनेट से बाहर आनंद उठा सकते हैं। उनसे वायदा लें कि वे इंटरनेट का प्रयोग केवल काम के लिए करेंगे और मनोरंजन अन्यथा ढूँढ़ेंगे।

E. कंप्यूटर को बैडरूम में बिल्कुल नहीं रखने दें

जो बच्चे कंप्यूटर अपने कमरे के अंदर रखते हैं, वे इंटरनेट का असंयमित प्रयोग आसानी से कर लेते हैं। यदि कंप्यूटर को लिविंग रूम में रखा जाए तो आप बच्चे के द्वारा इंटरनेट के प्रयोग पर नियंत्रण रख सकते हैं और सुनिश्चित कर सकते हैं कि वह खतरनाक साइट्स पर न जाए। आप कंप्यूटर पर पासवर्ड रखकर भी इंटरनेट के असंयमित प्रयोग को रोक सकते हैं। फिर बच्चा आपकी स्वीकृति के बिना कंप्यूटर का प्रयोग नहीं कर पाएगा।

यद्यपि यह कठिन है कि आप अपने बच्चे के इंटरनेट के व्यसन को तोड़ने में सहायक हों, किंतु यह असंभव भी नहीं। बच्चों को सहारा देते रहना, कठिनाइयों को दूर करने के लिए हमेशा तैयार रहना और इस ओर निरंतर प्रयास करते रहना बच्चों को इस व्यसन से निकालने में सहायता करने की कुंजी है। इसी निरंतर प्रयास से बच्चा अपनी खोई जिंदगी को पुन: प्राप्त कर सकता है तथा अपनी इस लत पर नियंत्रण पा सकता है।

4. साइबर प्रताड़ना (बुलींग)

भारत में लगभग 60 प्रतिशत युवा लोग साइबर बुलींग का अनुभव रखते हैं। लड़कियों की संभावना इस विषय में लड़कों से दो गुना है। दस में से केवल एक

ही साइबर बुलींग की शिकायत कर पाता है। इसका दुर्भाग्यशाली हिस्सा यह है कि बहुत कम माता-पिता की जानकारी में होता है कि उनका बच्चा साइबर बुलींग का शिकार हो रहा है। किशोरावस्था में बच्चे इस डर से कि उन्हें सामाजिक कलंक का सामना करना पड़ेगा, अपने माता-पिता को साइबर बुलींग के विषय में नहीं बताते और चुपचाप उसे सहते रहते हैं। पीड़ित के चेहरे को किसी अश्लील तसवीर के साथ लगाना, बदनाम करनेवाली, अफवाह वाली तस़वीर व मैसेज फैलाना, पीड़ित के आपत्तिजनक वीडियोज द्वारा उसको ब्लैकमेल करना साइबर बुलींग के सामान्य तरीके या रूप हैं।

वे चेतावनी संकेत निम्नलिखित हैं, जिनसे आप समझ सकें कि आपका बच्चा साइबर बुलींग का शिकार हो गया है—

भावनात्मक	सामाजिक व्यवहारात्मक
बच्चा अलग-थलग हो या शर्मीला हो जाता है।	• अचानक कंप्यूटर प्रयोग बंद कर देता है।
अवसाद के लक्षण दरशाता है।	• खाने व सोने की आदतों में परिवर्तन, जैसे—डरावने सपने आना।
अत्यधिक सनकी या चिड़चिड़ा हो जाता है।	• पहले जिन गतिविधियों में रुचि लेता है, अब वैसा नहीं करता।
चिंतित या स्पष्टत: तनाव में रहता है।	• अपने को चोट पहुँचाता है और आत्महत्या करने की धमकी देता है।
आक्रामक व्यवहार के संकेत देता है।	• अचानक मित्र परिवर्तित कर देता है।

शैक्षिक	
• स्कूल जाना पसंद नहीं करता। स्कूल में परेशान हो जाता है। स्कूल छोड़ता है और स्कूल में रुचि खो देता है। ग्रेड्स में नीचे आता है।	• सबसे बड़ा संकेत है कि बच्चा टेक्नोलॉजी से किनारा कर लेता है। यदि आप देखें कि आपके बच्चे के कंप्यूटर और फोन के प्रयोग करने में परिवर्तन आ रहा है तो बच्चे से बात करें। हो सकता है कि बच्चे का साइबर बुलींग हो रहा हो।

संकेतों की अनदेखी न करें।
यदि बच्चा पीड़ित हो रहा हो, तो उसे सहारा दें।

माता-पिता का हस्तक्षेप आवश्यक

कष्ट चाहे कितना भी सहना पड़े, बच्चे साइबर बुलींग के मामले को अपने माता-पिता व अध्यापक को इस कारण बताने से संकोच करते हैं कि उनकी कंप्यूटर या सेलफोन की सुविधा उनसे वापस ले ली जाएगी। माता-पिता को अपने बच्चे द्वारा इंटरनेट के प्रयोग पर निगरानी रखनी चाहिए, आवश्यक है कि साइबर बुलींग के शिकार बच्चे को कभी डराया-धमकाया न जाए, उसको इंटरनेट के प्रयोग से रोका न जाए या बच्चे को दंडित न किया जाए।

टेक्नोलॉजी के सुरक्षित प्रयोग करने के लिए आवश्यक है कि बच्चे को साइबर बुलींग संदेशों को प्राप्त (ग्रहण) न किया जाए। बच्चों को ऐसे संदेशों को ब्लॉक करना सिखाया जाना चाहिए। बच्चों को बताया जाए कि ऑनलाइन एकाउंट्स खोलने पर वे अपने बारे में व्यक्तिगत जानकारी, जैसे—अपना पूरा नाम, पता, टेलीफोन नंबर, स्कूल नाम, माता-पिता का नाम, क्रेडिट कार्ड नंबर या सोशल सिक्योरिटी नंबर आदि कभी भी साझा न करें। कुछ लोग अपने मित्रों के विषय में व्यक्तिगत सूचना साझा करने की प्रवृत्ति रखते हैं। उन्हें ऐसा करने के लिए हतोत्साहित किया जाना चाहिए।

बच्चों को बताया जाना चाहिए कि उन्हें अपने माता-पिता के अलावा किसी अन्य के साथ अपना पासवर्ड साझा नहीं करना चाहिए। माता-पिता को चाहिए कि वे बच्चों को बातचीत करने की खुली छूट दें और इसके लिए प्रोत्साहित करें कि बच्चे अपनी ऑनलाइन गतिविधियों को उनके साथ साझा करें। नई पीढ़ी के बच्चे अपनी ऑनलाइन गतिविधियों को छिपाने में बहुत तेज होते हैं। फिर भी, यदि अभिभावक बच्चों से मित्रवत् और काफी घुले-मिले हैं तो बच्चे उनकी सलाह गंभीरता से लेते हैं। बच्चे के साथ उनकी समस्या के विषय में विस्तार से बात करें और बच्चों को अपना पूर्ण सहारा दें। इससे बच्चे स्वयं को सुरक्षित व सुनिश्चित समझेंगे।

किसी निर्णय पर पहुँचने से पहले, अभिभावकों को चाहिए कि स्थिति का हल ढूँढ़ने के लिए वे अच्छी प्रकार से स्थिति की पूरी तरह से जाँच कर लें, जिससे कि वे पूरी तरह से समझ लें कि हुआ क्या, इसमें कौन-कौन शामिल हैं और यह सबकुछ शुरू कैसे हुआ? अपने बच्चों के स्कूल के साथ जुड़े रहें। आप स्कूल के प्रशासकों, काउंसलर और ऐसे विश्वस्त अध्यापकों के साथ मिलने का कार्यक्रम बनाते रहें, जो इस प्रकार की समस्याओं से निपटने के लिए प्रशिक्षित हों।

यदि शारीरिक हानि पहुँचने की आशंका हो तो पुलिस से संपर्क करें या ऐसी स्थिति में भी जब अपराध घटित हो चुका है, तसवीरों को प्राप्त कर लिया है या भेजा जा चुका है या यौन संबंधी स्पष्ट तसवीरें पोस्ट हो गई हैं आदि पुलिस को सूचित किया जाना चाहिए।

इंटरनेट सर्विस प्रोवाइडर, सेलफोन सर्विस प्रोवाइडर या फेसबुक या यू-ट्यूब जैसे

कंटेंट प्रोवाइडर आदि से संपर्क करें कि वे मामले की छानबीन करें और हानिकारक सामग्री को हटा दें।

ऐसे चेतावनी के संकेत जिनसे आप समझ सकें कि आपका बच्चा साइबर बुली (उत्पीड़क) हो सकता है

ऐसी संभावना है कि आपका बच्चा स्वयं आक्रामक व स्वयं साइबर उत्पीड़क हो। साइबर बुली बच्चों पर ध्यान देने की उतनी ही आवश्यकता है, जिससे कि उन्हें कानूनी परिणामों से बचाया जा सके। कुछ ऐसे लक्षण हैं, जो यह संकेत दे सकते हैं कि आपका बच्चा साइबर बुली है—

- वह किसी के अपने पास आने पर अपना कंप्यूटर ऑफ कर देता है और कंप्यूटर प्रयोग करना रोक देता है।
- कंप्यूटर पर अपनी गतिविधियों के विषय में गोपनीय रहता है। आमतौर पर साइबर बुली कंप्यूटर या सेलफोन पर होनेवाली गतिविधियों के विषय में बात करने से बचता है।
- कंप्यूटर पर अधिकाधिक समय व्यतीत करता है।
- यदि उसके कंप्यूटर या सेलफोन की सुविधा वापस ले ली जाए या सीमित कर दी जाए तो वह परेशान व क्रोधित हो जाता है।
- आप यह नोटिस कर सकते हैं कि जब वह कंप्यूटर या सेलफोन पर कार्यरत होता हो तो खूब जोर-जोर से हँसता हो।
- वह अनेक ऑनलाइन एकाउंट्स प्रयोग करता है या उन एकाउंट्स का प्रयोग करता है जो उसके न हों।
- वह बारंबार या रात भर कंप्यूटर का प्रयोग कर सकता है।
- ऐसे बच्चे अकसर आसानी से आपा खो बैठते हैं और आसानी से निराश, हावी और मौखिक या शारीरिक रूप से दुर्व्यवहार करने लगते हैं।

यदि आपका बच्चा साइबर बुली हो तो क्या करें ?

यदि आपका बच्चा दूसरों को ऑनलाइन परेशान और उत्पीड़ित कर रहा है तो पता लगने पर बहुत सी बातें की जा सकती हैं। अपने बच्चे को समझाएँ कि इस प्रकार का व्यवहार उचित नहीं है और यह अनेक गंभीर परिणामों को जन्म दे सकता है।

उनसे पूछो : "आपको कैसा लगेगा यदि कोई आपके साथ या आपके प्रियजनों के साथ ऐसा व्यवहार करे ?" यह जानने का प्रयत्न करें कि वह साइबर बुली (उत्पीड़क) कैसे बना ? अपने बच्चे से पूछें कि किस बात ने उसे इस प्रकार का असामान्य व्यवहार

करने के लिए विवश किया? हो सकता है कि आपका बच्चा बुलींग का शिकार हो और वह बदले की प्रतिक्रिया में इस प्रकार का व्यवहार कर रहा हो।

- यह भी हो सकता है कि आपका बच्चा किसी गलत ग्रुप से परिचित हो गया हो और इसी ग्रुप में बने रहने के लिए बुलींग करने को विवश हो। यदि आपको ऐसे किसी कारण का पता चले तो समस्या को सुलझाने में उसकी सहायता करें।
- उसे इस कृत्य की गंभीरता को समझाएँ और उसे इस कार्य को तुरंत रोकने के लिए समझाएँ। उससे पूछें कि क्या वह चाहेगा कि उसका यह कृत्य पुलिस या विद्यालय प्रशासन के संज्ञान में आए, जिसके परिणामस्वरूप उसके विरुद्ध काररवाई करनी पड़े।
- अपने बच्चे को स्पष्ट कर दें कि आप बुलींग को गंभीरता से लेते हैं और आप इस प्रकार का व्यवहार बिल्कुल सहन नहीं करेंगे।
- उसे इस बात के लिए प्रोत्साहित करें कि वह उत्पीड़ित से क्षमा-याचना करे। अभिभावकों को चाहिए कि ऐसे बच्चों की इंटरनेट व फोन पर होनेवाली गतिविधियों पर नजर रखें और उनका कंप्यूटर उनके शयन कक्ष से बाहर लाएँ तथा उनके सेलफोन को, यदि आवश्यक हो तो सीमित करें।

साइबर बुलींग (प्रताड़ना) से निपटने के लिए सामान्य युक्तियाँ

अनुसंधान और वास्तविक जीवन के अनुभव के अनुसार साइबर बुलींग अनेक नकारात्मक और तनावपूर्ण भाव उत्पन्न कर सकता है, जो पीड़ित के कल्याण व व्यवहार को गहनतापूर्वक प्रभावित करता है। सामान्य रूप से बुलींग को रोकने के लिए अनेक अध्ययनों की अपेक्षा, साइबर बुलींग का सामना करना एक नवीन समस्यात्मक घटना के रूप में सामने आ रहा है। समाधान करने की रणनीति की क्षमता इस बात पर निर्भर है कि वह पीड़ित के शारीरिक व मानसिक कष्ट व तनाव को कितनी जल्दी समाप्त करती है, जिससे कि पीड़ित के शारीरिक व मानसिक विकास पर पड़ने वाले दीर्घकालिक प्रभावों को कम-से-कम किया जा सके।

वेरोनिका स्लेगलोवा तथा अलेना सेरना ने अपने लेख, 'किशोर पीड़ितों में साइबर बुलींग, एक धारणा तथा निवारण।' साइबर मनोविज्ञान : साइबर स्पेस पर जनरल ऑफ साइकोलॉजिकल रिसर्च में ऑनलाइन बुलींग से निपटने के लिए पाँच रणनीतियों पर जोर दिया है।

रोकथाम : जब आपको कोई परेशान करे, पहले उपाय के रूप में आप अपनी निजी सेटिंग्स में परिवर्तन करें। हम अपने आक्रांता (उत्पीड़क) को अपने मित्र सूची से

हटा दें या उसे पूर्ण रूप से ब्लॉक कर दें। हैकिंग की समस्या से बचने के लिए अच्छा हो कि आप अनजान लोगों के इ-मेल या अटैचमेंट्स को न खोलें। यदि कोई भी बच्चा या वयस्क ऑनलाइन किसी समस्या का सामना करता है तो उसे अपनी ऑनलाइन गतिविधियाँ तुरंत सीमित कर देनी चाहिए। जैसे, त्वरित मैसेजिंग (जैसे—एम.एस.एन.), फाइल शेयरिंग, मल्टी-यूजर ऑनलाइन गेम, चैट रूम्स, ब्लॉगिंग इत्यादि गतिविधियों को सीमित करें।

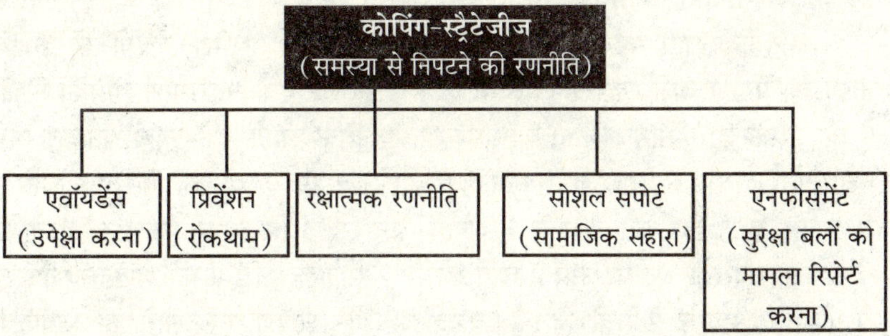

बचना (एवॉइडिंग) : यह सबसे अधिक प्रभावशाली कोपिंग कौशल है। साइबर स्पेस में बचाव का अर्थ है—उत्तर न देना। फोन को हैंगिंग पर रखना, डिलीट करना या जोखिम वाले ऑनलाइन पर दी जानेवाली धमकियों के स्रोत को, जहाँ से साइबर बुलींग हो रही थी या है, पूर्णरूप से डिसेबल कर देना, किसी दूसरे सर्वर पर अपना एकाउंट बना लेना। साइबर बुलींग हलकी-फुलकी प्रकार से केवल एवॉइड करने से ही बंद हो सकती है।

रक्षात्मक : रक्षात्मक रणनीति अपनाने में व्यक्ति को सोशल मीडिया नेटवर्किंग गतिविधियों को पूर्ण रूप से बंद करके किन्हीं अन्य हॉबी को अपनाना चाहिए, जिससे कि उत्पीड़न के कारण उत्पन्न हुए तनाव को दूर किया जा सके। हॉबीज, जैसे स्पोर्ट्स, व्यायाम आदि पर ध्यान देना अप्रिय मामलों की ओर से ध्यान हटाने का सर्वोत्तम तरीका है। हॉबीज एवं स्पोर्ट्स पीड़ित को समस्याओं की ओर से ध्यान हटाने और जीवन में जो कुछ बुरा हुआ है, उसे भूलने का एक अच्छा अवसर प्रदान करते हैं और ये उसके उत्पीड़क के भय का सामना करने का मार्ग भी प्रशस्त करते हैं।

सामाजिक सहारा व समर्थन : यह रणनीति पीड़ितों में सुरक्षा की भावना उत्पन्न करती है और वे अनुभव करते हैं कि वे अपना बचाव कर सकते हैं, क्योंकि उनके साथ समाज का समर्थन व सहारा है। अपने किसी करीबी के साथ, जो आपको समस्या के समाधान के लिए कुछ सुझाव दे सके, विचार-विमर्श करने से भी बहुत

कुछ तनाव में कमी आ सकती है। मित्रों, संबंधियों या माता-पिता से सहायता प्राप्त करना समस्या पर काबू पाने में सहायक है।

एनफोर्समेंट : यदि पीड़ित के द्वारा अपनाए गए सभी तरीकों के बावजूद उत्पीड़क आपका उत्पीड़न जारी रखता है तो आपको चाहिए कि आप सुरक्षा बलों को अपनी समस्या बताएँ और अपने माता-पिता व संबंधियों को लेकर इस दिशा में आगे बढ़ें।

5. कट्टरतावाद व अतिवाद

अतिवादी लोग सदैव आसानी से प्रभावित होनेवाले (सुभेद्य) लोगों को प्रभावित करने का प्रयास जारी रखते हैं। प्रत्येक दशा में इंटरनेट एक महत्त्वपूर्ण भूमिका निभाता है कि इसके द्वारा सीमाओं को लाँघकर अधिकाधिक लोगों तक पहुँच बनाकर अपने प्रचार का दायरा बढ़ाया जा सकता है। किशोरावस्था बच्चों का मस्तिष्क आसानी से प्रभाव ग्रहण कर लेता है और हम नहीं जान सकते कि किस प्रकार के दस्तावेज, भाषण या वीडियो उन पर अपनी छाप छोड़ेंगे? सोशल मीडिया को शक्ति विशेष रूप से ग्रूमिंग के मामले में सर्वविदित है। बच्चों को यौन शोषण व किशोरों को आतंकवाद के उद्देश्य से इंटरनेट सुविधाजनक प्लेटफॉर्म उपलब्ध कराता है, जैसे—चैट रूम्स, फोरम्स, इंसटेंट मैसेजिज तथा टेक्स्ट्स आदि। जैसा कि हम सभी जानते हैं, अतिवादी इस नई तकनीक का अधिकाधिक प्रयोग करते हैं। इसके द्वारा अतिवादी यह खोज लेते हैं कि कौन लोग आसानी से शिकार बनाए जा सकते हैं? वे लोगों के प्रोफाइल्स, पोस्ट्स, ट्वीट्स व मित्रों की सूची देखकर यह पहचान कर लेते हैं।

मेरा बच्चा किस प्रकार कट्टरता (रेडिकेलाइजेशन) की ओर धकेला जा सकता है?

निस्संदेह किशोरावस्था के बच्चे कट्टरता में धकेलने के उद्देश्य के लिए अधिक और ब्रेन वॉशिंग के लिए आसान लक्ष्य हैं। जैसे ही वे इश्यूज और आईडियाज की खोज करना शुरू करते हैं उनके साथी, परिचित एवं इंटरनेट उनको अपने प्रभाव में ले लेते हैं। इस प्रक्रिया में यह संभव है कि कभी भी वे गलत व हानिकारक प्रभाव में आ जाएँ। उदाहरणार्थ, किसी दर्दनाक घटना के विषय में समाचार पत्र में पढ़ने के तुरंत पश्चात् यदि कोई भड़काने वाला भाषण सुना जाए तो यह भाषण बच्चे/वयस्क पर तुरंत प्रभाव डालेगा और हो सकता है कि वह संबंधित मामले पर नेट पर खोज करना प्रारंभ करे जो उसके विश्वास को और अधिक दृढ़ कर देगा।

रेडिकेलाइजेशन (कट्टरतावाद) पैदा करने के लिए कोई एक व्यक्ति उत्तरदायी नहीं है और न ही कोई निर्धारित तरीका है। इंटरनेट और नेटवर्किंग साइट्स ने अनेक

प्लेटफॉर्म्स और अवसर पैदा कर दिए हैं, जिसके द्वारा किसी व्यक्ति को रेडिकेलाइज्ड (विचारों में कट्टर बनाया जाना) किया जा सकता है और इसके लिए सभी आवश्यक सामग्री सदैव उपलब्ध रहती है। इसके द्वारा आपका बच्चा अपने नए-नए विचारों को साझा करनेवाले लोगों से मिलता है और अपने विचारों को और प्रगाढ़ करता है।

अतिवादी लोग फेसबुक, आस्क एफ.एम. तथा ट्वीट जैसी सोशल मीडिया साइट्स का प्रयोग करके ऐसे युवा लोगों की पहचान करके उनको लक्ष्य बनाते हैं, उनसे संपर्क करते हैं। इंटरनेट पर अपनी असली पहचान छिपाना आसान है, इसलिए बच्चे ऐसे लोगों से वार्त्ता कर सकते हैं, जिनकी असलियत वे जानते न हों और ऐसे लोग उन्हें अतिवादी विचार और विश्वास अपनाने को प्रोत्साहित कर सकते हैं।

अकसर बच्चों से वार्त्तालाप जारी रखने को कहा जा सकता है और यह मुख्यधारा के सोशल मीडिया के द्वारा न होकर, प्लेटफॉर्म के माध्यम से होता है। ऐसे वार्त्तालाप कम मुख्यधारा के प्लेटफॉर्म पर होने के कारण यूजर को असली पहचान छिपाने का अधिक मौका मिल जाता है, और ऐसे वार्त्तालाप को मॉनीटर करना भी कठिन होता है।

जो लोग युवाओं को ऐसा करने के लिए प्रोत्साहित करते हैं, हमेशा अपरिचित नहीं होते अथवा कई परिस्थितियों में वे ऐसे लोग होते हैं, जो उन युवाओं के परिवारों या सामाजिक गतिविधियों के माध्यम से मिल चुके होते हैं और फिर उनसे अधिक ताल-मेल बैठाने के उद्देश्य से वे इंटरनेट का प्रयोग करते हैं। कभी-कभी बच्चे यह नहीं समझ पाते कि उनके विचारों को किन्हीं दूसरों के द्वारा निर्मित किया गया है और वे सोचते हैं कि वह व्यक्ति उनका मित्र, मार्गदर्शक, परामर्शदाता, बॉयफ्रेंड, गर्लफ्रेंड है और उनका सर्वाधिक शुभचिंतक है।

वे क्या लक्षण हैं, जिनका मुझे ध्यान रखना है ?

ऐसे बहुत से लक्षण हैं, जिनके बारे में हमें जागरूक होना चाहिए (यद्यपि इस प्रकार के लक्षण बहुत से किशोरों में पाए जाते हैं)। माता-पिता को इस प्रकार के लक्षणों की बढ़ोतरी पर ध्यान देना चाहिए।

- एक ऐसा विचार और विश्वास कि उनका धर्म, संस्कृति या विश्वास खतरे में है और उनके साथ अनुचित व्यवहार हो रहा है।
- षड्यंत्र की परिकल्पना और मुख्यधारा के सोशल मीडिया के प्रति अविश्वास की प्रवृत्ति।
- पहचान व संबद्धता की आवश्यकता और कपड़ों, व्यवहार व साथियों में स्वभाव के विपरीत परिवर्तन।

- जिन लोगों से बात करते हैं या कौन-कौन सी साइट्स को विजिट करता है, उसके बारे में रहस्य रखता है।
- जैसे ही आप बच्चे के पास आते हैं, वह फोन, टेबलेट या कंप्यूटर की स्क्रीन ऑफ कर देता है, उसके पास ऐसे इलेक्ट्रॉनिक डिवाइसिस या फोन हैं, जो आपने उसे नहीं दिए।
- भावनात्मक रूप से उग्र हो जाता है।

अभिभावक अपने बच्चों तथा युवा लोगों को सुरक्षा और सहारा कैसे दे सकते हैं?

- बच्चे पर ध्यान रखें कि वह किन-किन के साथ रहता/रहती है?
- अपने बच्चे के मित्र और उनके परिवार से परिचित रहें।
- वार्त्तालाप खुला रहना चाहिए। बच्चों की सुनें और उनकी रुचियों के विषय में उनसे बात करें।
- बच्चों को बातचीत करने के लिए प्रोत्साहित करें कि वे आपके विश्वसनीय ग्रुप्स के साथ सकारात्मक गतिविधियों में भाग लें।
- बच्चों से विचार-विमर्श करें कि वे टी.वी. व इंटरनेट पर क्या-क्या देखते हैं और उन्हें बताएँ कि यही जीवन की संपूर्ण तसवीर नहीं।
- बच्चों को डिबेट करने और प्रश्न पूछने की स्वतंत्रता दें कि वे स्थानीय विश्व घटनाओं पर अपने विचार रखें और उन्हें विभिन्न दृष्टिकोणों को देखने में सहायता करें।
- अपने बच्चे को इस बात के लिए प्रोत्साहित करें कि वह स्थानीय समाज में रुचि प्रदर्शित करे और वह सभी धर्मों, विश्वासों और पृष्ठभूमियों के प्रति अपना आदर प्रकट करे।
- बच्चों को समझाने में सहायक हों कि वे उन परिस्थितियों से बचें, जिनकी वे पूरी जानकारी न रखते हों।
- उन्हें बताएँ कि अपने विचारों को मजबूती से रखना और अच्छे के लिए चीजों में परिवर्तन लाना अच्छा है, किंतु उन्हें कोई हिंसक कदम नहीं उठाना है और ऐसे लोगों का साथ न दें, जो हिंसक गतिविधियों में लिप्त हों।
- अपने बच्चे की ऑनलाइन गतिविधियों के विषय में सचेत रहें और अपने ज्ञान को भी अपडेट करते रहें। बच्चे पर बराबर ध्यान रखें कि वह कौन-कौन से सोशल मीडिया और मैसेजिंग साइट्स का प्रयोग कर रहा है।
- बच्चे को याद दिलाएँ कि जिन लोगों से वह इंटरनेट पर संपर्क बनाए हुए

है, हो सकता है कि वे अपने बारे में सच न बताकर अमुक व्यक्ति होने का बहाना बना रहे हों।

- बच्चों को समझाएँ कि जो व्यक्ति उन्हें यह कहता है कि वे अपने परिवार व अध्यापकों से बातों को छिपाकर रखें, वह उन्हें हानि पहुँचाना चाहता है और ऐसा व्यक्ति उन्हें खतरा पैदा कर रहा है।

6. स्मार्टफोन व्यसन (नोमोफोबिया)

हम सभी (बच्चे व अभिभावक) लैपटॉप व डेस्कटॉप द्वारा इंटरनेट के प्रयोग के लालच के शिकार हो गए हैं, किंतु स्मार्टफोन और टेबलेट न एक गेमचेंजर बनकर आए हैं, जो अपने आकार और सुविधाजनक होने के कारण कभी भी, कहीं भी ले जाए जा सकते हैं और साइबर जिज्ञासा को पूर्ण किया जा सकता है। वास्तव में, अध्ययन से पता चला है कि हममें से अधिकतर अपने स्मार्टफोन से पाँच फीट की दूरी से अधिक नहीं होते। बहुत से लोग स्वीकार करते हैं, वे निरंतर अपने स्मार्टफोन पर व्यस्त रहते हैं, चाहे वे सिनेमा हॉल में हों, चाहे गाड़ी चला रहे हों, बिजनेस मीटिंग में हों, डिनर पर हों, डेटिंग पर हों, धार्मिक क्रियाकलापों में हों कि बच्चे के स्कूल के कार्यक्रम में हों, स्नान-गृह में हों और यहाँ तक कि यौन क्रिया में व्यस्त हों। स्मार्टफोन, टेबलेट्स या कंप्यूटर बहुत उत्पादक यंत्र हैं, किंतु इनका व्यसन बच्चों के दैनिक जीवन में नकारात्मक हस्तक्षेप कर सकता है व उनके व्यक्तिगत संबंधों को भी बुरी तरह प्रभावित कर सकता है।

अपने बच्चे से पूछें कि क्या वे वास्तविक लोगों से मिलने-जुलने की अपेक्षा सोशल मीडिया या कंप्यूटर पर गेम खेलने में अधिक समय व्यतीत करते हैं? क्या वे स्वयं को बार-बार टेक्स्ट मैसेज देखने के लिए अपने मोबाइल को चेक करने, फेसबुक पर अपडेट्स देखने, फीड्स, इ-मेल्स, न्यूज, वेबसाइट्स या ऐप आदि को बारंबार देखने या चैक करने से रोक नहीं सकते?

यदि उनका उत्तर 'हाँ' में है तो अभी समय है कि आप अपने बच्चे के द्वारा इस टेक्नोलॉजी और गजेट्स के प्रयोग का पुनःआकलन करें और उचित कदम उठाएँ।

बच्चे अपने मोबाइल को ड्रग की तरह प्रयोग करते हैं,
जब वे उदास, थके हुए या आलस्य में होते हैं।

स्मार्टफोन व्यसन का नकारात्मक प्रभाव

यदि आपके बच्चे ने अपनी उदासीनता की भावना को कम करने, चिंता दूर करने, अकेलापन या असमान्य स्थिति को हलका करने के लिए अपने स्मार्टफोन का प्रयोग करने की आदत विकसित कर ली है तो वे अपने लिए मुसीबत को आमंत्रित कर रहे हैं और वे परीक्षा में बुरी तरह से असफल होनेवाले हैं। फोन व्यसन उन्हें अपने आस-पास के लोगों से अलग-थलग कर देगा। फोन को देखते रहना उन्हें लोगों के साथ फेस-टू-फेस मिलने में बाधा उत्पन्न करेगा। इससे उन्हें भौतिक संसार में लोगों से अर्थपूर्ण उद्देश्य के लिए मिलने को समय नहीं मिल पाएगा, जो चिंता हटाने और उत्साह भरने के लिए अत्यंत आवश्यक है।

स्मार्टफोन का व्यसन प्रत्येक के जीवन में नकारात्मक प्रभाव डाल सकता है।

एकांत को बढ़ाता है : आपके पास सोशल मीडिया संपर्क सूत्र पर सैकड़ों यूजर आई.डी. हो सकती हैं, जिनको आप अपने मित्र होने का विश्वास करते हो, किंतु दिन के अंत में आप शारीरिक रूप से अकेले हो। आपको ऐसा लग सकता है कि ऑनलाइन होना आपकी तन्हाई, अवसाद, निराशा व उदासी जैसी नकारात्मक भावनाओं से राहत दिलाता है, किंतु यह आपका मिथ्या विश्वास है। वास्तव में, यह आपको और अधिक खराब स्थिति में रख देगा।

तनाव व चिंता में बढ़ोतरी : पहले ऑफिस कार्य समय व वैयक्तिकता में एक स्पष्ट विभाजन रेखा हुआ करती थी, परंतु वर्तमान में स्मार्टफोन के आने से वह रेखा लुप्त हो गई है और अब हम कार्य के लिए सदैव उपलब्ध रहते हैं। अब ऑनलाइन कार्य हमारे घर व व्यक्तिगत जीवन में भी प्रवेश कर गया है। अब आप सदैव कार्यरत होने के दबाव में रहते हैं और कभी भी कार्य के दबाव से मुक्त नहीं होते और इसलिए लगातार इ-मेल्स को चेक करने व उनका उत्तर देने की आवश्यकता ने आपके तनाव के स्तर को और ऊपर उठा दिया है और आपकी थकान व चिंता को भी बढ़ा दिया है।

एकाग्रता की कमी : आपके स्मार्टफोन पर लगातार आनेवाले संदेश व जानकारी आपके मस्तिष्क को आवेशित (ओवरलोड) कर सकती है। इतनी अधिक जानकारी आपको किसी एक विषय पर एकाग्रता (कुछ मिनट से अधिक) नहीं बनाने देगी और आप एक विषय से दूसरे विषय पर जाने को विवश होंगे।

ध्यान भंग : आपके स्मार्टफोन पर लगातार आनेवाली रिंग्स, बज, पिंग या बीप आवश्यक विषयों से आपका ध्यान भटका सकती हैं। यह उन शांत क्षणों में आपको क्षुब्ध कर सकती हैं, जो रचनात्मक गतिविधि व समस्या-समाधान ढूँढ़ने के लिए आवश्यक होते हैं।

नींद में बाधा : स्मार्टफोन का अत्यधिक प्रयोग आपकी नींद में भी बाधा उत्पन्न कर सकता है, जो आपके कुल मानसिक स्वास्थ्य पर गंभीर दुष्प्रभाव डाल सकती है। यह आपकी स्मृति और स्पष्ट सोचने की शक्ति को भी प्रभावित कर सकती है।

स्मार्टफोन के व्यसन के संकेत व लक्षण के विषय में जानकर आप अपने और अपने बच्चों के ऑनलाइन व ऑफलाइन जीवन को बेहतर बना सकते हैं। इन चेतावनी संकेतों को जानकर आप इन आदतों से छुटकारा पाने के रास्ते निकाल सकते हैं।

स्मार्टफोन के व्यसन के संकेत व लक्षण

आप अपने फोन पर बहुत समय व्यतीत कर रहे हैं। यह आपके लिए एक गंभीरता का रूप ले लेती है, जब आपका अधिकतर समय इस कार्य में लग जाता है और आपके सांसारिक संबंध आपके कार्य, स्कूल, शौक और जीवन की अन्य महत्त्वपूर्ण बातें उपेक्षित रह जाती हैं।

- आप अपने स्कूल व गृह कार्य को पूर्ण करने में मुश्किल का सामना करते हैं। क्या आपके कपड़े धोने के लिए इकट्ठा हो रहे हैं? आपका कमरा अव्यवस्थित रहता है और आपके डिनर के लिए भोजन भी उपलब्ध नहीं है, क्योंकि आप ऑनलाइन चैटिंग, टेक्सटिंग या वीडियो गेम खेलने में व्यस्त रहते हैं। शायद आप देर तक कार्य करते हैं। अकसर इस कारण ही आप अपना कार्य समय से पूरा नहीं कर पाते।
- **मित्रों व परिवार से अलग अकेले में रहना :** क्या आपका सामाजिक जीवन इस कारण बुरी तरह प्रभावित हो रहा है, क्योंकि आपका सारा समय फोन या अन्य डिवाइसिस पर व्यतीत हो रहा है। यदि आप मीटिंग में हैं या मित्रों से बात कर रहे हैं तो आपको ध्यान नहीं रहता कि किस मामले में क्या कहा जा रहा है, क्योंकि आप अपने फोन पर संदेश अथवा अपडेट्स चैक कर रहे होते हैं। आपके मित्र और परिवार वाले भी आपकी इस बात के लिए चिंता व्यक्त कर सकते हैं कि आप अपना अधिकांश समय अपने फोन पर व्यतीत करते हैं।
- **अपने स्मार्टफोन के प्रयोग को गुप्त रखना :** आप अपने स्मार्टफोन का प्रयोग एक अकेले स्थान पर करते हैं और इसका प्रयोग छिपाकर करते हैं। आप अपने फोन पर बिताए गए समय के विषय में अपने बॉस व परिवार से झूठ बोलते हैं। यदि आपको फोन के प्रयोग में कोई हस्तक्षेप करे तो आप चिढ़ जाते हैं और उग्र हो जाते हैं, खासतौर से जब नेटवर्क उपलब्ध न हो अथवा बैटरी डाउन होती जा रही हो।
- **किसी महत्त्वपूर्ण बात को भूल जाने का डर :** आपको हमेशा यह डर

बना रहता है कि कोई महत्त्वपूर्ण बात छूट न जाए। आपको सोशल मीडिया पर संदेशों को चेक करने की आवश्यकता अनुभव होती है, क्योंकि आप इस बात से चिंतित रहते हैं कि दूसरे लोगों का समय आपसे अच्छा व्यतीत हो रहा है और वे आपसे अधिक धन कमा रहे हैं तथा वे आपसे अधिक आनंददायक और उत्साहजनक जीवन व्यतीत कर रहे हैं। आप अपना फोन चेक करने के लिए रात में भी उठ सकते हैं।

यदि आपका स्मार्टफोन घर पर रह गया है या आपकी बैटरी डाउन हो गई है या आपके मोबाइल का संचालन सिस्टम बंद हो गया है तो आपको चिंता व अचानक डर परेशान करता है और आपको एक काल्पनिक कंपन अनुभव होता है, किंतु जब आप अपना फोन चेक करते हैं तो कोई नया संदेश अपडेट्स नहीं है।

□

4

डिजिटल पेरेंटिंग की कार्यनीति

बच्चों की अभिभावकों द्वारा डिजिटल शिक्षा

एक अभिभावक के रूप में आपको अपने बच्चों की ऑनलाइन व डिजिटल जिंदगी के साथ-साथ चलने के लिए संघर्ष करना पड़ सकता है। आपको यह देखकर आश्चर्य हो सकता है कि आपका बच्चा सीखने, खेलने और एक-दूसरे के साथ संवाद करने तथा अपनी संदेश के विषयवस्तु की स्वयं रचना कर इंटरनेट पर अपलोड भी करने का अवसर रखता है, आपको यह भी ध्यान रखना चाहिए कि ऑनलाइन रहकर वह अपने को सुरक्षित कैसे रख सकता है ? यदि इस विषय में आप चिंतित नहीं हैं तो समय है कि आप सावधान हो जाएँ और सोचना प्रारंभ कर दें। जैसा कि पहले कहा जा चुका है, अपने बच्चे को सुरक्षित रखने के लिए आपको उन्हें सिखाने की, सलाह देने की आवश्यकता है और उन्हें उन खतरों के विषय में जागरूक करना है, जो वे इंटरनेट की दुनिया में अपने ऑनलाइन के कारण झेल सकते हैं। ऐसा करने की स्थिति में आने के लिए आपको चाहिए कि आप भी नवीनतम (लेटेस्ट) टेक्नोलॉजी का ज्ञान प्राप्त करें। पूर्ण रूप से जानने की कोशिश करें कि टेक्नोलॉजी किस प्रकार हमारी जिंदगी को बदल रही है, यदि आपका बच्चा कुछ नया सीख रहा है तो आपको उसके बारे में भी जानना चाहिए।

कुछ सुझाव हैं, जो प्रत्येक अभिभावक को अपने बच्चों को सुरक्षित रखने में मदद मिलेगी, किंतु बच्चों को सिखाने के लिए अभिभावकों को उन खतरों को पहचानना चाहिए।

	डिजिटल शिक्षा में उठाए जानेवाले कदम	
1.	अभिभावकों को डिजिटल होना होगा।	अपने बच्चों द्वारा प्रयोग की जानेवाली टेक्नोलॉजी का ज्ञान प्राप्त करें।
2.	बच्चों को ऑनलाइन सुरक्षित रखें।	बच्चों को उन खतरों की जानकारी दें। जब बच्चे ऑनलाइन हों, उन पर ध्यान रखें। इंटरनेट के प्रयोग की सीमा तय करें। बच्चे को प्राइवेसी सेटिंग करना सिखाएँ। अपने बच्चे पर विश्वास करें।
3.	अभिभावकीय नियंत्रण	अपने बच्चे पर निगरानी रखें और उनके ऑनलाइन व्यवहार व उनकी सुरक्षा का ध्यान रखें।
4.	चेतावनी लक्षणों की तलाश करें।	अपने बच्चे में खतरे व जोखिम के लक्षणों व संकेतों के प्रति सावधान रहें।
5.	उपचार के उपाय	यदि बच्चा पीड़ित हो गया है तो निम्न उपाय करें— बच्चे से बात करें। पूरा विवरण पूछें। पूर्ण सहारा व समर्थन दें। सबूत इकट्ठा करें। सुरक्षा बलों को सूचना दें। फॉलो-अप। कारवाई करें।

चित्र : कारवाई के चरण के लिए डिजिटल शिक्षा

चरण-1 **अभिभावकों को डिजिटल होना होगा :** डिजिटल पेरेंटिंग (परवरिश) का अर्थ आधुनिक दुनिया के सभी पहलुओं से अपने को अपडेट रखना है, जैसे—टेक्स्ट मैसेजिंग, इंसटेंट मैसेजिंग (आई.एम.), ट्वीट्स, व्हाट्स-ऐप, फेसबुक, स्टेटस अपडेट्स और इस प्रकार के परंपरागत संदेश आदान-प्रदान से हटकर बच्चों की अंतरंग बातें, अपने बच्चों से लेटेस्ट टेक्नोलॉजी के माध्यम से वार्त्तालाप करें। आज के बच्चे डिजिटल संसार में रह रहे हैं और उनकी पहली भाषा भी डिजिटल है जबकि यह सब कुछ डिजिटल पीढ़ी के विषय में हैं। हम अभिभावक डिजिटल दुनिया में बाहर से प्रवेश कर रहे हैं, जो अभी केवल सीखने की प्रक्रिया में हैं। हमारे लिए डिजिटल हमारी दूसरी

भाषा है। यह पीढ़ी का अंतर, जो हम अभिभावक डिजिटल परवरिश के माध्यम से दूर कर सकते हैं। इसकी कुंजी है कि हम अपने बच्चों का पीछा करने व उनकी जिंदगी में दखल दिए बिना उनमें विभिन्न संभावनाओं को तलाशें। उदाहरणार्थ, आप अपने बच्चे की निगरानी टैक सैवी युक्तियों तथा एप्लीकेशंस, जो उनके स्मार्टफोन, टैब्स, कंप्यूटर्स या टेबलेट पर भरी हुई हैं, के द्वारा कर सकते हैं। एक डिजिटल अभिभावक बनें, अपने आप को शिक्षित करें और अपने बच्चे को टेक्नोलॉजी का सर्वोत्तम प्रयोग बताएँ।

डिजिटल परवरिश का अर्थ है—साइबर सुरक्षा और बच्चे को साइबर के दुरुपयोग से बचाना। इसका अर्थ है कि आप अपने बच्चे की डिजिटल दुनिया में सदैव उपस्थित रहें और सुनिश्चित करें कि बच्चा डिजिटल दुनिया के खतरों व जोखिमों के प्रति सचेत रहे और उनका शिकार न बने।

चरण-2 **बच्चे को सुरक्षित रखने की सावधानी :** अभी तक अभिभावक इंटरनेट की दुनिया के खतरों व चुनौतियों से परिचित हो गए होंगे और यह कि उन्हें क्या-क्या सावधानियाँ बरतनी हैं? सुनिश्चित करें कि आपको नवीनतम टेक्नोलॉजी का प्रयोग आता है। वास्तव में, यह एक अच्छा विचार होगा कि आप अपने बच्चे से लैपटॉप, आईपैड और इस प्रकार के अन्य गजैट्स सिखाने को कहें। इसमें बच्चा अपना महत्त्व समझेगा और सीखेगा कि दुनिया में किस प्रकार चीजें चल रही हैं?

अभिभावकों को कुछ चरणों का सख्ती से पालन करना है

- **बच्चे को ऑनलाइन खतरों से सावधान करें :** बच्चे को सुरक्षित रखने के सबसे उत्तम उपायों में से एक है कि उन्हें सूचित करें कि इंटरनेट व सोशल मीडिया पर कुछ गतिविधियों के क्या-क्या नकारात्मक परिणाम हो सकते हैं? उन्हें उन वास्तविक घटनाओं के विषय में बताया जाए, जिनमें उनकी आयु के बच्चे फँस गए। बच्चों को उन सभी खतरों के विषय में सोचने और कल्पना करने को कहा जाना चाहिए। उनसे पूछें कि उनको कैसा लगेगा, यदि इंटरनेट या सोशल मीडिया पर उनकी नंगी तसवीर प्रसारित की जाए?
- बच्चे जब ऑनलाइन हों, उन पर नजर रखें। सबसे बड़ी गलतियों में से एक यह है कि जब बच्चे टैकसैवी (प्रयोग) की दुनिया से अपने को दूर रखते हैं। यह सही है कि बच्चों को स्वतंत्रता दी जाए, परंतु आपको पता होना चाहिए कि बच्चा इंटरनेट पर क्या कर रहा/रही है? दुर्भाग्य से ऐसा नहीं हो रहा है। अधिक संख्या में अभिभावक बच्चों को बिना किसी पाबंदी या निगरानी के

साइबर बुलींग को रोकने या उसका उत्तर देने में अभिभावक एक महत्त्वपूर्ण भूमिका निभा सकते हैं। इंटरनेट के प्रयोग पर नजर रखना तथा अपने किशोरावस्था वाले बच्चों से संवाद बनाए रखना, एक महत्त्वपूर्ण रणनीति है। साइबर सुरक्षा में आवश्यकता है कि बच्चों के इंटरनेट व्यवहार पर नजर रखने व उनको स्वतंत्र रूप से अपनी सीमाएँ बनाए रखने की आजादी के बीच संतुलन बनाए रखा जाए।

इंटरनेट प्रयोग करने देते हैं। कहने की आवश्यकता नहीं, ऐसे बच्चे उन लोगों के आसानी से शिकार हो सकते हैं, जो उन्हें शिकार बनाने की योजना बना रहे होते हैं। अभिभावकों को यह बात ध्यान में रखनी चाहिए कि स्मार्टफोन सभी प्रकार से एक कंप्यूटर है, और इसका प्रयोग भी निगरानी में होना चाहिए।

- **प्रयोग करने का समय निर्धारित करें :** व्यक्तिगत कंप्यूटर को ड्रॉइंग रूम में रखना और बच्चों को उनके स्मार्टफोन्स को रात-दिन प्रयोग करने देना कोई बुद्धिमानी नहीं। हमेशा अच्छा है कि इंटरनेट के प्रयोग का समय निश्चित हो। परंतु यह विचार अपने बच्चों को उनकी भाषा में अच्छी प्रकार से बता दिया जाना चाहिए। स्पष्टतया आप उन्हें इस बात को महसूस नहीं होने देना चाहेंगे कि उनकी पहरेदारी हो रही है तथा उसके माता-पिता बॉस की तरह व्यवहार करते हैं, प्यार नहीं करते। प्रयोग करने देना व उन पर नियंत्रण न रखना अलग-अलग बातें हैं। स्क्रीन समय सीमित व निर्धारित होना चाहिए। यह बच्चे की आयु के आधार पर प्रतिदिन एक घंटा या आधा घंटा हो सकता है। वे इस समय को शुद्ध रूप से मनोरंजन उद्देश्य, जैसे गेम खेलना या सोशल नेटवर्किंग के लिए प्रयोग कर सकते हैं।
- **सच्चे व शुद्ध संवाद को प्रोत्साहित करें :** बच्चा ऑनलाइन क्या कर रहा है, अभिभावक पूरी तरह से नहीं जान सकते। वे अभिभावक भी, जो सख्ती से बच्चों पर नजर रखते हैं, अपने बच्चों से धोखा खा सकते हैं। उदाहरणार्थ बच्चे अपने मित्र के घर पर जब केवल कोई छोटा बच्चा ही बैठा हो, कंप्यूटर पर लॉग-इन कर सकते हैं। अत: यह आवश्यक है कि कम्युनिकेशन (संवाद) की एक ओपन लाइन स्थापित की जाए। स्वाभाविक रूप से बच्चे अपने अभिभावकों को यह बताना नहीं चाहेंगे कि उन्होंने नियम भंग किया था। फिर भी, यदि बच्चों को बुलींग (प्रताड़ना) का सामना करना पड़ा तो वे अपने माता-पिता को अवश्य बताना चाहेंगे, या अगर उनसे अपनी निर्वस्त्र तसवीर भेजने को कहा जाएगा तो वे उन्हें अवश्य बताना चाहेंगे। इसलिए बच्चे के लिए ऐसा खुला वातावरण बनाएँ कि वे आपसे अपनी समस्या बता सकें। यदि वे ईमानदारी से सच्चाई आपको बताते हैं तो उन्हें समझाएँ, उनके प्रश्नों का उत्तर दें और उनकी चिंताओं की ओर ध्यान दें। और जब आवश्यकता हो तो सुरक्षाबलों को इस ऑनलाइन घटना की जानकारी दें।
- **उनसे संवाद करें :** उन्हें बताएँ कि क्या अच्छा और क्या बुरा है और क्यों? बच्चों को अपनी सुरक्षा करना सिखाएँ। संभवतया यह सबसे अधिक

सुरक्षात्मक उपायों में से एक है। बच्चों को यह बताए जाने की आवश्यकता है कि बहुत सी साइट्स अच्छी हैं और बहुत सी बुरी। उन्हें अच्छी साइट्स को पहचानना और खराब साइट्स से बचना सिखाएँ। यदि बच्चे अचानक किसी गलत साइट्स को खोल लेते हैं, तो उन्हें तुरंत उसे छोड़ देना चाहिए।

- **13 वर्ष से कम आयु के बच्चों को सोशल मीडिया पर जाने को मना करें :** इसके पीछे कारण है कि छोटे बच्चों को यह अनुभूति नहीं कि वे फेसबुक जैसी सोशल मीडिया साइट्स पर अपना एकाउंट बनाएँ। तेरह वर्ष से कम आयु के बच्चे इस बात के लिए पर्याप्त रूप से परिपक्व नहीं होते कि वे सोशल मीडिया एकाउंट का उचित संचालन कर सकें। अपने बच्चों को इसके लिए प्रोत्साहित करें कि वे अपने मित्रों से संपर्क करने के लिए सुरक्षित उपाय अपनाएँ। ऐसे अभिभावक, जो सोचते हैं कि उनके बच्चों को सोशल मीडिया पर एकाउंट की आवश्यकता है, को समझना चाहिए कि उनके कम आयु के बच्चों द्वारा पोस्ट किए मैसेजेस के लिए वे कानूनी रूप से जवाबदेह हैं।
- **टेक्नोलॉजी का लाभ उसके बुद्धिमानी से किए गए प्रयोग में है :** आधुनिक टेक्नोलॉजी एक वरदान है। बच्चों को इसका महत्त्व सिखाएँ और उन्हें बताएँ कि इसके प्रयोग के द्वारा जीवन में कैसे बढ़ा जा सकता है। यह समझना आवश्यक है कि टेक्नोलॉजी एक साधन है और यह कोई खिलौना नहीं, जिससे खेला जाए।
- **बच्चों को सब्जबाग दिखाने वाले शब्दों से सावधान रहना सिखाएँ :** बच्चे के हृदय को जीतना आसान है। हम जानते हैं कि आपराधिक मानसिकता वाले लोग किस प्रकार से बच्चों से दोस्ती कर लेते हैं और अंततः उनका कई प्रकार से शोषण करते हैं। उन्हें सिखाएँ कि वे 'मित्र', 'प्रिय', 'बड्डी' आदि जैसे शब्दों से बेवकूफ न बनें। अपरिचित को अपरिचित ही रहने दें जब तक कि किसी विश्वासपात्र के द्वारा उसका आपसे परिचय न कराया जाए।
- **अनुशासन बनाए रखें और नियमों का पालन करें :** आवश्यक है कि शुरू से ही बच्चों के साथ खुला संवाद बनाए रखें। बच्चों को पता होना चाहिए कि अभिभावक उनसे एक निश्चित प्रकार के व्यवहार की अपेक्षा करते हैं और ऐसा न होने पर ऑनलाइन जाने की अनुमति वापस हो सकती है। इसमें ऑनलाइन प्रयोग होनेवाली भाषा व सामग्री, दोनों शामिल हैं। उन्हें साइबर बुलींग के खतरों से आगाह करें।

- **कंप्यूटर को माता-पिता के निकट रखें :** कंप्यूटर को रखने में सावधानी बरतें। पास में पैडिंग रखें। केंद्र में स्थित खुले में अपना होम सिस्टम लगाएँ। बच्चों को कमरा बंद करके कंप्यूटर प्रयोग न करने दें। किसी आपत्तिजनक सामग्री के प्रयोग करने की संभावना कम हो जाती है, जब कोई बड़ा व्यक्ति पास में हो। यदि कंप्यूटर किसी अन्य कमरे में हो तो उसमें आते-जाते रहें।
- **विश्वासपात्र बनें :** यह सबसे महत्त्वपूर्ण बिंदु है। पूरी सावधानी बरतने के बावजूद आपके बच्चे के उत्पीड़न या उसके शिकार होने की संभावना पूर्ण रूप से समाप्त नहीं होती। ऐसी अवस्था में आवश्यक है कि आपका बच्चा समस्या में आने पर आपके पास आने के लिए आश्वस्त हो। उसका पक्का विश्वास होना चाहिए कि उसके माता-पिता उसका साथ देंगे।

चरण-3 **माता-पिता के नियंत्रण का प्रयोग :** इंटरनेट फिल्टरिंग सॉफ्टवेयर के प्रयोग के द्वारा उन साइट्स को ब्लॉक किया जा सकता है, जिनका प्रयोग बच्चों के लिए उपयुक्त नहीं है। खोज करके ऐसे प्रोग्राम को इंस्टॉल करें, जो कंप्यूटर के ऑपरेटिंग सिस्टम से क्लैश न करे और फिल्टरिंग के उचित स्तर को उपलब्ध करा सके। ऐसे कुछ ऐप्लीकेशंस मोबाइल में इंस्टॉल करें, जो आपके अपने बच्चों की ऑनलाइन गतिविधियों की निगरानी रखने में सहायक हों। आप इसके द्वारा अपने बच्चे के द्वारा भेजे गए संदेश व इमेजिज के विषय में अलर्ट प्राप्त कर सकेंगे और जान सकेंगे कि वह कौन-कौन सी साइट्स विजिट कर रहा है? पेरेंटल नियंत्रण एप्लीकेशन द्वारा बच्चे की समस्त ऑनलाइन गतिविधियों पर नियंत्रण किया जा सकता है, जिसमें निम्नलिखित बिंदु शामिल हैं—

- निर्धारित समय के अनुसार कंप्यूटर के प्रयोग को सीमित करना।
- समय सीमा के अनुसार चैटिंग। इंसटेंट संदेश के आदान-प्रदान को सीमित व नियंत्रित करना।
- अश्लील, अवैध व भद्दी (वल्गर) व अन्य अनुपयुक्त वेबसाइट्स को स्वचालित तरीके से फिल्टर करना।
- अच्छी विश्वसनीय सूची, खराब व प्रतिबंधित (साइट्स की) सूची निर्माण करने की योग्यता।
- वेब पेजों पर अनुपयुक्त बैनर एड्स को ब्लॉक करना, जब भी कोई संदेहात्मक शब्द या शब्द-समूह किसी चैट में लिखा हो तो इ-मेल के द्वारा अधिसूचना स्वमेव उपलब्ध करना। (एक विस्तृत अध्याय जो केवल पेरेंटल नियंत्रण पर है, अलग से दिया है)

चरण-4 ऊपर के सभी कदम यह सुनिश्चित करने के लिए हैं कि आपका बच्चा मुसीबत में न पड़े। यद्यपि आप बच्चों के साथ सीधा संवाद स्थापित रखते हैं और अपने बच्चों को पूरा साथ व समर्थन प्रदान करते हैं, ताकि वे अपनी समस्या आपको बता सकें। फिर भी इस प्रकार के अवसर हैं कि वे आपको अपनी समस्या बताने में असहज अनुभव करें। हो सकता है कि वह अकेला ही सहन करता रहे। यदि वह आपको अपनी समस्या नहीं भी बताता हो, वह तनाव के लक्षण व संकेत देता रहता है। अभिभावक के रूप में आप अपने बच्चे की निगरानी बनाए रखें और यदि आप अपने बच्चे के व्यवहार में जरा भी बदलाव देखते हैं तो तुरंत इसमें सकारात्मक हस्तक्षेप करें।

चरण-5 **उपचारात्मक उपाय :** आपको यह पहचान कर लेने के पश्चात् कि आपका बच्चा साइबर बुलींग का शिकार हो गया है, बहुत आवश्यक हो जाता है कि आप संभावित उपचारात्मक उपाय करें। यकीन कीजिए, आपके बच्चे के साइबर बुलींग के कारण उत्पन्न आधी निराशा व तनाव आपके उससे बात करते ही समाप्त हो जाएगा। दोषी आपके बच्चे का तभी तक उत्पीड़न कर सकता है, जब तक किसी को पता न चले। इसलिए आवश्यक है कि समस्या को पहचाना जाए और उसका विवरण प्राप्त किया जाए।

बच्चे की समस्या के हल के लिए निम्नलिखित बिंदुओं को ध्यान में रखें—

- **बच्चे से बात करें :** बच्चे से सहजता से बात करें और पूर्ण विवरण प्राप्त करें। जितने अधिक विवरण आप इकट्ठा कर पाएँगे, उतना ही अधिक आपके लिए यह आसान होगा कि आप अपने बच्चे की समस्या का सामना करने के लिए उसे बता सकें। जितना संभव हो सके, बच्चे के साथ रहें।
- **सहारा व समर्थन दें :** सबसे उत्तम बात जो आप कर सकते हैं, वह है कि आप अपने बच्चे को जिसकी साइबर बुलींग हो रही है, पूरा साथ दें। कुछ अभिभावक अपने बच्चे को तुरंत दोष देने लगते हैं कि उसने ऐसा कुछ किया कि उसे साइबर बुलींग का शिकार बनना पड़ रहा है, परंतु अधिकतर पीड़ित गलती पर नहीं होते। महत्त्वपूर्ण यह है कि अभिभावकों को पता लगाना चाहिए कि क्या बच्चे ने ऐसा कुछ किया है कि वह ऐसे व्यवहार का अधिकारी है। बच्चे को आपका साथ और सहयोग उसे बुलींग से लड़ने की शक्ति प्रदान करेगा और वह विजयी होकर उभरेगा।
- **प्रमाण इकट्ठा करें और रिपोर्ट करें :** साइबर बुलींग के प्रमाण इकट्ठा

करें। अनुचित व अपमानजनक संदेशों को या संबंधित वेब पेज के स्क्रीनशॉट को सुरक्षित रखें और उसे उपयुक्त अधिकारी के सामने रखें। यदि आप इसकी सूचना उपयुक्त अधिकारी को नहीं देंगे तो साइबर बुलींग बढ़ती जाएगी। हानि करने की धमकी व अनुचित संदेश की सूचना स्थानीय पुलिस की साइबर सेल को दें। कई मामलों में अपराध की गंभीरता को देखते हुए साइबर बुलींग करनेवाले पर अभियोग योजित कर मुकदमा चलाया जा सकता है।

- **आगे की काररवाई करें :** कभी न सोचें कि समस्या समाप्त हो गई है, केवल इसलिए कि आपने अपने बच्चे की सुनी और उसे समस्या का सामना करने के लिए सहायता कर दी। कुछ मामलों में बुलींग जारी रहती है, चाहे आपने बच्चों को समस्या का सामना करना सिखा दिया हो। इसलिए कम-से-कम दो सप्ताह तक सावधान रहना चाहिए और बच्चे से पूछते रहना चाहिए कि उस मामले में कैसा चल रहा है। यदि आपने समस्या की सूचना स्कूल या वेबसाइट प्रशासन को दे दी है, उस पर भी फॉलो-अप एक्शन लें और देखें कि आगे क्या काररवाई हो रही है? हो सकता है कि वे यह न बता सकें कि क्या काररवाई हो चुकी है, परंतु वे आपकी चिंता को समाप्त कर सकते हैं कि समस्या सफलतापूर्वक हल कर दी गई है।

मनौवैज्ञानिक मुद्‍दे

यदि आप अपने बच्चे को उनकी छोटी-से-छोटी गलती के लिए डाँटेंगे तो वे अपनी लड़ाई स्वयं ही लड़ना चाहेंगे, चाहे समस्या कितनी भी गंभीर क्यों न हो। अपने बच्चों को यह बताएँ कि यदि ऑनलाइन कोई खतरा उत्पन्न होता है या गलती से कोई खराब सामग्री डाउनलोड कर ली है या उन्होंने अपनी कोई अश्लील इमेज भी ऑनलाइन भेज दी है तो वह आपके पास आएँ।

अभिभावकों को समझना चाहिए कि साइबर बुलींग के सबसे ज्यादा शिकार किशोर होते हैं। यदि सही समय पर इसका इलाज नहीं किया गया तो बच्चे को गंभीर मनोवैज्ञानिक क्षति हो सकती है।

हाल के वर्षों में हमारी सामाजिक व्यवस्था में कई परिवर्तन हुए हैं। संयुक्त परिवार का विचार अब लगभग एक स्मृति बनकर रह गई है। अब पति-पत्नी दोनों काम करते हैं और अब केवल एक बच्चे का ही नियम है। चूँकि दोनों अभिभावक (माता-पिता) काम करनेवाले हैं, इसलिए अपने काम में व्यस्त रहने के कारण वे अपने बच्चों पर पर्याप्त ध्यान नहीं दे पाते और ऐसी संभावना बराबर रहती है कि बच्चों का ध्यान भटक जाए।

इससे अधिक कुछ महत्त्वपूर्ण नहीं कि आप बच्चों के जन्म के बाद उनके लिए शुरू से ही स्वयं को एक उदाहरण के रूप में प्रस्तुत करें। बच्चे अपने आस-पास के वयस्क लोगों से आदतें और व्यवहार सीखते हैं।

आजकल के बच्चों में भावनात्मक संतुलन का संकट है। उनका भावनात्मक स्थायित्व अपने पूर्वजों की अपेक्षा कमजोर है। जब उनके माता-पिता उन्हें स्वीकार नहीं करते और न ही उन्हें समझते हैं, वे भावनात्मक सहारा ढूँढ़ते हैं। इंटरनेट का काल्पनिक संसार उनके लिए स्वर्ग बन जाता है। वे अपने वेब दुनिया के मित्रों से अधिकाधिक लाइक्स व कमेंट्स प्राप्त करना चाहते हैं। इस प्रकार वे अपना भावनात्मक शून्य भरते हैं, जो उनके माता-पिता की उपेक्षा से उपजा है।

अभिभावक अपने बच्चों के उनके अपनी ओर ध्यानाकर्षण करने के संकेतों को समझने में अकसर चूक करते हैं, तो बच्चे परिवार से बाहर ध्यानाकर्षण करते हैं। ऐसे भी बच्चे होते हैं, जो अपने अभिभावकों की आई.डी. को ब्लॉक कर देते हैं, ताकि वे उनकी ऑनलाइन गतिविधियों पर नजर न रख सकें। इसके कारण को अच्छी प्रकार से जानने की आवश्यकता है।

डॉ. सी.जे. जॉन (हैड ऑफ साइकेट्री, मेडिकल ट्रस्ट हॉस्पिटल, कोच्चि) का कहना है—

अभिभावक अकसर ज्यादा ही सुरक्षात्मक होते हैं। यह अनुभव करने के बाद भी कि उनका बच्चा एक साइबर बुली है, वे उसका बचाव करते हैं, और जब पीड़ित के अभिभावक आमना-सामना करते हैं, तब भी वे इस बात को स्वीकार नहीं करते। अधिकतर अभिभावक इसी श्रेणी में आते हैं। ऐसा करके वे अपने बच्चे के चरित्र निर्माण में क्षति पहुँचाते हैं। यदि एक बार आप उन्हें सुधरने का अवसर देते हैं तो वे अधिकतर मामलों में अपनी गलतियों को मानकर सुधारते हैं।

हम सदैव ही बच्चों को उनके इंटरनेट व स्मार्टफोन के व्यसन के लिए उनको ही दोष नहीं दे सकते। हमें ऐसे कई अभिभावक मिलते हैं, जो अपने बच्चों को व्यस्त रखने के लिए दो-दो, तीन-तीन फोन देकर रखते हैं। बच्चों के अंदर एक जन्मजात उत्सुकता होती है, और अन्य किसी स्वस्थ कार्य की अनुपस्थिति में या शारीरिक गतिविधि के न होने पर ये डिजिटल प्रेमी आधुनिक डिवाइसेज के व्यसन में पड़ जाते हैं। और अभिभावकों को पता तब लगता है, जब उनके बच्चे पूरी तरह से इंटरनेट के व्यसन में पड़ चुके होते हैं।

घर पर ध्यान के अभाव में बच्चे, विशेषकर लड़कियाँ साइबर ग्रूमिंग का शिकार हो जाती हैं।

आजकल अधिकतर बच्चे अपना स्कूल अथवा गृह कार्य करने के लिए इंटरनेट पर निर्भर हैं। जब वे आँकड़े इकट्ठा करने के लिए इंटरनेट पर निर्भर होते हैं, तो आप उन्हें वास्तविक संसार के साथ संबंध रखने से अलग रख रहे हैं। उदाहरणार्थ, अध्यापक यदि बच्चों को गाय पर कुछ वाक्य लिखने को कहते हैं तो वे अपने जानवरों के तबेले में

इस प्रकार के जानवर को देखने नहीं जाते, न ही वे अपने बड़ों से इसके बारे में पूछते हैं, बल्कि वे केवल गूगल पर जाकर उससे प्रिंट आउट निकाल लेते हैं। इससे उनकी सीखने की क्षमता कम होती है। फिर इंटरनेट ने नकल करने व विचार चुराने की संभावना बढ़ा दी है। बच्चों को यह आसान लगता है कि वे अपने स्कूल के एसाइनमेंट के लिए सामग्री इंटरनेट पर खोजते हैं और उसे अपना बनाकर प्रस्तुत कर देते हैं।

□

5

सोशल नेटवर्किंग साइट्स को समझना : एक अध्ययन

"एक रात मुझे मेरी पड़ोसन की कॉल आई। उसने मुझे बताया कि मैं फेसबुक खोलूँ, क्योंकि मेरी 15 वर्ष की बेटी के पेज पर एक कामोत्तेजक वीडियो प्रदर्शित हो रहा है। मुझे बड़ा धक्का लगा। मैंने लॉग ऑन किया और मुझे उसके पेज पर एक कामोत्तेजक वीडियो मिला। इस पर थम्स-अप का लाइक भी था, अर्थात् उसने उसे लाइक भी किया था। परेशान और असमंजस में पड़े मैंने अपनी बेटी की ओर रुख किया। मैंने पूछा, 'क्या तुमने यह पोस्ट की है?' बेटी ने रोते हुए कहा, 'नहीं मॉम, मैं ऐसा कभी नहीं करती।' उसका फेसबुक पेज हैक हो गया था।"

आपको लगता होगा ऐसा बहुत विरले ही घटित होता है और आपके बच्चे के साथ ऐसा कभी नहीं हो सकता, परंतु सच्चाई यह है कि इस प्रकार की घटनाएँ बहुत आम और ऐसी बड़ी संभावनाएँ हैं जो किसी भी बच्चे के साथ हो सकती हैं, चाहे वह सोशल नेटवर्किंग साइट्स प्रयोग कर रहा हो या नहीं। इसमें आश्चर्य नहीं कि कुछ अभिभावक जानते ही नहीं कि फेसबुक और सोशल नेटवर्किंग साइट्स क्या होती हैं, इसलिए इसका प्रश्न ही नहीं उठता कि उन्हें इनकी कमियों का पता हो।

आज अपने बच्चों को सुरक्षित रखने के लिए आवश्यक है कि हमको डिजिटल दुनिया के फायदों व नुकसानों की जानकारी होनी चाहिए। जब हम किसी नई तकनीक का प्रयोग करना प्रारंभ करते हैं, यह स्वाभाविक प्रवृत्ति है कि सबसे पहले हम उसके मनोरंजनात्मक पक्ष की ओर आकर्षित होते हैं। उदाहरणार्थ, जब हम कंप्यूटर का प्रयोग शुरू करते हैं, हमारा रुझान उस पर गेम खेलने, वीडियो देखने, गीत सुनने आदि पर काफी समय व्यतीत करने की ओर होता है। धीरे-धीरे हम मनोरंजन भाग पर कम समय व्यतीत

करना प्रारंभ करते हैं और उसके उत्पादकों के विभाग की ओर चलते हैं। इसी प्रकार सोशल नेटवर्किंग साइट्स के मामले में होता है। इसमें समय लगता है कि हम सोशल साइट्स के उज्ज्वल पहलू का लाभ उठाना प्रारंभ करें। प्रारंभ में इसका प्रयोग केवल संपर्क बनाने, चैटिंग करने, स्टेटस अपडेट करने तथा फोटो साझा करने में होता है।

अभिभावक होने के नाते हमारी बड़ी चिंता यह होनी चाहिए कि हम बच्चों के उस समय को घटाएँ, जो वे सोशल नेटवर्किंग साइट्स के मनोरंजन पहलू से हटकर उसके लाभकारी, सकारात्मक व उत्पादक पहलू की ओर आएँ। जब तक वे उसके पहले चरण से ही चिपके रहेंगे तो इस बात की संभावना अधिक है कि वे गलती करें और शोषण का शिकार बन जाए। कारण, अभिभावक तकनीक के विषय में नए हैं और उन्हें इसके उत्तम प्रयोग के विषय में जानकारी ही नहीं और न ही वे ये जानते हैं कि इसमें क्या करना चाहिए और क्या नहीं? यह परिवर्तन संक्रमण समय बहुत नाजुक व महत्त्वपूर्ण है। आपके बच्चों को निरंतर मार्गदर्शन व जागरूकता की आवश्यकता होगी कि वे सुरक्षित बने रहें। अतः यह अति महत्त्वपूर्ण है कि अभिभावक अपने को सोशल नेटवर्किंग साइट्स के विषय में अच्छी प्रकार शिक्षित करें।

आओ, हम सोशल नेटवर्किंग साइट्स के विषय में जानें कि वे क्या हैं, कैसे और क्यों बच्चे इनकी ओर आकर्षित होते हैं, और वे क्या अनेक चरण हैं, जो उनको खतरों की ओर ले जाते हैं? नमूने के रूप में, एक किशोरावस्था के बच्चे का, जो सोशल नेटवर्किंग साइट्स का प्रयोग करता था, परीक्षण किया गया और उसके अंतरों को अनुक्रम (सीक्वेंस) में रखा गया। यह इस बात को समझने के लिए सहायक होगा कि बच्चे एक चरण से दूसरे चरण पर कैसे आते हैं? प्रकरण के कुछ उत्तर पीड़ित बच्चे से केरल की साइबर पुलिस द्वारा, जो इसकी विवेचना कर रही थी, लिये गए।

1. सोशल नेटवर्किंग साइट्स (एस.एन.एस.) तथा ऐप

सोशल नेटवर्किंग साइट्स ऑनलाइन एक प्लेटफॉर्म होती है, जिस पर कोई अपना सार्वजनिक प्रोफाइल बनाकर वेबसाइट के अन्य प्रयोगकर्ताओं से संदेश आदि का आदान-प्रदान करता है। वे आमतौर पर उन लोगों की सूची रखते हैं, जिनके साथ नया यूजर जुड़ सकता है। यह व्यक्ति के ऊपर निर्भर है कि वह किसकी दोस्ती या संबंध स्वीकार करता है या अस्वीकार? एक नया यूजर नेटवर्क पर संपर्क खोज सकता है और यदि वह चाहे तो और अधिक दोस्त अपनी सूची में जोड़ सकता है। जिन लोगों से व्यक्ति जुड़ता है, वे उसके पारिवारिक सदस्य्, मित्र, व्यावसायिक समूह या ऐसे समूह जो पसंद, नापसंद व रुचि आदि के आधार पर हो सकते हैं। यू-ट्यूब, ट्विटर, इंस्टाग्राम, वी चैट, स्नैपचैट तथा व्हाट्स-ऐप कुछ लोकप्रिय सोशल नेटवर्किंग साइट्स हैं, परंतु 200 से अधिक भिन्न

ऐप्लीकेशंस हैं, जो कुछ विशिष्ट रूप से सोशल नेटवर्किंग के लिए प्लेटफॉर्म उपलब्ध कराते हैं। यदि अभिभावक समझ लें कि कुछ एस.एन.एस. नए मीडिया किशोरावस्था वाले बच्चों के लिए रखते हैं, यह उनके लिए सहायक हो सकता है तो अभिभावक के रूप में आप एक या दो एस.एन.एस. के बारे में जान सकते हैं, परंतु नए ऐप जिनमें टेक्स्ट, आवाज तथा वीडियो चैट की सुविधा उपलब्ध हों, बाजार में उपलब्ध हैं।

2. यह कैसे प्रारंभ होता है और किशोर इनका प्रयोग क्यों करते हैं?

तिरुवनंतपुरम् के एक विद्यार्थी ने कहा, "मैंने फेसबुक का प्रयोग इसलिए प्रारंभ किया, क्योंकि मेरे बहुत से सहपाठी अपना प्रोफाइल रखते थे। मुझे लगा कि मेरे पास किसी चीज की कमी है। अब ठीक है, जब मैं लगभग प्रतिदिन के आधार पर संदेश पोस्ट व साझा कर सकता हूँ और उनसे बात कर सकता हूँ।"

किशोर एस.एन.एस. को इसलिए भी ज्वाइन करते हैं, क्योंकि उनके बहुत से मित्र सोशल नेटवर्किंग साइट्स पर अपना प्रोफाइल बनाए होते हैं। यदि उनका अपना फेसबुक प्रोफाइल न हो तो वे अपने में कुछ कमी का अनुभव करते हैं। सोशल नेटवर्किंग साइट्स (एस.एन.एस.) बच्चों को नए मित्र बनाने व वर्तमान मित्रों के साथ मित्रता प्रगाढ़ करने में सहायक होती हैं। वे अपनी प्रोफाइल बनाते हैं और अपनी फोटो व वीडियो पोस्ट करते हैं। जैसे ही वे उनके फोटो और वीडियो को लाइक्स व कमेंट्स मिलने शुरू होते हैं; वे अधिकाधिक इस प्रकार की सामग्री साझा करते हैं। अपनी फोटो व अपने विषय में व्यक्तिगत विवरण साझा करना चिंता का विषय है। इस प्रक्रिया में किशोर वर्चुअल दुनिया में अधिक डूब जाते हैं। अगर उन्हें पर्याप्त संख्या में लाइक्स या कमेंट्स नहीं मिलते तो उन्हें बुरा लगता है और बच्चे फिर इस चरण में प्रवेश कर जाते हैं, जहाँ पर वे अपने इंटरनेट की दुनिया के मित्रों व साथी समूहों से मान्यता प्राप्त करते हैं।

वास्तव में, किशोर अपनी सामाजिक मान्यता के लिए उत्सुक व इच्छुक रहते हैं। किशोर सोशल मीडिया के आने और उसके प्रति क्रेज के बहुत पहले से अपने साथियों के द्वारा आसानी से प्रभावित होते रहे हैं, किंतु सोशल मीडिया के बारे में जो भिन्न है, वह है कि इसके द्वारा ये लोग बहुत अधिक मात्रा में लाइक्स के रूप में एक ही साथ अपने साथियों से अनुमोदन व समर्थन प्राप्त कर सकते हैं। अपने फोटो पर तुरंत लाइक्स पाकर किशोरों के मन में एक प्रकार की खुशी उत्पन्न होती है और उन्हें इससे बहुत बड़ी प्रसन्नता मिलती है। ये लाइक्स बच्चों को उसके साकार पारितोषिक जैसे लगते हैं। इसलिए सोशल मीडिया अधिक सम्मोहक लगता है। अभिभावकों को समझना चाहिए कि सोशल मीडिया के इसी सम्मोहन के कारण बच्चे इस पर अपना अधिकाधिक समय व्यतीत करते हैं और इसके विषय में अति उत्साही होकर इसके व्यसन में पड़ जाते हैं।

बहुत से बच्चे यदि वे ऑनलाइन नहीं होते हैं तो बेचैन हो जाते हैं। एक अध्ययन से पता चला है कि सोशल मीडिया नेटवर्किंग ड्रग्स व शराब के बाद तीसरा सबसे बड़ा व्यसन बन गया है।

"मैं सोचती हूँ कि मैं सोशल नेटवर्क साइट से भावनात्मक रूप से जुड़ी हूँ, और मैं इसके अभाव में जीवन की कल्पना नहीं कर सकती।"—अनिता (15)

कुछ किशोरों को लगता है कि सोशल नेटवर्किंग साइट उन्हें एक ऐसा प्लेटफॉर्म उपलब्ध कराती है, जहाँ पर वे बिना किसी अवरोध अपनी भावनाएँ साझा कर सकते हैं। बच्चे ऑनलाइन अधिक स्वतंत्रता और सहजता से वह बोल सकते हैं, जो वे प्रत्यक्ष रूप से आमने-सामने नहीं बोल सकते। यह खतरनाक और जोखिम भरा हो सकता है, यदि नेटवर्क के दूसरी ओर बुरे इरादा रखता हो और यौन-उत्पीड़क या बुली हो।

उस संसार के विषय में विचार करो, जिसमें बच्चे आज बड़े हो रहे हैं। मनोरंजन इंडस्ट्री, स्पोर्ट्स और राजनीतिक क्षेत्रों के प्रसिद्ध लोगों का व्यक्तिगत जीवन बिल्कुल सार्वजनिक होता है।

एस.एन.एस. किशोरों को प्रसिद्ध लोगों को फॉलो करने व उनके साथ मित्रता स्थापित करने का अवसर प्रदान करती हैं, किंतु इंटरनेट की वर्चुअल दुनिया में यह भेद करना कठिन है कि कौन सी प्रोफाइल फर्जी है कौन सी असली, क्योंकि बहुत से अपराधी प्रसिद्ध लोगों की फर्जी प्रोफाइल बनाकर किशोर बच्चों को अपना निशाना बनाते हैं और अपना छिपा हुआ दूरगामी उद्देश्य-पूर्ति करते हैं। ऐसे अपराधी आपके बच्चे को भी निशाना बना सकते हैं।

"मुझे बेचैनी होने लगती है, यदि मैं ऑनलाइन न जाऊँ और यदि मैं अपने मित्रों से बात कर लूँ तो मैं उन्हें मिस नहीं करता।" —आनंद (14)

मित्रों का महत्त्व पहले बताया जा चुका है। आज के बच्चे इंटरनेट को एक ऐसे स्थान के रूप में लेते हैं, जैसे वे घर से बाहर किसी स्थान पर हों और सेलफोन पर बात करना मित्रता का एक महत्त्वपूर्ण अंग माना जाता है। इसके साथ आज के बच्चे, स्वयं प्रचारित पीढ़ी हैं और वे इंटरनेट के द्वारा अपना सोशल स्टेटस शीघ्रता से और कुशलतापूर्वक साझा कर सकते हैं। इंटरनेट का प्रयोग अपने परिचित मित्रों से संपर्क करने और ऑनलाइन नए मित्र बनाने के लिए एक स्वाभाविक रूप से अग्रेतर कदम है। यह संवाद स्थापित करने का एक नया साधन है।

"न्यूनतम आवाजाही के साथ, संदेश साझा करके मैं नए लोगों को जान सकती हूँ, जो बाहर घूमकर संभव नहीं है। बिना किसी बाधा के मैं कुछ भी साझा कर सकती हूँ। कुछ वर्ष पहले हम अजनबी थे, परंतु आज अंतरंग मित्र हैं।" —निवेदिता (15)

अधिकतर युवाओं के लिए एस.एन.एस. न्यूनतम कीमत में लोगों से संपर्क करने का उपलब्ध एक साधन है। एन.एन.एस. स्कूल, शहर व देश की सीमाओं से परे विचार साझा करने, भावनाएँ, फोटो, वीडियो साझा करने एवं अपने दिन-प्रतिदिन के जीवन के नवीनतम समाचार व अपडेट्स पोस्ट करने का मुख्य साधन है और सोशल नेटवर्किंग की इस स्टेज तक बच्चों को कुछ छिपाने की आवश्यकता नहीं होती है।

3. छिपाने की प्रवृत्ति का प्रारंभ

एक बार इसमें रुचि विकसित होने पर किशोर एस.एन.एस. पर अधिक समय व्यतीत करना प्रारंभ कर देते हैं। शीघ्र ही उनमें से कुछ ऐसी सामग्री खोजना और डाउनलोड करना प्रारंभ कर देते हैं, जो स्वस्थ नहीं है। ऐसा विश्वास किया जाता है कि बच्चों के सामने ऐसी सामग्री अचानक आ जाती है, परंतु अधिकतर समय यह जान-बूझकर होता है। अस्वस्थ वेबसाइट्स का प्रचार इस प्रकार से निर्मित (डिजाइंड) किया जाता है कि वह हमारी मामूली सी गलती से खुल जाती हैं। बच्चे ऐसी वेबसाइट्स को उत्सुकतावश खोलते हैं। ऐसी साइट्स इस प्रकार के संपर्क रखती हैं, जो बच्चों को अपेक्षित लोकेशन (स्थानों) पर आने को लुभाती हैं। अतः आवश्यक है कि ऐसे फिल्टर लगाए जाएँ, जिनके द्वारा अनापेक्षित (खराब) साइट्स स्वमेव ही ब्लॉक हो जाए।

> *"मैंने गलती से एक यौन-क्रिया की वीडियो डाउनलोड कर ली। यह बहुत विचलित करनेवाली थी। ऐसी वीडियो देखकर मैं बहुत डर गई / गया। एक बार मेरे मित्र ने मेरे मोबाइल पर एडल्ट (वयस्क) मूवी का लिंक भेज दिया।" —अनन्थू (15)*

धीरे-धीरे, बच्चे/किशोर अपनी मित्रता का दायरा और इंटरनेट के प्रयोग करने का समय बढ़ाना प्रारंभ कर देते हैं। वास्तव में, सोशल मीडिया ने बच्चों के उस समय का अधिग्रहण कर लिया है, जो वे पढ़ाई करने के पश्चात् आराम करने में लगाते थे। अब जब कभी भी उन्हें समय मिलता है, वे तुरंत ऑनलाइन हो जाते हैं।

बच्चे/किशोर एस.एन.एस. का प्रयोग अंतरंगता को और गहरा करने व एक-दूसरे को पारस्परिक भावनात्मक सहारा व समर्थन देने के लिए करते हैं। ये साइट्स बच्चों के लिए संबंध स्थापित करने के लिए एक प्लेटफॉर्म उपलब्ध कराती हैं, जो वास्तविक संसार में संभव नहीं। एस.एन.एस. विपरीत लिंग के साथ मित्रता विकसित करने का प्लेटफॉर्म भी उपलब्ध कराती हैं। यही वह क्षेत्र है, जो बच्चे/ किशोर अपने माता-पिता के साथ सहजता से साझा नहीं करते।

> *स्कूल में लंबा समय बिताने के पश्चात् मुझे मुश्किल से बाहर जाकर गेम खेलने का समय मिल पाता है। मैं वास्तव में फेसबुक पर रिलैक्स करता हूँ, जहाँ मैं जोक्स*

शेयर करता हूँ, संदेशों के जवाब देता हूँ और कुछ एडल्ट (गंदे) जोक्स साझा करता हूँ। वास्तव में ये फन है।" —एक लड़का (16)

एक बार किसी नए मित्र के साथ सहज हो जाने पर किशोर/किशोरी उसके साथ अपने जीवन का विवरण, और यहाँ तक कि अपने भावनात्मक उतार-चढ़ाव साझा करने लगता/ लगती है। माता-पिता को समझ लेना चाहिए कि यदि बच्चे को परिवार के अंदर सहारा, प्यार या ठीक से देखभाल नहीं मिलती है तो वह कुछ अजनबियों के निकट चला/ चली जाता/जाती है, जहाँ उसे भावनात्मक सहारा मिले।

ऑनलाइन अपराधी (शिकारी) अपने शिकार को निशाना बनाने के लिए सभी प्रकार की तरकीबें अपनाते हैं। वे उनके भावनात्मक शून्य को भरते हैं, उनके प्रति चिंता व देखभाल दरशाते हैं, उनकी छोटी-से-छोटी आवश्यकताओं का ध्यान रखते हैं। धीरे-धीरे चैट घंटों तक बढ़ जाती है और फिर यौन विषयों से संबंधित हो जाती है। वे यौनाचार की सामग्री भी साझा करना प्रारंभ कर देते हैं। कुछ मामलों में किशोरों के विषय में पता चला है कि वे यौन संबंधी चैट, वीडियो चैट में लिप्त हो जाते है और फिर वेबकैम पर नंगी तसवीरें भी शेयर करने लगते हैं। तकनीकी रूप से इसे 'सेक्सटिंग' या 'ग्रूमिंग' कहा जाता है। यही वह स्थिति है, जब बच्चों को यौन शोषण के लिए तैयार किया जाता है। किशोरों की इस आयु में उत्कंठा इस प्रकार के जोखिम लेने की ओर प्रेरित करती है और वे बिना इसके खतरों को पहचाने इसको अच्छा अनुभव करने लगते हैं। इस चरण पर अभिभावक बच्चे में खतरे व चेतावनी के लक्षण व संकेत देख सकते हैं। इस चरण पर सावधानी के कदम उठाने आवश्यक हैं, अन्यथा आपका बच्चा ऑनलाइन अपराध का शिकार हो जाएगा।

4. ऑनलाइन के परे मित्रता बढ़ाना

"मैं लड़कों के साथ चैट करती हूँ और कभी-कभी हम संबंधों पर बातें करते हैं। मुझे इस बात की चिंता रहती है कि कोई हमारी बातचीत को देख रहा है। मैं सोचती हूँ कि यह साइट मित्रता बनाने में सामाजिक सीमाओं को तोड़ती है (उनकी चिंता नहीं करती)।"

यह एक आम व्यवहार है। कोई, जो कुछ दिन पहले पूरी तरह से अजनबी था, सोशल नेटवर्किंग साइट पर एक अंतरंग मित्र बन गया है। वे अपने फोन नंबर व व्यक्तिगत विवरण साझा करते हैं। वे फोन पर वार्त्ता करते हैं और यहाँ तक कि प्रत्यक्ष रूप से मिलते भी हैं। यद्यपि लड़कियाँ व्यक्तिगत रूप से विपरीत लिंग के लोगों से मिलने को अनिच्छुक होती हैं तो वे उन लोगों से मिल लेती हैं, जो वास्तविक जीवन में बिल्कुल अजनबी होते हैं। यह आवश्यक नहीं कि ऑनलाइन एक खतरनाक व्यक्ति ही हो, लेकिन यह कैसे

सुनिश्चित हो सकता है कि वह एक अपराधी (शिकारी) नहीं है? इसलिए अपने बच्चों को समझाएँ कि अपने ऑनलाइन मित्रों से उनका मिलना खतरनाक है। यदि वे किसी से मिलने के इच्छुक हैं तो उन्हें अपने अभिभावकों या किसी विश्वसनीय वयस्क की उपस्थिति में मिलना चाहिए।

"मेरा एक मित्र है, जो मेरे लिये बहुत सहज व सुविधाजनक (विश्वसनीय) है। मैं उसे बहुत पसंद करती हूँ, परंतु समस्या है कि वह मुझसे दस वर्ष बड़ा है। कभी-कभी मैं देर रात तक उससे चैटिंग करती हूँ। हमने बिना चेहरे की कुछ नंगी तसवीर साझा कीं, जो सुरक्षा के कारणों से था। चैटिंग करना बहुत मजेदार था, परंतु बाद में मैं स्वयं को दोषी अनुभव करती हूँ।" —एक लड़की (15 वर्ष)

यही है जिसे सेक्सटिंग कहते हैं और यह अभिभावकों की कल्पना के बाहर है। एक फोन से दूसरे फोन पर टेक्स्ट मैसेज भेजने के अलावा कुछ अन्य तरीके भी हैं, जिससे एक किशोर/किशोरी यौनाचार की स्पष्ट सामग्री भी भेज सकता/सकती है। सेक्सटिंग के अन्य तरीकों में कंप्यूटर, वेबकैम या अन्य तकनीकों से फोटो व वीडियो आदि भेजना शामिल है। इसमें यौन संबंधी वॉइसमेल व अन्य न दिखनेवाले मैसेज छोड़ना शामिल है।

अभिभावकों को समझना चाहिए कि इस प्रकार के कृत्य बहुत खतरनाक हैं, क्योंकि इस प्रकार के फोटो, संदेश व इमेजिज आसानी से साझा किए जा सकते हैं और ये सदैव निजी नहीं रहते। कभी-कभी नया ऑनलाइन मित्र इतना विश्वसनीय और प्रेरक लगता है कि लड़कियाँ उनके साथ वेबकैम पर अश्लील वीडियो चैट में शामिल हो जाती हैं, नंगी तसवीरें साझा करती हैं और चैटिंग करने लगती हैं। एक बार इमेजिज साझा करने के बाद उन्हें वापस नहीं लिया जा सकता। हमें पता नहीं हो सकता कि खतरा किस रूप में आएगा? अभिभावकों को अपने बच्चों को सिखाना चाहिए कि वे नंगी तसवीरों की माँग को 'न' कहें और मुखर रहें।

सोशल मीडिया का प्रयोग अकसर पीड़ित की छवि खराब व कलंकित करने के लिए किया जाता है और यह आमतौर पर गंदी भाषा में नकारात्मक कमेंट्स और धमकियाँ भेजने के साथ प्रारंभ होता है। इसका प्रभाव किशोर पर अवसाद, निःसहायता व एकांत व्यवहार के रूप में प्रकट होता है।

"मैंने एक आदमी के साथ ऑनलाइन चैटिंग करना शुरू की। मैंने अपनी कुछ अर्द्धनग्न फोटोग्राफ उसके साथ साझा कीं और कुछ अवसरों पर हमने स्काइप पर यौन वीडियो चैट भी की। फिर उसने नियमित रूप से मुझे कॉल करनी शुरू की और मुझसे चैटिंग करने की प्रार्थना करना शुरू की। जब मैंने मना कर दिया तो उसने धमकी देना शुरू कर दिया कि वह मेरी वीडियोज व फोटोग्राफ को अपलोड कर देगा। चूँकि वह केरल से था, मैंने हिम्मत जुटाकर पुलिस में शिकायत दर्ज करा दी। आज तक मेरे

माता-पिता को इसकी जानकारी नहीं है। मैं बहुत तनाव में हूँ और डरी हुई हूँ। यदि मेरे माता-पिता को इसका पता चला तो मैं नहीं जानती कि मैं क्या करूँगी।" यह बात मुंबई की एक लड़की ने मुंबई पुलिस को बताई।

यह कहानी साइबर बुलींग का अपने प्रकार का एक प्रकरण है। केरल पुलिस ने सही समय पर इस प्रकरण पर काररवाई करके वह सभी आपत्तिजनक सामग्री उस व्यक्ति के मोबाइल से बरामद कर ली, किंतु हम यह विश्वास से नहीं कह सकते कि यह डर सदैव के लिए समाप्त हो गया है और कहा नहीं जा सकता कि वे इमेजिज कहाँ पर उभर आएँ और पीड़ित के लिए खतरा उत्पन्न कर दें। अभिभावकों को चाहिए कि वे बच्चों को समझाएँ कि वे सावधानी बरतें और उनमें आत्मविश्वास भरें कि यदि कोई उनको धमकी मिलती है तो तुरंत उन्हें सूचित करें।

ऐसे कई उदाहरण उपलब्ध हैं, जिनमें किशोरावस्था के बच्चों को यौन क्रिया के लिए पूर्ण रूप से तैयार किया जा चुका है। ऑनलाइन मित्रों से चैटिंग बच्चों को इतना उत्सुक व आश्वस्त कर देता है कि वे उस गतिविधि को वास्तविक जीवन में अनुभव करना चाहते हैं। ऐसा दिन आ सकता है, जब बच्चा अपने ऑनलाइन मित्र से मिलने और अकेले में उसके साथ शारीरिक संबंध बनाने का निश्चय कर लेता है। इसी दौरान वे उन अंतरंग क्षणों की फोटो और वीडियो बना लेता है, जो भविष्य में काम आएँ। यह संबंध जारी रहता है। अध्ययन से पता चलता है कि इन मामलों में पुरुष किशोरी से उम्र में काफी बड़ा होता है। यह संबंध तब तक जारी रहता है, जब तक लड़की इस संबंध से बाहर नहीं आना चाहती। फिर ये वीडियो और फोटो लड़की को ब्लैकमेल करने के लिए प्रयोग किए जाते हैं कि वह उस व्यक्ति की माँग को पूरा करे। उस युवा लड़की को सुनो, जो इस प्रकार के ठग के साथ संबंध बनाने के बाद पुलिस के पास सहायता के लिए पहुँचती है।

"मेरे एक आदमी के साथ शारीरिक संबंध थे। उसने मेरी फोटो व नंगी वीडियो बना ली। बाद में मुझे पता चला कि वह शादीशुदा था और अपने परिवार के साथ दुबई में बसा हुआ था। जब कभी वह केरल में आता है, वह मुझ पर यौन संबंध बनाने के लिए दबाव डालता है। जब मैंने उस संबंध को समाप्त करना चाहा तो उसने मुझे धमकी देना शुरू कर दिया। उसने मेरी फेसबुक आई.डी. हैक कर ली और उस पर कुछ फोटोग्राफ डाल दिए। प्रतिदिन उसने मुझे धमकी भरे स्टेटस भेजना प्रारंभ किया और कहा, 'आपकी उलटी गिनती शुरू हो गई है।' यह शोषण इस सीमा तक पहुँच गया कि उसने मुझे कहा कि या तो मेरी बात माने या आत्महत्या कर ले। फिर मैंने आत्महत्या करने का निश्चय किया, किंतु अपने मित्र के हस्तक्षेप के कारण मैंने पर्याप्त हिम्मत

जुटाई और पथनमथित्ता पुलिस में शिकायत दर्ज कराई। यद्यपि जब मेरे माता-पिता को पता चला तो उन्होंने मेरी पिटाई की और मुझे डाँटा। अब वे मेरे साथ हैं और उन्होंने अब इस लड़ाई को लड़ने में मेरा साथ दिया है।" —(गीता)

बहुत कम लड़कियाँ इस प्रकार की हिम्मत जुटा पाती हैं और पुलिस में शिकायत दर्ज करा पाती हैं। बहुत सी सामाजिक कलंक के भय से सहमी रहती हैं और उत्पीड़न का शिकार बनी रहती हैं। अपराध का बोध उन्हें अपना दर्द किसी को भी बताने या उसके साथ साझा करने से रोकता है। कुछ लड़कियाँ, जो अनैतिक व्यापार की शिकार हो जाती हैं, शोषित होती रहती हैं क्योंकि वीडियो और फोटो के माध्यम से उनको ब्लैकमेल किया जाता है। जो शोषण को सहन नहीं कर पातीं, आत्महत्या कर लेती हैं।

अभिभावकों को समझना चाहिए इस अध्याय में दिए गए उदाहरण काल्पनिक नहीं हैं। ये ऐसे उत्तर हैं, जो उन उत्पीड़ित बच्चों से मिले, जिन्होंने अपनी समस्या को पुलिस या अपने स्कूल में काउंसलर को बताने की हिम्मत जुटाई। ये सभी मामले आपको धमकियों की अनेक स्थितियों को समझाने में सहायक होंगे।

निष्कर्ष के रूप में, यह कहना चाहिए कि एस.एन.एस. की भारतीय किशोरों के बीच लोकप्रियता अनेक प्रश्न पैदा करती है, विशेष रूप से अभिभावकों के लिए कि वे इसके बारे में ध्यान रखें। समाज को ऐसे प्रश्नों का उत्तर ढूँढ़ने का प्रयास करना प्रारंभ कर देना चाहिए, जैसे साइबर बुलींग और अभिभावकों का इंटरनेट की दुनिया से संबंध। कम आयु के बच्चे समाज का हिस्सा हैं और उन्हें प्रशिक्षण की आवश्यकता है, जिससे वे एस.एन.एस. में फँसने से पूर्व उसमें शामिल जोखिम के प्रति जागरूक हो सकें।

□

6

अभिभावक का नियंत्रण तथा फिल्टर्स

इंटरनेट व सोशल नेटवर्किंग साइट्स का प्रचलन व दौर इतनी तेजी से बदल रहा है कि अभिभावकों के लिए उसके साथ चलना कठिन हो रहा है और फिर एक टेक्निकल एक्सपर्ट बच्चा, यदि चाहे तो अपने अभिभावकों को आसानी से धोखा दे सकता है। फिर भी, अभिभावकों का कर्तव्य है कि वे अपने बच्चों को हानिकारक वेबसाइट्स से दूर रखें और उन्हें ऑनलाइन अजनबी लोगों से बचाएँ। ऐसी परिस्थितियों में अभिभावक इस बात को कैसे सुनिश्चित कर सकते हैं कि उनके बच्चे हानिकारक मार्ग से बचे रहें ? ऐसे बहुत से अभिभावक नियंत्रण युक्तियाँ और ऑनलाइन साधन हैं, जिनकी सहायता से बहुत सी हानिकारक यौन व हिंसक सामग्री वाली वेबसाइट्स को ब्लॉक किया जा सकता है, और साथ में डेटिंग, जुआ और फाइल साझा करनेवाली साइट्स को अवरुद्ध किया जा सकता है। यह उन बहुत सी युक्तियों में निःशुल्क हैं और आसानी से स्थापित भी की जा सकती हैं। वे उन सभी साधनों द्वारा ऐसी साइट्स के खोलने को अवरुद्ध कर सकती हैं, जो आपके घर के ब्रॉडबैंड फोन से जुड़ी हों, जैसे आपका स्मार्टफोन, टेबलेट्स, गेम्स कनसोल्स, और साथ ही इनके द्वारा आपके बच्चे द्वारा ऑनलाइन व्यतीत किए जानेवाले समय को भी सीमित् किया जा सकता है, लेकिन यह कैसे पता किया जाए कि टैक-एक्सपर्ट बच्चा किस प्रकार का व्यवहार कर रहा है ? ऐसे मामलों में केवल अच्छी सलाह ही काम कर सकती है।

अभिभावक नियंत्रण आसानी से इंस्टॉल हो सकता है और सक्रिय किया जा सकता है

- सर्च इंजिंस (गूगल, बिंग, याहू)
- वेब ब्राउजर्स (एक्सप्लोरर, क्रोम, मोजिल्ला, फायर फोक्स)
- होम इंटरनेट कनेक्शंस

- सोशल नेटवर्किंग साइट्स व एप्लीकेशंस
- ऑपरेटिंग सिस्टम्स।
- वीडियोज एवं गेम्स
- ऑनलाइन स्ट्रीमिंग

इस अध्याय में सर्च इंजिंस, ब्राउजर्स एवं अन्य युक्तियों, जैसे—कंप्यूटर एवं टेबलेट्स के साथ उपलब्ध सुरक्षात्मक तौर-तरीके समझाए गए हैं। हम बहुधा टेक्नोलॉजी में नई-नई बातें खोजने से इतना डरते हैं कि हम डिफॉल्ट सेटिंग को ठीक भी नहीं करते। डिवाइसेज और इनमें दी हुई एप्लीकेशंस में आज सुरक्षात्मक फीचर्स को किस प्रकार इंस्टॉल और सक्रिय करें, इसका क्रमवार वर्णन किया गया है। इस पुस्तक का मंतव्य यह नहीं कि सभी उपलब्ध सॉफ्टवेयर तथा फिल्टर्स का संपूर्ण तकनीकी ज्ञान दिया जाए, बल्कि इसका उद्देश्य अभिभावकों को इस ओर जागरूक करना है कि इस प्रकार की सुविधा उपलब्ध है और उनके हित में होगा कि वे आगे भी इस क्षेत्र में खोजबीन करें।

1. सर्च इंजन में फिल्टर्स को सक्रिय करना

जब कभी भी आपकी बच्ची कोई जानकारी करना चाहती है, वह गूगल सर्च इंजन का उपयोग करती है, मान लें वह किसी दिन 'कॉलगर्ल' का अर्थ जानना चाहती है। वह यह शब्द गूगल सर्च पर टाइप करती है। जो परिणाम उसको मिले, उसमें कुछ अनुचित साइट्स भी हो सकती हैं और इन साइट्स में कुछ अन्य विंडोज भी उभरकर आ सकती हैं। इसे आपके बच्चे की उत्सुकता उससे संबंधित और साइट्स खोलने के लिए प्रेरित कर सकती है। इस प्रक्रिया में आपकी बच्ची कुछ हानिकारक सामग्री का सामना कर सकती है, यद्यपि उसका प्रयास निष्कपट था।

एक निष्कपट खोज जरूरी नहीं कि निष्कपट परिणाम ही दे। अतः आप यह सुनिश्चित करें कि बच्चा सर्च इंजिंस जैसे गूगल और बिंग में उपलब्ध नियंत्रणों का उपयोग करके केवल उचित सामग्री, जो उसकी आयु के अनुसार हो, देख पाए।

A. गूगल सर्च इंजन में सुरक्षित सर्च लगाना

गूगल सुरक्षित सर्चगैसी फिल्टर लगाना, जिससे आपके बच्चे को अनुचित और वयस्क सामग्री देखने से बचाया जा सके।

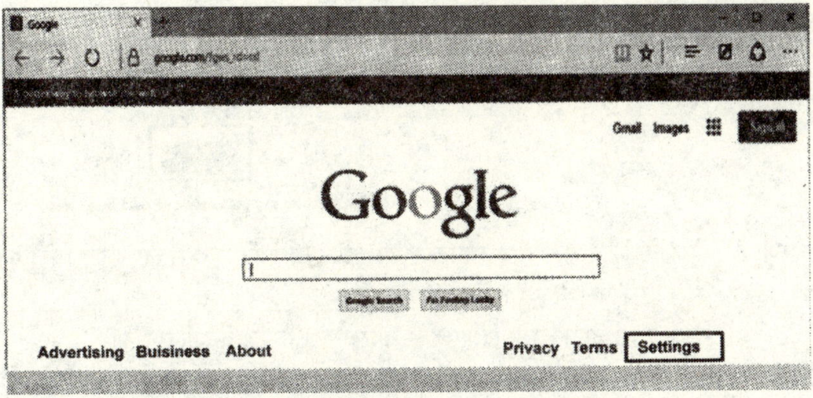

चरण-1 : डब्ल्यू.डब्ल्यू.डब्ल्यू. गूगल डॉट कॉम पर जाएँ। सेटिंग्स जो दाएँ हाथ की ओर नीचे होगी, उस पर क्लिक करें।

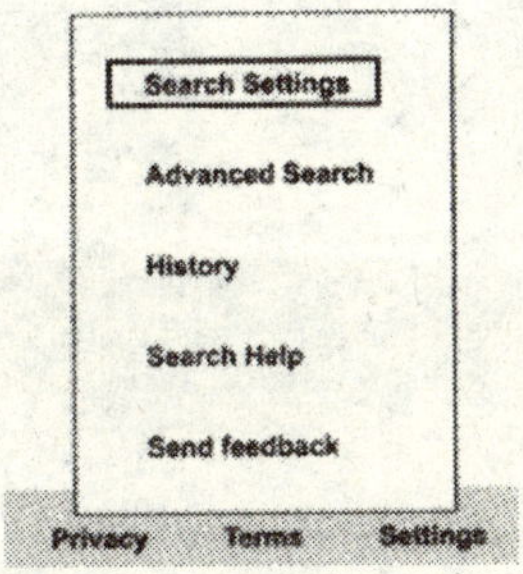

चरण-2 : सेटिंग्स पर क्लिक करने के पश्चात् सर्च सेटिंग्स पर क्लिक करें।

चरण-3 : सर्च सेटिंग्स विंडो पर सेफसर्च फिल्टर्स देखें और सर्च बॉक्स को टिक करें, जो कहेगा—टर्न ऑन सेफसर्च।

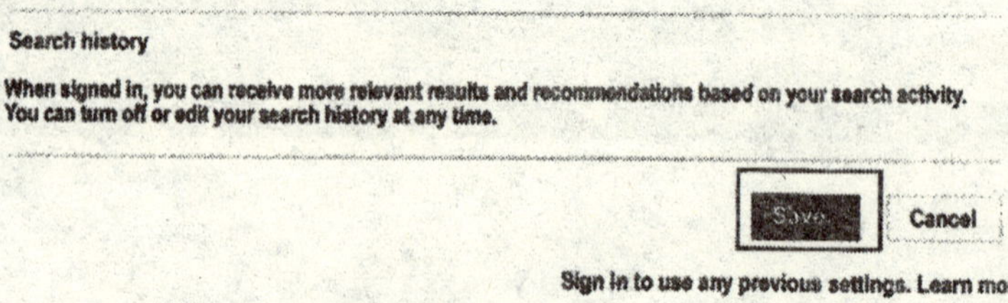

चरण-4 : पेज के नीचे की ओर स्क्रॉल करें। इसमें आपको एक नीला बटन मिलेगा। 'सेव' इस पर क्लिक करें।

इसके द्वारा आपने सफलतापूर्वक गूगल सेफ्टी सर्च कर लिया है।

B. यू-ट्यूब में सीमित मोड को सक्रिय करना, यू-ट्यूब सेफ्टी

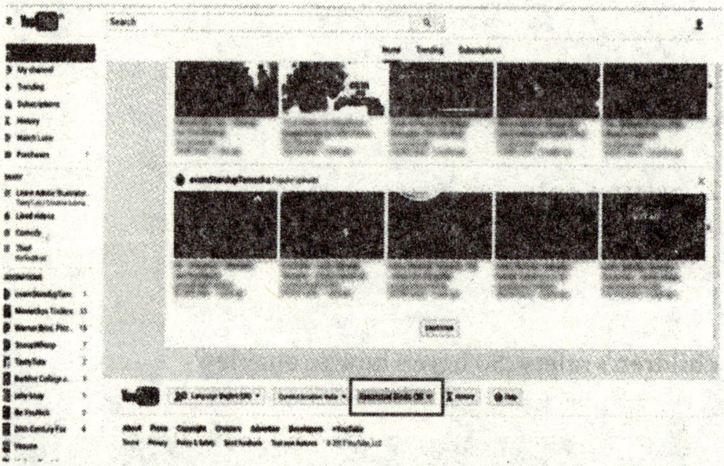

चरण-1 : डब्ल्यू.डब्ल्यू.डब्ल्यू. यू-ट्यूब डॉट कॉम पर जाएँ और पेज पर नीचे की ओर 'रेस्ट्रक्टेड मोड ऑफ' तक स्क्रॉल करें और उस पर क्लिक करें।

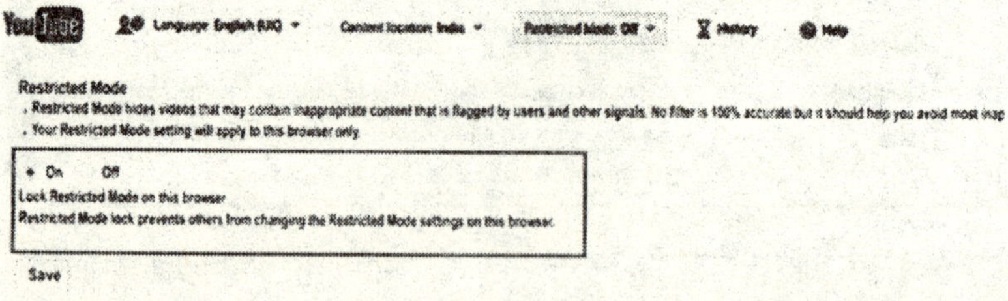

चरण-2 : ऑन बटन पर क्लिक करें।

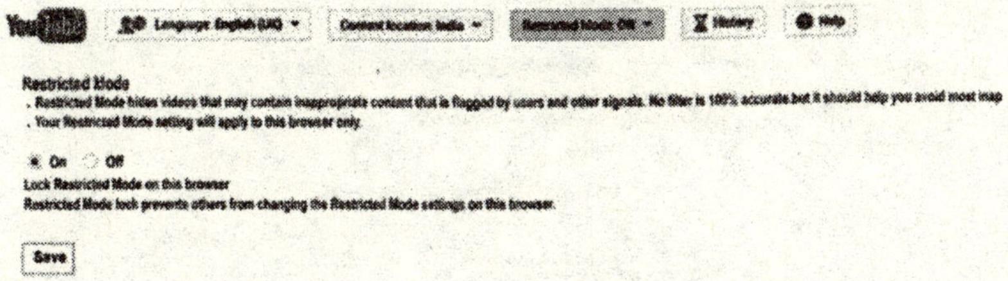

चरण–3 : सेव पर क्लिक करें।

2. सेटिंग फिल्टर (वेब ब्राउजर में)

गूगल क्रोम, इंटरनेट एक्सप्लोरर तथा मोजिल्ला, फायर फोक्स आम वेब ब्राउजर हैं। प्रत्येक ब्राउजर में अपना सेफ्टी फीचर होता है, जो इसके सिक्योरिटी सेटिंग में जाकर देखा जा सकता है। इंटरनेट एक्सप्लोरर बच्चों की सुरक्षा के मामले में सर्वोत्तम है। यहाँ पर बताया जा रहा है कि इंटरनेट एक्सप्लोरर में इसके सुरक्षा फीचर को कैसे सक्रिय करें?

चरण–1 : बाएँ हाथ पर नीचे की ओर विंडोज आईकॉन पर क्लिक करें।

चरण–2 : इसमें इंटरनेट ऑप्शंस को खोजें।

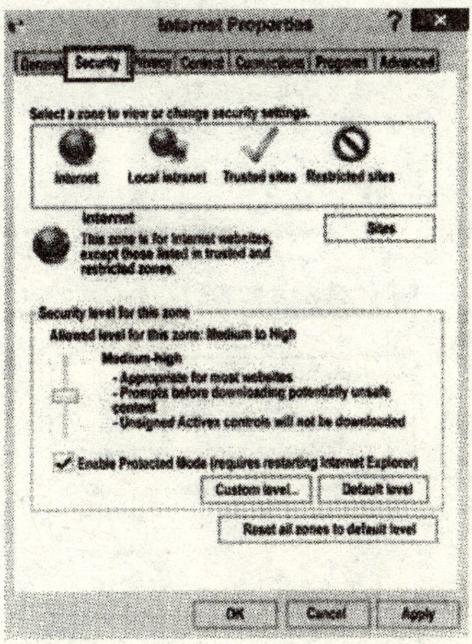

चरण–3 : इसमें डायलॉग बॉक्स खुलेगा। ऊपर की ओर सिक्योरिटी टैब पर क्लिक करें।

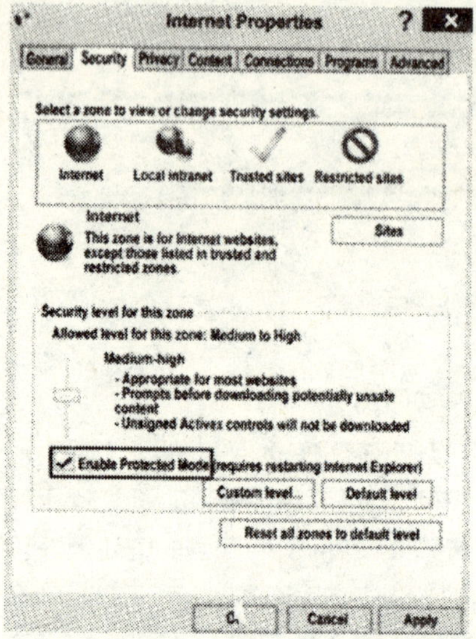

चरण–4 : चैक बॉक्स को टिक करें, जो कहता है—'इनेबिल प्रोटक्टेड मोड (सुरक्षा मोड को सक्रिय करें)'।

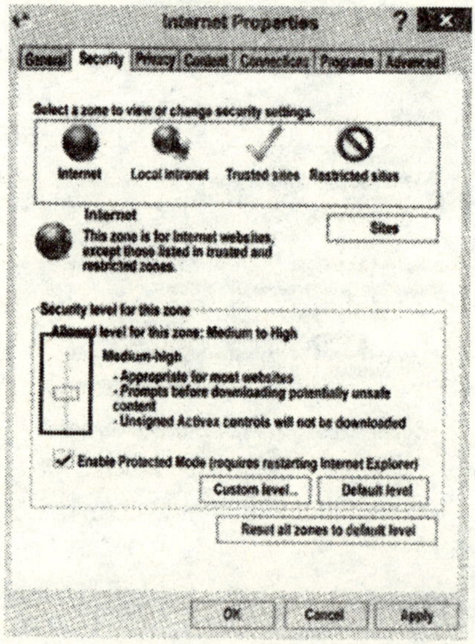

चरण–5 : बार को 'हाई' तक स्क्रॉल करें।

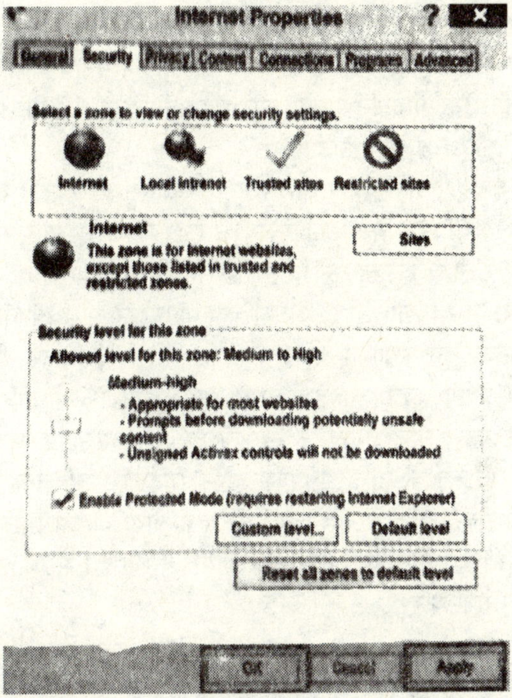

चरण-6 : पहले 'एप्लाई' पर और फिर 'ओ के' पर क्लिक करें।

इंटरनेट ऑप्शन क्लिक करें।

इसके द्वारा आपने इंटरनेट एक्सप्लोरर में सेफ्टी फीचर (सुरक्षा अंग) को सफलतापूर्वक सक्रिय कर लिया है।

3. डिवाइसेस में सुरक्षा अंग (सेफ्टी फीचर) को सक्रिय करना

अपने कंप्यूटर को बच्चों की सुरक्षा हेतु जाँच करें। अधिकतर कंप्यूटरों में अंदर निर्मित अभिभावकीय नियंत्रण और फिल्टर्स होते हैं। मैक कंप्यूटर, आई फोन, आई पैड, आई ट्यूनेस, विंडोज कंप्यूटर, ऐंड्रॉयड आदि में बच्चों के सेफ्टी फीचर उपलब्ध होते हैं, जिनको आसानी से सक्रिय किया जा सकता है।

विंडोज कंप्यूटर्स के लिए

यदि आप विंडोज कंप्यूटर्स प्रयोग करते हैं, तो आप उस पर बच्चों द्वारा व्यतीत करनेवाले समय, खेलने वाले गेम्स और प्रयोग में आनेवाले प्रोग्राम को सीमित और नियंत्रित कर सकते हैं। पेरेंट कंट्रोल के द्वारा अभिभावक इन प्रयोगों को नियंत्रित कर

सकते हैं। पेरेंटल कंट्रोल्स को कैसे सक्रिय करें—

- पेरेंटल कंट्रोल को सैट-अप करने से पूर्व अभिभावक को चाहिए कि वे एडमिनिस्ट्रेटर एकाउंट बनाएँ और यह सुनिश्चित करें कि प्रत्येक बच्चे का एक निर्धारित यूजर एकाउंट है।
- स्टार्ट बटन पर क्लिक करके पेरेंटल कंट्रोल्स को खोलें। कंट्रोल पैनल पर क्लिक करें, और किसी भी यूजर के लिए 'यूजर एकाउंट्स' एवं 'फैमिली सेफ्टी' में नीचे क्लिक करें। फिर किसी भी यूजर के लिए 'सैट अप पेरेंटल कंट्रोल्स' पर क्लिक करें। अपना एडमिनिस्ट्रेटर पासवर्ड एंटर करें।
- उस बच्चे का स्थापित यूजर एकाउंट को क्लिक करें, जिस पर पेरेंटल कंट्रोल प्रयोग करना चाहते हैं। यदि यह एकाउंट अभी तक नहीं बना है तो 'क्रिएट ए न्यू यूजर एकाउंट' पर क्लिक करें और नया एकाउंट बना लें।
- पेरेंटल कंट्रोल के नीचे, एनफोर्स करेंट सेटिंग्स पर क्लिक करें।
- एक बार पेरेंटल कंट्रोल फीचर सक्रिय हो गया तो अभिभावक यह तय कर सकते हैं कि कौन से फीचर को सीमित करना है। समय, गेम्स व प्रोग्राम्स की निगरानी करें।

विंडोज में समय-सीमा सेट करना

अभिभावक इस बात का चुनाव/तय कर सकते हैं कि बच्चे कंप्यूटर का उपयोग कब करें।

- स्टार्ट बटन पर क्लिक करके पेरेंटल कंट्रोल्स खोलें।
- कंट्रोल पैनल क्लिक करें।
- यूजर एकाउंट व फैमिली सेफ्टी के नीचे, 'सैट अप पेरेंटल कंट्रोल फॉर एनी यूजर' पर क्लिक करें। एडमिनिस्ट्रेटर पासवर्ड एंटर करें।
- किसी बच्चे विशेष की समय-सीमा निर्धारित करने के लिए उस बच्चे के एकाउंट पर क्लिक करें।
- 'पेरेंटल कंट्रोल्स' के नीचे, एनफोर्स करेंट सेटिंग पर क्लिक करें।
- 'टाइम लिमिट्स' पर क्लिक करें।
- ग्रिड के अंदर, ब्लॉक और एलाव करने के लिए समय पर क्लिक करें और ड्रैग करें।

आई पैड

एप्पल आई पैड या आईफोन में पेरेंट्स के पास स्वयं ही सक्रिय होनेवाले सुरक्षा फीचर्स हैं।

- सेटिंग्स ऐप में जाकर 'जनरल' का चुनाव करें और 'इनेबिल रेस्ट्रिक्शन' पर क्लिक करें। यह चार अंकों का कोड निर्मित होगा, जो परिवर्तन करने के लिए आवश्यक है। इस कोड को भविष्य में प्रयोग करने के लिए नोट अवश्य कर लें। अगर एक बार खो गया तो उसे पुनः खोजना आसान नहीं।
- एक बार कोड निर्मित होने पर अभिभावक उन ऐप को 'टर्न ऑफ' कर सकते हैं, जिन्हें आप नहीं चाहते कि आपके बच्चे उनका प्रयोग करें।

ये चीजें नोट करें—

- ये सीमाएँ तभी सहायक हैं, जब केवल एक ही बच्चा अकेले उस डिवाइस का प्रयोग करता है। अभिभावक अनेक बच्चों के लिए सीमाओं/प्रतिबंधों के लिए उपयोग नहीं करते।
- वेब ब्राउजर को सीमित/पूरी तरह से टर्न ऑफ करने के अलावा सीमित करने का कोई रास्ता नहीं है। अभिभावक आई ट्यून स्टोर से सुरक्षित सर्च ऐप डाउनलोड कर सकते हैं, जो सर्चेज को स्वमेव फिल्टर कर देगी।
- फिर भी, बच्चे ऐसे ऐप डाउनलोड कर सकते हैं, जिनके लिए उनके अभिभावक उनको अनुमति न दें। इसे रोकने का एकमात्र तरीका है कि अभिभावक ऐप स्टोर को ही टर्न ऑफ कर दें तथा/या ऐप की आयु को आवश्यकतानुसार नियंत्रित कर दें। ऐसा करने के लिए या सीखने के लिए आई-ट्यून्स पेरेंटल कंट्रोल में देखें।

संगीत, पोडकास्ट को सीमित करें

बच्चों को संगीत, मूवीज, ऐप और पोडकास्ट को डाउनलोड करने से रोकने के लिए अभिभावकों को चाहिए कि वे आई-ट्यूंस पेरेंटल कंट्रोल फीचर्स का लाभ उठाएँ।

- आई-ट्यूंस पर जाएँ और पी.सी. यूजर्स के लिए, मैक के लिए आई-ट्यून्स मैन्यू पर क्लिक करें।
- **प्रीफरेंसेज पर क्लिक करें :** एक पॉप अप बॉक्स में पेरेंटल टैब होता है, जो शीर्ष पर स्थित होता है। निष्क्रिय या अवरुद्ध करने के लिए फीचर का चुनाव करें। यदि अभिभावक अपने बच्चों को कुछ भी खरीदने से रोकना चाहते हैं, तो वे पोडकास्ट्स, रेडियो, आई-ट्यून्स स्टोर—सभी को एक साथ

निष्क्रिय कर सकते हैं। आई-ट्यून कंट्रोल्स टी.वी. शोज, संगीत, ऐप तथा पुस्तकों पर रेटिंग लिमिट्स के प्रयोग करने की सुविधा भी उपलब्ध कराते हैं।

- इन सेटिंग्स में आगे को परिवर्तन रोकने हेतु पेडलॉक आइकन पर क्लिक करें।
- अपना कंप्यूटर पासवर्ड डालें।

नोट : यह आई-ट्यून्स के पासवर्ड से भिन्न है। एक बार यह हो गया, आपकी सेटिंग बिना पासवर्ड के परिवर्तित नहीं की जा सकेगी। इसलिए इसे याद रखना सुनिश्चित करें।

मुख्य बातें : ये सेटिंग्स इस आई-ट्यून्स एकाउंट पर सभी यूजर्स पर लागू होती हैं। इन प्रतिबंधों से जो सामग्री संबंधित नहीं है, उन्हें डाउनलोड करने के लिए केवल अपनी सेटिंग्स को अस्थायी रूप से परिवर्तित करें।

ऐंड्रॉयड्स

बच्चे अपने सेलफोन पर क्या कर रहे हैं और क्या देख रहे हैं, यह उनकी कंप्यूटर पर की जाने गतिविधियों की अपेक्षाकृत नियंत्रित करना कठिन है, क्योंकि बच्चे अपने सेलफोन को कहीं भी ले जा सकते हैं। नीचे कुछ टिप्स दी गई हैं कि किसी ऐंड्रॉयड फोन पर पेरेंटल कंट्रोल कैसे लगाए जाए—

- मार्केट ऐप पर जाएँ और मैन्यू पर क्लिक करें। फिर सेटिंग्स बटन पर क्लिक करें।
- कंटेंट फिल्टरिंग के नीचे पुल डाउन मैन्यू पर क्लिक करें। डाउनलोडिंग करने के लिए परिपक्वता स्तर का चुनाव करें।
- लॉक सेटिंग पासवर्ड लगाने के लिए 'लॉक आइकन' या 'सेट' अथवा 'चेंज पिन' ऑप्शन पर क्लिक करें।

मुख्य बातें : दुर्भाग्य से यही एकमात्र कंट्रोल फीचर है, जो वास्तविक ऐंड्रॉयड फोन के साथ आता है। अपने फोन पर इंटरनेट प्रयोग करते हुए बच्चों को सुरक्षित रखने हेतु अभिभावकों को चाहिए कि वे अन्य पेरेंटल ऐप भी डिवाइस में इंस्टॉल करें। ये कुछ उदाहरण हैं—नेट नैनी, मामा बीयर, माई मोबाइल, वाच डॉग, स्क्रीन टाइम, पेरेंटल कंट्रोल, एम.एम. गार्जियन, नौरटन फैमिली, किड्स प्लेस।

विंडोज में सुरक्षा फीचर्स सेट अप करना

चरण–1 : बाएँ बिल्कुल नीचे की ओर 'विंडोज' आइकन पर क्लिक करें।

चरण–2 : इसमें 'इंटरनेट ऑप्शंस' खोजें और इस पर क्लिक करें।

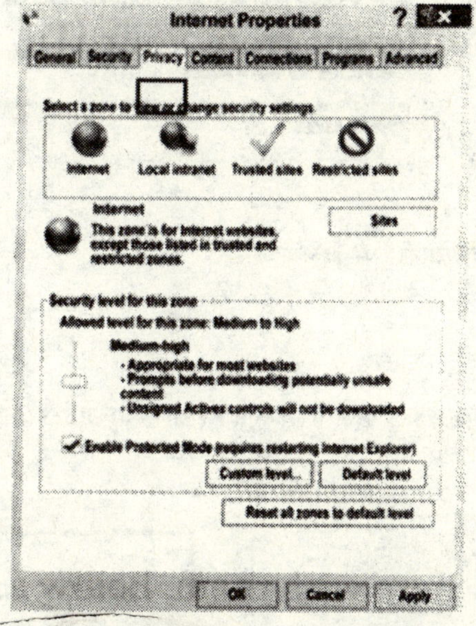

चरण–3 : ऊपर की ओर प्राइवेसी टैब पर क्लिक करें।

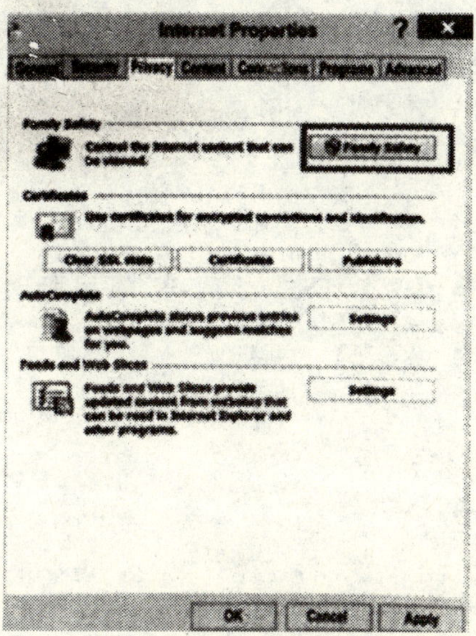

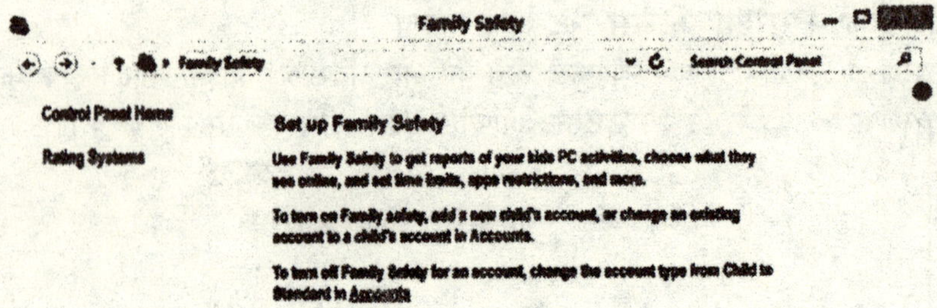

चरण-4 : 'फैमिली सेफ्टी' पर क्लिक करें।

चरण-5 : इससे एक विंडो खुलेगी। पहली पंक्ति पर एकाउंट्स पर क्लिक करें।

चरण-6 : एड एकाउंट्स पर क्लिक करें और अपने बच्चे के लिए अधिकतम सुरक्षा के साथ एकाउंट जोड़ें।

सोशल नेटवर्किंग साइट्स पर फिल्टर्स (फेसबुक)

फेसबुक पर सुरक्षा मोटे तौर पर तीन श्रेणियों में की जा सकती है।

<table>
<tr><td rowspan="3">अ</td><td rowspan="3">सुरक्षित रहना</td><td>साझा करना</td></tr>
<tr><td>मित्रता करना
• फॉलोइंग
• अन फॉलोइंग
• अन फ्रेंडिंग
• ब्लॉकिंग</td></tr>
<tr><td>रिपोर्टिंग</td></tr>
<tr><td rowspan="4">ब</td><td rowspan="4">एकाउंट को सुरक्षित रखना</td><td>1. पासवर्ड</td></tr>
<tr><td>2. लॉग-इन सिक्योर
• लॉग-इन अलर्ट
• लॉग-इन एप्रूवल
• लॉग-इन आउट</td></tr>
<tr><td>3. स्कैन्स</td></tr>
<tr><td>4. एम्ड एकाउंट</td></tr>
<tr><td>स</td><td>सूचना को सुरक्षित रखना</td><td>पोस्ट प्रोफाइल टैगिंग</td></tr>
</table>

A. सुरक्षित रहना

साक्षा करना : प्रतिदिन लोग फेसबुक पर पूरी दुनिया से बातें साझा करते हैं। परिणामस्वरूप, नए और अविश्वसनीय विचार, अवसर, मित्रता व सहयोग प्राप्त होते हैं। फेसबुक पर साझा करते समय हम लोगों से अपने दर्शक/श्रोताओं के विषय में सोचने को कहते हैं। यह महत्त्वपूर्ण है कि हम सोचें कि हम क्या और कैसे साझा कर रहे हैं? हम प्रत्येक व्यक्ति के लिए आसान बनते हैं कि वे यह तय कर सकें कि जो वे साझा कर रहे हैं, उसे कौन देख्र सकता है और हमारी नीति है क़ि घृणास्पद, हिंसक या यौनाचार की सामग्री न देखी जा सके।

साझा करने से पहले अपने आप से प्रश्न करें—

- क्या कोई इसका प्रयोग करके मुझे चोट पहुँचा सकता है?
- यदि किसी ने इसे दूसरों के साथ साझा किया है? क्या इससे मैं परेशान हो जाऊँगा?

- यदि मैंने यह साझा किया तो सबसे खराब बात क्या हो सकती है?
- सदैव याद रखें कि जो आपने मित्रों के साथ साझा किया है, वह औरों के साथ भी साझा किया होगा।

मित्रों को सँभालना

फेसबुक वह स्थान है, जहाँ आप अपनी पसंद के लोगों व बातों से जुड़ सकते हैं। किसी को मित्र बनाने से पूर्व उसकी प्रोफाइल अवश्य जानें। क्या आप उनसे कभी व्यक्तिगत रूप से मिले हैं? क्या आपके कुछ मित्र साझा हैं?

1. **फॉलोइंग :** जब आप किसी को फॉलो करें, आप उनके पोस्ट्स को न्यूज फीड में देखें। आप अपने मित्रों को खुद-ब-खुद फॉलो करते हैं। आप सार्वजनिक जीवन, जैसे—पत्रकार, प्रसिद्ध लोग, राजनीतिक हस्तियों की पोस्ट्स को भी फॉलो कर सकते हैं।
2. **अनफॉलोइंग—**

- जब आप किसी को अनफॉलो करते हैं आप उनकी पोस्ट्स को न्यूज फीड में नहीं देख सकते, किंतु फिर भी आप उनके मित्र बने रहेंगे।
- किसी व्यक्ति को किसी पेज या ग्रुप को सीधे-सीधे अनफॉलो करने के लिए फॉलोइंग के ऊपर जाएँ (प्रोफाइल पर) या फॉलोइंग (पेज पर या ग्रुप में) पर क्लिक करें, जो उनके कवर फोटो के पास है और अनफॉलो को सेलेक्ट करें।

3. **अनफ्रेंडिंग :** यदि आप किसी को अनफ्रेंड करना चाहते हैं, उस व्यक्ति की प्रोफाइल पर जाएँ, टॉप पर फ्रेंड्स बटन पर जाएँ और अनफ्रेंड को सेलेक्ट कर लें। फेसबुक उस व्यक्ति को यह नहीं बताएगा, किंतु आप उनकी मित्र-सूची से हट जाएँगे। यदि आप उस व्यक्ति के साथ पुनः मित्र बनना चाहते हैं; आपको एक नई फ्रेंड्स रिक्वेस्ट भेजनी होगी।
4. **ब्लॉकिंग :** आप किसी को अनफ्रेंड करने के लिए उसे ब्लॉक कर सकते हैं। यह उन्हें आपके साथ संवाद करने से रोक देगा, और वे उन पोस्ट्स को भी नहीं देख पाएँगे, जो आप अपनी प्रोफाइल पर डालते हैं। इसके साथ ही जिन लोगों को ब्लॉक कर देंगे, वे आपको टैग नहीं कर सकेंगे, न ही आपको घटनाओं या ग्रुप में आमंत्रित कर सकेंगे और न ही आपको मित्र के रूप में जोड़ सकेंगे। ब्लॉकिंग पारस्परिक है। अत: आप भी उनसे न कोई संवाद कर सकते हैं, न ही उनके द्वारा पोस्ट की हुई चीजों को देख सकते हैं। जब हम किसी को ब्लॉक कर देंगे, तो उन्हें कोई संदेश भी नहीं भेज सकेंगे।

- किसी को ब्लॉक करने के लिए किसी भी फेसबुक पेज के दाहिने टॉप पर

क्लिक करें। 'हाऊ डु आई स्टॉप सम वन फ्रोम बॉदरींग मी' पर क्लिक करें। उस व्यक्ति का नाम या इ-मेल एड्रेस एंटर करें और 'ब्लॉक' पर क्लिक करें।

रिपोर्टिंग

फेसबुक की लगभग सभी सामग्रियों में एक लिंक होता है, जो किसी एब्यूज, बुलींग, हैरेस्मेंट (उत्पीड़न, शोषण, परेशान) करने की रिपोर्ट करने के लिए उपलब्ध होता है। फेसबुक की टीम हर समय (24×7) उन चीजों का पुनरावलोकन करती रहती है, जिनकी रिपोर्टिंग होती है, और ऐसी वस्तु को जो सामाजिक स्तर का उल्लंघन करती है, हटा दिया जाता है। किसी पोस्ट को रिपोर्ट करने के लिए पोस्ट के ठीक ऊपर जाकर और उस इश्यु से संबंधित ऑप्शन को चुनें, फिर स्क्रीन पर दिए गए निर्देश का पालन करें। अन्य प्रकार की सामग्री के विषय में रिपोर्टिंग करना सीखें। यदि आपने कोई चीज रिपोर्ट की है, तो आपके पास ऑप्शन है कि आप अपने सपोर्ट इनबॉक्स से अपनी रिपोर्ट का स्टेटस देख लें। अपने सपोर्ट इनबॉक्स को केवल आप ही देख सकते हैं। रिपोर्ट करनेवाले व्यक्ति के विषय में फेसबुक कोई बात शामिल नहीं करती।

B. अपने एकाउंट को सुरक्षित करना

1. पासवर्ड आपके एकाउंट को सुरक्षित रखने में सहायक है—

- ऐसा पासवर्ड प्रयोग करें, जिसका अंदाजा लगाना कठिन हो।
- ध्यान रहे, वह 6 अंकों से कम न हो तथा उसमें अक्षर, संख्या व कुछ विशेष लक्षण शामिल हों।
- अपने प्रत्येक एकाउंट के लिए अलग-अलग पासवर्ड बनाएँ। इस प्रकार यदि किसी को आपके एक एकाउंट का पासवर्ड पता चल जाए, तो और सभी एकाउंट्स सुरक्षित रहें।
- किसी भी व्यक्ति के साथ अपना पासवर्ड साझा न करें।

2. लॉग-इन : लॉग-इन अलर्ट

- जब आप लॉग-इन अलर्ट ऑन कर देंगे, तो जब भी कोई आपके एकाउंट में लॉग-इन करने का प्रयत्न करेगा, फेसबुक आपको अलर्ट भेजेगा। लॉग-इन अलर्ट्स को टर्न ऑन करने के लिए 'सिक्योरिटी सेटिंग' में जाएँ, 'लॉग-इन अलर्ट्स' पर क्लिक करें, अलर्ट्स के प्रकार का चयन करें (जैसे—इ-मेल अलर्ट्स) जो आप प्राप्त करना चाहते हैं, और 'सेव चेंजेज' पर क्लिक करें।

लॉग-इन स्वीकृति

- आप लॉग-इन एप्रूवल को खोलें, ताकि आप जब भी अपने नए कंप्यूटर, फोन या टेबलेट से अपने फेसबुक एकाउंट पर जाने का प्रयास करेंगे, तो आपसे कहा जाएगा कि आप अपना विशिष्ट सिक्योरिटी कोड एंटर करें।
- लॉग-इन एप्रूवल को खोलने के लिए, 'सिक्योरिटी सेटिंग्स' में जाएँ, लॉग-इन एप्रूवल पर क्लिक करें, बॉक्स को टिक करें और 'सेव चेंजज' पर क्लिक करें।

लॉगिंग आउट : आपका सिक्योरिटी सेटिंग्स का 'व्हेयर यू आर लॉग्ड इन' विभाग आपको उन कंप्यूटर्स तथा फोन की सूची दरशाता है, जो अभी-अभी आपके एकाउंट में लॉग-इन करने के लिए उपयोग किए गए हैं। दूसरे फोन, टेबलेट या कंप्यूटर पर लॉग आउट करने के लिए अपने सिक्योरिटी विभाग में जाएँ, 'व्हेयर यू आर लॉग्ड इन' विभाग (सेक्शन) पर क्लिक करें और उस सेशन को पाएँ, जिसे आप समाप्त करना चाहते हैं एवं 'ऐंड एक्टिविटी' पर क्लिक करें।

3. **स्कैन्स :** इंटरनेट बहुत से अलग-अलग व्यक्तियों को आपसे संवाद करने की अनुमति प्रदान करता है। आपको ऐसे संदेश आ सकते हैं कि आपने कोई इनाम जीता है। संदेश कभी-कभी आपसे किसी के लिए सहायता या किसी के पैसे (धन) की देखभाल करने में सहायता करने को कह सकते हैं। आमतौर पर आपसे आपके व्यक्तिगत विवरण, जैसे बैंक एकाउंट की सूचना, या आपकी पहचान संख्या के विषय में पूछा जाएगा। इस प्रकार के संदेहात्मक संदेश स्कैन्स होते हैं। ऐसा संभव ही नहीं कि आपने बिना किसी प्रतियोगिता में भाग लिये कोई इनाम जीत लिया हो। अपने को इस प्रकार के स्कैन्स से बचाने के लिए आपको निम्न जानकारी करनी है और उनसे सावधान रहना है।

- वे लोग, जो आपसे परिचित नहीं, आपसे धन की माँग करें।
- वे लोग, जो कोई कर्जा या इनाम प्राप्त करने के लिए अग्रिम शुल्क की माँग करें।
- वे लोग, जो संकटकाल में आपके मित्र या संबंधी होने का दावा करें।
- ऐसे संदेश, जिनकी स्पेलिंग्स त्रुटिपूर्ण हों या व्याकरण की दृष्टि से त्रुटिपूर्ण हों।

4. **हैक्ड एकाउंट :** हमारे नाम और प्रतिष्ठा जाहिर तौर पर हमारे शब्दों व गतिविधियों से जुड़ी रहती है। अत: यह बात कि हम लोगों से फेसबुक पर उनके आधिकारिक नाम देने को कहें, हमें उत्तरदायित्वपूर्वक कार्य करने के लिए प्रोत्साहित करती है। यदि फेसबुक का पता लगता है कि कुछ लोगों की अनेक व्यक्तिगत प्रोफाइल हैं, तो फेसबुक उनसे अतिरिक्त प्रोफाइल्स को बंद करने के

लिए कह सकता है। यदि आपको विश्वास हो कि किसी ने आपके या आपके किसी परिचित के नाम से फर्जी एकाउंट बना लिया है, तो कृपया उपलब्ध फॉर्म भरकर इसकी रिपोर्ट दर्ज कराएँ। यदि आपके एकाउंट को जोखिम में डाल दिया गया है, तो 'एच.टी.टी.पी.:// डब्ल्यू.डब्ल्यू.डब्ल्यू. फेसबुक.कॉम/हैक्ड' पर जाकर 'माई एकाउंट हैज बीन कॉम्प्रोमाइज्ड' पर क्लिक करें।

C. अपनी पोस्ट सूचना की सुरक्षा करना

जब कभी आप अपना स्टेटस अपडेट करते हैं, फोटो साझा करते हैं या फेसबुक पर कुछ पोस्ट आप 'ऑडिएंस सेलेक्टर' टूल का प्रयोग करके आप चुनाव कर सकते हैं कि आपकी साझा की गई बातों को कौन देखे? जब आप रुचि अनुसार अपने दर्शक का चयन करते हैं, आप चुनिंदा व्यक्तियों के साथ चयन करके (संदेश आदि) साझा कर सकते हैं। याद रहे, जब आप किसी अन्य व्यक्ति के प्रोफाइल पर कुछ पोस्ट करते हैं तो यह वह व्यक्ति नियंत्रित करता है कि उस पोस्ट (संदेश आदि) को कौन-कौन देखे। इसके अतिरिक्त जो व्यक्ति आपकी पोस्ट के साथ संबंधित हैं, वे अपने मित्रों के साथ आपकी पोस्ट देख सकते हैं।

प्रोफाइल : जब हम फेसबुक पर लॉग-इन करते हैं, आप 'व्यू एज' टूल का उपयोग करके यह देख सकते हैं कि आपकी प्रोफाइल अन्य लोगों को कैसी दिखती है? 'व्यू एज' का उपयोग करने के लिए अपनी प्रोफाइल पर क्लिक करें और स्क्रीन पर आनेवाले निर्देश का पालन करें। इस टूल का प्रयोग करके आप देख सकते हैं कि आपकी प्रोफाइल जनसाधारण या किसी व्यक्ति विशेष को कैसी दिखती है?

टैग इन : टैग न्यू और टाइम लाइन ऐसे ऑप्शंस हैं, जो आपको इस बात में सहायक हैं कि आप यह नियंत्रित कर सकें कि आप क्या पोस्ट करें और आपकी टाइम लाइन पर कौन सी पोस्ट दिखे? आपका टैग रिव्यू आपके मित्रों के द्वारा टैग्स को स्वीकार या अस्वीकार करने में आपको सक्षम बनाता है। जब आप टैग की स्वीकृति देते हैं, तभी आपके द्वारा टैग किया हुआ व्यक्ति और उसके मित्र आपकी पोस्ट (संदेश आदि) को देख सकते हैं। याद रहे, जब लोग साथ टैग के साथ आपके मित्र नहीं हैं, तो आपको स्वत: ही टैग की स्वीकृति या अस्वीकृति देने को कहा जाएगा। टाइम लाइन रिव्यू आपको सक्षम बनाता है कि आप चयन कर सकें कि जिन पोस्ट्स में आप टैग्ड-इन हैं, क्या वे आपकी टाइम लाइन पर प्रदर्शित हों? जब वे लोग जो आपके मित्र नहीं हैं, आपको किसी पोस्ट में टैग करते हैं तो यह स्वमेव ही टाइम लाइन रिव्यू में जाएगा। यदि आप मित्रों के द्वारा टैग्स को रिव्यू करना चाहें तो आप टाइम लाइन रिव्यू को किसी के भी टैग के लिए टर्न ऑन कर सकते हैं।

उदाहरण : फेसबुक पर प्राइवेट सेटिंग सक्रिय करना।

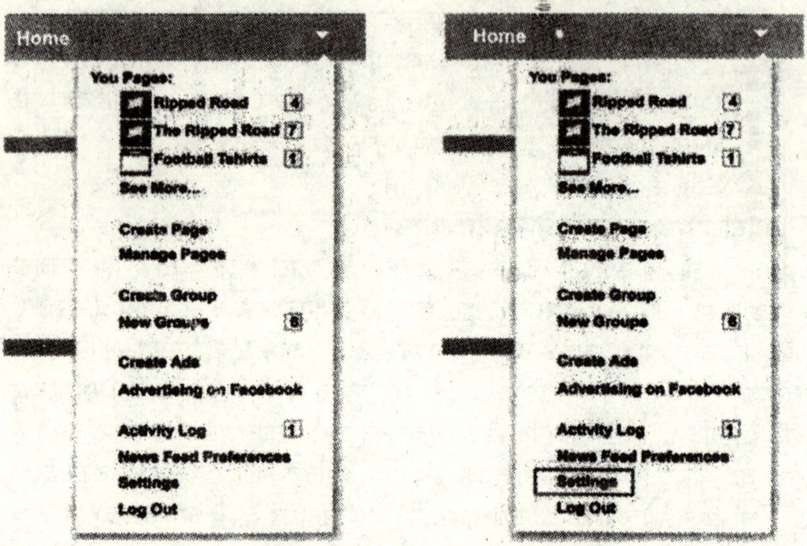

चरण–1 :सबसे ऊपर राइट ऐरो (तीर) आइकन पर क्लिक करें। अब थोड़ा नीचे एक बॉक्स दिखेगा और नीचे की ओर सेटिंग्स पर क्लिक करें।

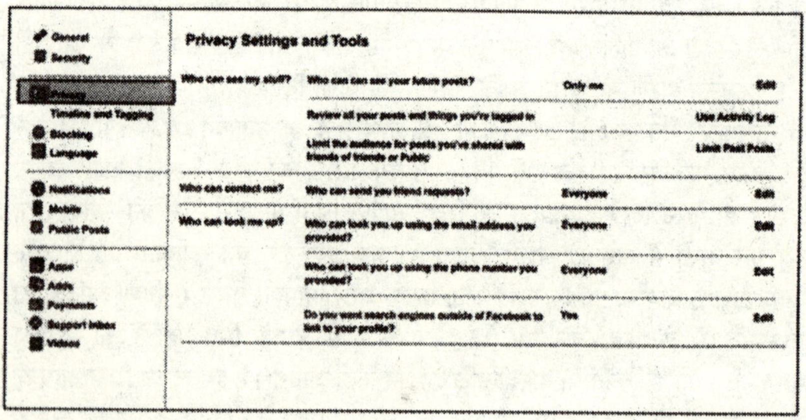

चरण–2 :बाईं ओर 'प्राइवेसी' पर क्लिक करें।

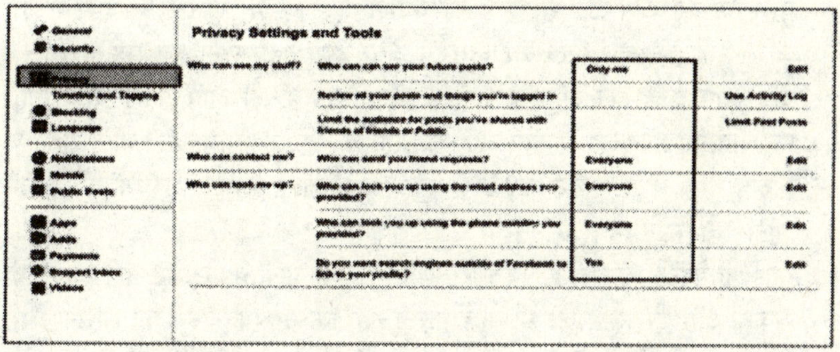

चरण–3 :और तद्नुसार सेटिंग परिवर्तित कर लें।

5. पेरेंटल कंट्रोल्स पूरी तरह विश्वसनीय व सरल नहीं है

"आप बच्चे द्वारा ऑनलाइन पर दिखनेवाली हर बात पर नियंत्रण नहीं कर सकते। अत: पेरेंट्स को चाहिए कि वे अपने बच्चों को किसी भी संभावित चीज को देखने को तैयार करें, ताकि वे उसके सदमे को सहन कर सकें।" यह कहना है, डिजिटल पेरेंटिंग ऐंड पेरेंट इनफो ओ.आर.जी. के एडिटर जिरेल्डाइन बैडल का।

पेरेंटल कंट्रोल्स की अपनी सीमाएँ हैं। वे तभी तक काम कर सकती हैं, जब तक आपके बच्चे टैक-एक्सपर्ट नहीं हैं। आओ, हम उन कमियों पर नजर डालें, जो पेरेंटल कंट्रोल सिक्योरिटी में हैं और किस प्रकार बच्चे अपने इंटरनेट के प्रयोग करने में उन नियंत्रणों को चकमा देते हैं?

- यदि आपका बच्चा आपके प्रोवाइडर के साथ-साथ आपका आपके एकाउंट का लॉग-इन जानता है, तो वह या आप साइट को अपनी लॉग-इन की डिटेल याद रखने को कहते हैं, तो बच्चे के लिए आपकी सेटिंग्स को परिवर्तित करना बहुत आसान है और वह उन साइट्स को देख लेगा, जो आपने ब्लॉक कर रखी हैं। यह जानने वाली बात है कि यदि आपकी सेटिंग्स परिवर्तित हो गई हैं, तो आमतौर पर पेरेंटल कंट्रोल सॉफ्टवेयर ऑटोमेट्ड इ-मेल द्वारा आपको इस बात की सूचना नहीं देगा।
- पेरेंटल कंट्रोल्स आपके केवल होम ब्रॉडबैंड कनेक्शन पर कार्य करता है। इसका अर्थ यह हुआ कि बच्चा 3 जी व 4 जी इंटरनेट कनेक्शन पर वह ब्लॉक्ड साइट्स अब भी देख सकता है, चाहे वह मोबाइल ब्रॉडबैंड डौंगल हो चाहे स्मार्टफोन या टेबलेट।
- पेरेंटल कंट्रोल्स यह भी नहीं रोक सकता कि आपके बच्चे के प्रोफाइल को

फेसबुक पर कौन देख रहा है? यह केवल फेसबुक में 'सेटिंग्स' पेज में बदला जा सकता है। यह पेरेंटल कंट्रोल सॉफ्टवेयर द्वारा नहीं बदला जा सकता।

- यदि आप बच्चे को ऑनलाइन गेम्स खेलने देते हैं, तो आप यह नियंत्रित नहीं कर सकते कि बच्चे से कौन बातें कर रहा है? देखने में बिल्कुल हानि रहित व निर्दोष गेम्स में भी खतरा चुपके से प्रवेश कर सकता है। अत: बच्चों की सुरक्षा सुनिश्चित करने के लिए उन पर नजर रखें।
- कोई भी पेरेंटल कंट्रोल सॉफ्टवेयर कभी भी पूर्णरूपेण अप टू डेट नहीं किया जा सकता और इस बात की भी कोई गारंटी नहीं कि आपके बच्चे का सामना ऐसी किसी भी चीज से नहीं होगा, जिसे आप नहीं चाहते। ऐसा इसलिए है कि इंटरनेट पर हर समय नई साइट्स जुड़ रही हैं और वे फिल्टर्स में से भी आ सकती हैं।
- जब पेरेंटल कंट्रोल सक्रिय भी हो तो यूजर फिर भी किसी साइट की एक क्षणिक झलक प्राप्त कर सकता है, इससे पहले कि आपके द्वारा ब्लॉक सक्रिय हो। दुर्भाग्य से कभी-कभी पेरेंटल कंट्रोल्स पिछड़ जाते हैं। अत: ब्लॉक होने से पहले ही पेज लोड हो सकते हैं।

इस प्रकार एक लंबी सूची है और यह स्पष्ट करती है कि आपको कितना जागरूक रहना है, चाहे आप पेरेंटल कंट्रोल्स प्रयोग कर रहे हैं। जब आपके बच्चे इंटरनेट का प्रयोग कर रहे हों, उनको सुरक्षित रखने का एकमात्र उपाय है कि आप स्वयं शिक्षित हों कि खतरा कहाँ हो सकता है और जब आप पास न हों तो नजर रखें कि बच्चे क्या कर रहे हैं?

□

7

साइबर कानून : वैधानिक रूप से लड़ना

ऐसे अनेक कारण हैं कि बच्चों के प्रति ऑनलाइन अपराध, विशेष रूप से अनेक यौन उत्पीड़न की शिकायतें कम संख्या में की जाती हैं। पुलिस में इनकी शिकायत करने में अनेक बाधाएँ आती हैं, जैसे—जन जागरण की कमी कि ऑनलाइन हिंसा क्या है? इसकी शिकायत कैसे की जाए या इस संबंध में सहायता किस प्रकार की जाए और साथ में अपने अधिकारों की जानकारी की कमी आदि। उदाहरणार्थ 'दि यूनाइटेड नेशंस ब्रॉडबैंड कमीशन फॉर डिजिटल डेवेलपमेंट' ने 'कॉम्बैटिंग ऑनलाइन वायलेंस अगेंस्ट वीमिन ऐंड गर्ल्स' (महिलाओं और लड़कियों के प्रति हिंसा का मुकाबला करना) पर अपनी रिपोर्ट में कहा है कि भारत में केवल 25 प्रतिशत महिलाओं ने अपने उत्पीड़न की शिकायत दर्ज कराई है जबकि 18 प्रतिशत महिलाओं को अपने उत्पीड़न की जानकारी ही नहीं थी। यहाँ यह कहना समीचीन होगा कि बच्चों को अकसर जानकारी ही नहीं होती कि उनके प्रति अपराध हुआ है और वे इसका प्रतिकार प्राप्त कर सकते हैं और बच्चों द्वारा ऑनलाइन अपराध को पहचानना और उसकी शिकायत करना भी सीमित है। यूनीसेफ ने अपनी रिपोर्ट 'चाइल्ड ऑनलाइन प्रोटेक्शन इन इंडिया' में उन अनेक कारणों को गिनाया है, जिसके कारण ऑनलाइन शोषण की सूचना पुलिस को नहीं दी जाती। एक अभिभावक के रूप में क्या आपको इस बात की जानकारी है कि इस प्रकार के अपराधों की शिकायत नहीं होती है?

कानूनी सहारा ही एकमात्र अंतिम उपाय है और क्या कोई उपाय ही नहीं है?

"प्रत्येक वह आम व्यक्ति, जिसे मैं जानता हूँ, कानून के विषय में अनिश्चित होता है और वह कानूनी संरचना के विषय में तो बिल्कुल भी आश्वस्त नहीं है। एक

बार जब आप पुलिस स्टेशन जाते हैं तो आप सोचते हैं कि इससे कोई लाभ होनेवाला नहीं है। ऐसा लगता है, यह आपके लिए सिरदर्द है। वह हर चीज जो पुलिस से संबंधित है, एक संशय पैदा करती है। आप नहीं समझते कि पुलिसवाला आपकी बात सुन रहा है, उसे लिख रहा है या आपकी सहायता कर रहा है। मैं केवल आशा कर सकता हूँ कि बातें इस स्तर तक नहीं पहुँचें।"

कुछ वे कारण, जिनकी वजह से यौन प्रकृति के ऑनलाइन अपराधों की शिकायत नहीं होती

- इस बात का डर कि जब उनके माता-पिता जानेंगे कि उन्होंने उनका विश्वास तोड़ा है, बच्चों को ऐसे मामलों की शिकायत करने से रोकता है। ऐसे में या तो बच्चे अकेले अपना दर्द सहन करते रहते हैं या अपने साथियों से सहायता माँगते हैं, परंतु अभिभावकों को नहीं बताते।
- **कलंक का डर :** उदाहरणार्थ, लड़कियाँ इस कारण से अपने शोषण की शिकायत नहीं करतीं, क्योंकि उनको डर होता है कि इस अपराध में वे ही दोषी मानी जाएँगी।
- अधिकतर मामलों में जब बच्चे सहायता माँगने का निश्चय भी करते हैं, उन्हें ज्ञान नहीं होता कि उन्हें सहायता मिलेगी कहाँ? उनके निकट आस-पास रहनेवाले वयस्क लोग समस्या की प्रकृति और उसकी भयानकता को शायद समझ न पाएँ और बच्चों को और युवकों को कानून को पालन कराने वाली मशीनरी (पुलिस व प्रशासन) पर विश्वास नहीं होता।
- अभिभावक केवल उसी अवस्था में क्रियाशील होते हैं, जब बच्चे को शारीरिक हानि पहुँचाई जाए। वे बच्चों के ऑनलाइन भावनात्मक उत्पीड़न को गंभीरता से नहीं लेते।
- अभिभावक कुछ मामलों में यह सोच सकते हैं कि पुलिस के पास जाने में केवल समय और धन की बरबादी होगी। वे मामले को हलके में लेते हैं। कभी-कभी वे बच्चों पर दोषारोपण कर मामले को छोड़ देते हैं।
- बच्चे, विशेषकर लड़कियाँ डरती हैं कि यदि उन्होंने शिकायत की तो उनकी स्वतंत्रता पर और अधिक अंकुश लग जाएगा, जबकि उनके आने-जाने व संवाद करने पर पहले ही अनेक पाबंदियाँ हैं।

अभिभावकों को कानून के ज्ञान की आवश्यकता क्यों?

इस मामले में अपने अनुभव के आधार पर मैं बलपूर्वक कह सकता हूँ कि ऐसे

अपराधों की शिकायत न करने का कारण इच्छा शक्ति की कमी व शिकायत करने के विषय में जागरूकता न होना, कि क्या ऐसे अपराधियों को दंडित करने का प्रावधान है और यह कि उन्हें शिकायत के लिए कहाँ जाना चाहिए। अभिभावकों व बच्चों की नकारात्मक सोच भी इस मामले में बाधा है। यदि व्यक्ति को ऐसे कानून की जानकारी न भी हो, यदि वह ऐसा अनुभव करता है कि अपराध हुआ है और इसकी शिकायत होनी चाहिए, तो ऐसा करने के लिए उसे मार्ग व साधन मिल ही जाएँगे। यह स्पष्ट रूप से समझा जाना चाहिए कि ऐसे पर्याप्त कानून हैं जो ऑनलाइन अपराधों के मामले में काररवाई कर सकते हैं।

अभिभावकों को अपनी उस परंपरागत सोच से बाहर आना चाहिए कि अपराधों की शिकायत केवल उस दशा में होनी चाहिए, जब बच्चों को शारीरिक रूप से गंभीर हानि पहुँची हो। यह समझना चाहिए कि ऑनलाइन अपराध बच्चे के मन-मस्तिष्क को गहरी चोट देते हैं और ऐसे में बच्चे के अंदर आत्महत्या की प्रवृत्ति तक विकसित हो सकती है।

एक और बिंदु जो उठाया जाना चाहिए, वह यह कि हम कानून के विषय में केवल तभी सोचें, जब बच्चा स्वयं ऑनलाइन उत्पीड़न और शोषण का शिकार हो रहा हो। उदाहरणार्थ, यदि आपकी बेटी का साइबर उत्पीड़न हो रहा है, तो संभव है कि आप किसी की सलाह लें, यह जानने के लिए कि कानून में कौन से प्रावधान उपलब्ध हैं, जिनके अंतर्गत आप अपनी शिकायत का निवारण प्राप्त कर सकते हैं, परंतु क्या ऐसा भी विचार आपके मन में कभी आया कि आपका बच्चा स्वयं एक उत्पीड़क है, कि क्या वह इंटरनेट पर सेक्स मैसेज व अश्लील तसवीर भेज रहा है, और कि ऐसे अपराधों में उसे कौन सी कानूनी काररवाई का सामना करना पड सकता है?

आमतौर पर हम अपने बच्चों को सिखाते हैं कि क्या अच्छा है और क्या बुरा है? यह पूर्ण रूप से कानूनी प्रावधानों के अनुसार नहीं है, किंतु ऐसे मामलों में हम नैतिकता के अनुसार कार्य करते हैं। परिणामस्वरूप, हमारे बच्चे साधारणतया जानते हैं कि उनके कौन से कार्य वैधानिक काररवाई के रूप में दंड आमंत्रित कर सकते हैं और परिवार की बदनामी करा सकते हैं, किंतु क्या बच्चों को यह भी सिखाया जाता है कि उनके कौन से ऑनलाइन कार्य उनके विरुद्ध कौन सी वैधानिक काररवाई का कारण बन सकते हैं?

दोनों ही परिस्थितियों में जब कोई अपने बच्चे को ऑनलाइन उत्पीड़न या शोषण से बचाने के लिए या उसको ऑनलाइन पर उचित व्यवहार करने की शिक्षा दे रहा हो, तब उसे बहुत आवश्यक है कि उसे कानूनी प्रावधानों (धाराओं) की अच्छी जानकारी हो।

इस अध्याय में हम उन अनेक कानूनी प्रावधानों (धाराओं) पर विचार करेंगे, जो आपके बच्चे को ऑनलाइन उत्पीड़न से बचाएँगे और साथ ही उसे उत्पीड़क व अपराधी बनने से रोकेंगे।

ऐसे पाँच कानून हैं, जो आपके बच्चे को ऑनलाइन उत्पीड़न से बचने में सहायक हो सकते हैं—

यह बहुत महत्त्वपूर्ण है कि सर्वप्रथम आप अपने आप को उन कानूनों के विषय में अपडेट करें, जो आपके बच्चों को ऑनलाइन या ऑफलाइन उत्पीड़ित (परेशानी) से बचाने में सहायक हों। भारतीय कानूनी संरचना (ढाँचे) में बच्चों को अनेक परिस्थितियों में सुरक्षा प्रदान करने के लिए बहुत से अधिनियम (कानून) मौजूद हैं। वे नीचे तालिका में दिए हैं।

क्रम सं.	अधिनियम	धारा	अपराध के लिए दंड
1.	आई.टी. ऐक्ट 2000	धारा 66	कंप्यूटर संबंधित अपराध
		धारा 66 A	खराब संदेश भेजना
		धारा 66 B	चोरी की हुई इलेक्ट्रॉनिक सामग्री प्राप्त करना
		धारा 66 C	पहचान चोरी
		धारा 66 D	किसी का रूप धारण कर धोखा
		धारा 66 E	निजता भंग करना
		धारा 67	अश्लील सामग्री भेजना या प्रकाशित करना
		धारा 67 A	यौन क्रिया संबंधी सामग्री भेजना या प्रकाशित करना
		धारा 67 B	बच्चों को यौन क्रिया करते हुए दरशाना
		धारा 72	निजता उल्लंघन

2.	भारतीय दंड संहिता	292	अश्लील सामग्री प्रसारित करना
		293	बीस वर्ष से कम के युवाओं/किशोरों को अश्लील सामग्री परोसना
		419	किसी का रूप बनाकर धोखा देना
		420	धोखा देना
		500	बदनामी करना
		506	नारी का शील भंग करना (इज्जत से खिलवाड़)
		507	आपराधिक रूप से डराना-धमकाना
3.	पॉस्को अधिनियम (कानून)	यौन उत्पीड़न व शोषण एवं बच्चा यौन प्रदर्शन के विरुद्ध संरक्षण प्राप्त कराता है।	
4.	आई.टी.पी. ऐक्ट	किसी व्यक्ति को वेश्यावृत्ति से संरक्षण प्रदान करता है।	
5.	जेजे. ऐक्ट	बच्चों की देखभाल व पुनर्निवास संबंधी प्रावधान	

1. इन्फॉर्मेशन टेक्नोलॉजी ऐक्ट 2000

इन्फॉर्मेशन टेक्नोलॉजी ऐक्ट 2000 एवं 2008 (संशोधित) इंटरनेट संबंधी अपराधों के मामलों के लिए बना है। इसका संशोधन इसके दायरे को बढ़ाता है, जिसके द्वारा बच्चों के विरुद्ध ऑनलाइन अपराधों को स्पष्ट रूप में चिह्नित किया गया है, जो निम्नलिखित हैं—

A. अश्लील सामग्री भेजना या प्रकाशित करना

इंटरनेट पर बड़ी मात्रा में प्रसारित अश्लील सामग्री सदैव से चिंता का विषय रही है। इसी प्रकार से अश्लीलता ऑनलाइन या ऑफलाइन प्रतिबंधित कर दी गई है। इसको प्रतिबंधित करनेवाले सबसे अधिक महत्त्वपूर्ण हथियार हैं, आई.टी. ऐक्ट की धाराएँ 67 तथा 67 A, जो क्रमश: अश्लील सामग्री व यौन-क्रिया को दरशाने को प्रतिबंधित करती हैं। अभिभावकों को यह जानना चाहिए कि बच्चे अनजाने में तो यह अपराध नहीं कर रहे हैं? ऐसे भी उदाहरण हैं, जहाँ बच्चों ने स्वनिर्मित वीडियो, इमेज और वह कुछ भी जो अपराध की श्रेणी में आता है, प्रसारित किया है।

धारा 67 कहती है, इलेक्ट्रॉनिक रूप में अश्लील सामग्री को प्रकाशित व प्रेषित करने के लिए दंड : कोई भी व्यक्ति, जो इलेक्ट्रॉनिक रूप में ऐसी कोई भी सामग्री प्रकाशित या प्रेषित करता या कराता है, जो कामुक हो या काम-वासना को उकसाती हो और जिनकी उस सामग्री को देखने की संभावना हो, उसका दुष्प्रभाव पड़े, या उनके भ्रष्ट होने की संभावना हो, चाहे किन्हीं भी परिस्थितियों में वे उसे पढ़ा, देखा या सुना जाए। ऐसे में, उक्त व्यक्ति को प्रथम बार दोषी पाए जाने पर कारावास, जो तीन वर्ष तक हो सकता है और पाँच लाख तक के अर्थदंड से दंडित किया जाएगा और दूसरी बार या उसके पश्चात् दोषी पाए जाने पर पाँच वर्ष तक के कारावास तथा दस लाख तक के आर्थिक दंड से दंडित किया जाएगा।

B. धारा 67 A कहती है

इलेक्ट्रॉनिक रूप में यौन क्रिया आदि संबंधी सामग्री के प्रकाशन करने या प्रेषित करने पर दंड : जो भी व्यक्ति इलेक्ट्रॉनिक रूप में ऐसी सामग्री, जिसमें यौन क्रिया या यौन व्यवहार स्पष्ट रूप से दरशाई गया हो, प्रकाशित या प्रेषित करेगा या कराएगा तो प्रथम बार दोष सिद्ध होने पर पाँच वर्ष तक के कारावास और दस लाख रुपए तक के अर्थदंड और दूसरी बार या तत्पश्चात् दोषी पाए जाने पर सात वर्ष तक के कारावास तथा दस लाख रुपए तक के अर्थदंड से दंडित किया जाएगा।

किंतु धारा 67 व 67A के प्रावधान व धारा 67 B, जो बच्चों से संबंधित कामुकता को प्रतिबंधित करता है, के प्रावधान इलेक्ट्रॉनिक फॉर्म में प्रकाशित पुस्तकों, पैंपलेट, पेपर लेखों, चित्रों, पेंटिंग, जिनमें इलेक्ट्रॉनिक रूप में चित्र रूप में दरशाने पर लागू नहीं होंगे।

1. जिसका प्रकाशन इस रूप में न्यायोचित सिद्ध हो जाए कि इस प्रकार की पुस्तक, पैंपलेट, लेख, ड्रॉइंग, चित्र-प्रदर्शन जनहित में है या विज्ञान, साहित्य, कला या शिक्षा या अन्य जनहित के उद्देश्य के लिए है।
2. जो सद्भावना से धरोहर के रूप में या धार्मिक उद्देश्य से सुरक्षित रखी या प्रयोग की गई हो।

प्रकरण अध्ययन—केस स्टडी—(i) नंबूदरी टी.सी.एस., सिरुसेरी में एक सॉफ्टवेयर इंजीनियर के रूप में कार्यरत् था। वह अपनी एक महिला सहकर्मी के प्रति आकर्षित हो गया और उसने अपना प्रेम प्रकट कर दिया। जब सहकर्मी ने उसके प्रस्ताव को ठुकरा दिया, तो अप्रैल 2001 में क्रोध में आकर नंबूदरी ने उसको अश्लील व अपमानजनक इ-मेल भेजना शुरू कर दिया। एक अवसर पर जब वह महिला एक आधिकारिक विजिट पर यू.एस. जा रही थी तो नंबूदरी ने कंपनी प्रमुख को उसके बारे में दुर्भावनायुक्त सामग्री इ-मेल कर दी। नंबूदरी ने उस महिला के भाई को महिला की

झूठी नंगी तसवीर भेज दी (किसी अन्य महिला से जोड़कर)। नंबूदरी महिला का अनेक महीनों तक पीछा करता रहा व इलेक्ट्रॉनिक माध्यम से उसे परेशान करता रहा। दोष साबित होने पर वह निम्नलिखित अनेक धाराओं में दोषी पाया गया—

1. आई.टी. की धारा 67 (इलेक्ट्रॉनिक रूप में अश्लील सामग्री प्रकाशन करने पर दंड)।
2. आई.पी.सी. की धारा 506 (आपराधिक डराना-धमकाना, जिससे पीड़ित व्यक्ति की मृत्यु हो सकती हो या उसे गहरा आघात लग सकता हो)।
3. आई.पी.सी. की धारा 509 (किसी स्त्री के प्रति अपमानजनक शब्द बोलना या इशारा करना, जिससे महिला की मर्यादा को ठेस पहुँचे और साथ में तमिलनाडु प्रोहिबीशन ऑफ हेरेसमेंट ऑफ वीमेन ऐक्ट 1998)।

(ii) यह केस, याहू मैसेज ग्रुप में एक तलाकशुदा महिला के विषय में अश्लील, निंदात्मक व अपमानजनक संदेश भेजने से संबंधित है। इसमें आरोपी ने महिला के नाम से एक फर्जी इ-मेल एकाउंट खोला और उसके माध्यम से पीड़ित को सूचनार्थ इ-मेल अग्रसारित (फॉरवर्ड) किया। इससे महिला को परेशान करनेवाले फोन कॉल आने लगे। महिला की शिकायत पर आरोपी को पकड़ लिया गया। पुलिस की जाँच में पता चला कि वह पीड़िता का एक परिचित पारिवारिक मित्र था और उससे शादी करना चाहता था। उसकी शादी किसी अन्य व्यक्ति से हुई थी और उसका तलाक हो गया था और आरोपी ने पीड़िता से पुनः संपर्क करना प्रारंभ कर दिया था। उसके आरोपी से शादी करने से मना करने पर आरोपी ने पीड़िता को इंटरनेट द्वारा परेशान करना शुरू कर दिया था।

निर्णय : आरोपी को धारा 469, 509 आई.पी.सी. तथा धारा 67 आई.टी. ऐक्ट 2000 के अंतर्गत दोषी पाया गया और उसे दंडित किया गया।

C. बच्चों से संबंधित यौन अपराध व उनकी ग्रूमिंग (यौन संबंधों के लिए फुसलाना)

इस अधिनियम (ऐक्ट) की धारा 67 बी बच्चों को यौन उद्देश्य व शोषण के लिए फँसाने या लुभाने के लिए दंडित करती है।

आई.टी. ऐक्ट 2000 की संशोधित धारा 67 बी—

धारा 67 बी-इलेट्रॉनिक माध्यम से बच्चों को यौन-क्रिया में लिप्त दरशाने की सामग्री के प्रकाशन व प्रसारण के लिए दंड, यदि कोई—

1. इलेक्ट्रॉनिक माध्यम ऐसी किसी सामग्री को प्रकाशित या प्रेषित करता है,

जिसमें बच्चों को यौन क्रिया में लिप्त दरशाया गया हो या यौन व्यवहार करते दरशाया गया हो।

2. इलेक्ट्रॉनिक माध्यम कोई ऐसा टेक्स्ट मैसेज या डिजिटल इमेज को निर्मित या संग्रह करता है, जो खो जाता है, यह ब्राउजिंग करता है, डाउनलोड करता है, प्रचारित करता है, प्रोत्साहित करता है, साझा करता है, वितरित करता है, जिसमें बच्चों को अश्लील व अनुचित रूप में यौन क्रिया करते दरशाता है।
3. बच्चों को ऐसे तैयार करता है, फँसाता है या फुसलाता है कि वे ऑनलाइन एक साथ जुड़कर यौन क्रिया करने के लिए इस प्रकार तत्पर हो जाएँ, जो किसी भी विवेकशील व्यक्ति को कंप्यूटर रिसोर्स पर आहत करे।
4. बच्चों को उत्पीड़न करने की सुविधा प्रदान करता है।
5. अपने द्वारा या अन्य व्यक्तियों द्वारा किए गए बच्चे के शोषण अथवा उनके साथ यौन क्रिया के कृत्य को रिकॉर्ड करता है।

वह दोषी सिद्ध होने पर प्रथम बार पाँच वर्ष तक के कारावास और दस लाख तक के आर्थिक दंड व दूसरी बार व तत्पश्चात् दोषी सिद्ध होने पर सात वर्ष तक के कारावास व दस लाख रुपए तक के आर्थिक दंड से दंडित किया जाएगा।

परंतु धारा 67 व 67 ए (आई.टी. ऐक्ट 2000) तथा इस धारा के प्रावधान उस दशा में लागू नहीं होंगे, यदि इस प्रकार की सामग्री इलेक्ट्रॉनिक रूप में किसी पुस्तक, पैंपलेट, पेपर, लेख, ड्राइंग, पेंटिंग, दृश्य या तसवीर में दरशाई गई हो।

स्पष्टीकरण : इस धारा के उद्देश्य के लिए बच्चे का अर्थ उस व्यक्ति से है, जो 18 वर्ष की आयु पूर्ण नहीं कर पाया हो।

प्रकरण : आई.टी. ऐक्ट 2000 की धारा 67ब, जिसमें बच्चों को इलेक्ट्रॉनिक रूप में यौन कृत्य में दरशाने पर दंड का प्रावधान है, के अंतर्गत एक वरिष्ठ सरकारी अफसर को आरोपित किया गया। सर्वप्रथम जर्मन पुलिस ने इस गतिविधि को मुंबई से एक सर्वर पर देखा, जो यूनाइटेड स्टेट्स में स्थापित था। उन्होंने यह रिपोर्ट इंटरपोल को भेज दी, जिसने इसे नई दिल्ली में सी.बी.आई. को भेज दी और फिर यह रिपोर्ट मुंबई क्राइम ब्रांच को प्रेषित की गई। साइबर सेल ने पाया कि यह गतिविधि ले. कर्नल सिंह के इंटरनेट प्रोटोकॉल पते पर थी। पुलिस ने ले. कर्नल को उनके कोलाबा स्थित घर से उठाया, जहाँ वे अपने परिवार के साथ रहते थे। पुलिस ने 80 जी.बी. की दो हार्डडिस्क भी बरामद कीं, जिसमें सैकड़ों फोटो क्लिप्स मौजूद थीं। आपराधिक सबूत दरशाते थे कि यह सरकारी अधिकारी कुछ प्रसिद्ध बच्चा-यौन साइट्स पर बच्चों की यौन संबंधी तसवीरें व क्लिप्स अपलोड करने में शामिल था।

D निजता की सुरक्षा

यह अधिनियम निजता की सुरक्षा प्रदान करता है। यदि कोई व्यक्ति किसी अन्य व्यक्ति की व्यक्तिगत (निजी) स्थान या क्षेत्र की बिना अनुमति या सहमति के तसवीर उतारता है, प्रकाशित या प्रेषित करता है, तो वह कानून की इस धारा के अंतर्गत अपराध करता है। यह ध्यान देने की बात है कि यदि कोई बच्चा अपनी ही आलिंगनबद्ध स्थिति तसवीर उतारकर इंटरनेट या मोबाइल फोन पर प्रसारित करता है, तो वह भी अपराध की श्रेणी में आएगा।

धारा 66 (ई) : किसी की निजता को भंग करने की सजा : यदि कोई व्यक्ति जान-बूझकर इरादतन किसी अन्य व्यक्ति के निजी क्षेत्र की तसवीर उसकी बिना अनुमति/सहमति के उतारता है, प्रकाशित करता है या प्रेषित करता है, जिससे उस व्यक्ति की निजता भंग होती हो, तो ऐसा करनेवाला व्यक्ति तीन वर्ष तक के कारावास या दो लाख रुपए तक के आर्थिक दंड या दोनों सजाओं से दंडित किया जाएगा।

स्पष्टीकरण : इस धारा के प्रयोजन के लिए—

1. प्रेषित करने का अभिप्राय कि दृश्य के इलेक्ट्रॉनिक किसी या किन्हीं व्यक्तियों को इस उद्देश्य से प्रेषित करने से है कि वे उस तसवीर को देखें।
2. 'तसवीर लेने' का तात्पर्य किसी भी साधन से देखने के लिए किसी का वीडियो टेप करना, फोटो लेना, फिल्म बनाना या रिकॉर्ड करना है।
3. 'निजी क्षेत्र' का तात्पर्य नंगे या अंडरगारमेंट से ढके प्रजनन अंग या नारी के वक्षस्थल के भाग से है।
4. 'प्रकाशित' करने का तात्पर्य प्रिंटिंग या इलेक्ट्रॉनिक तरीके से चित्रण करना तथा जन साधारण को उपलब्ध कराना है।
5. 'निजता भंग करने की परिस्थितियों' का तात्पर्य उन परिस्थितियों से है, जिनमें व्यक्ति एक तार्किक (उचित व स्वाभाविक) इस अपेक्षा से है—

(i) कि कोई अकेले में अपने कपड़े उतार देगा/देगी, जबकि उसे इस बात की चिंता नहीं कि उसके गुप्तांगों की तसवीर उतारी जा रही है।

(ii) किसी शरीर के वे भाग, जो सार्वजनिक क्षेत्र में दिखाई नहीं देते, चाहे व्यक्ति सार्वजनिक क्षेत्र में हो या निजी क्षेत्र में।

केस स्टडीज : जवाहरलाल नेहरू विश्वविद्यालय का एम.एम.एस. कांड : प्रतिष्ठित व प्रसिद्ध जवाहरलाल नेहरू विश्वविद्यालय के नाम को आघात लगाने वाली एक यौन संबंधी एम.एम.एस. क्लिप, जो जाहिर तौर पर विश्वविद्यालय के कैंपस में ही बनाई गई थी, कैंपस से बाहर प्रेषित की गई। कुछ मीडिया रिपोर्ट्स में बताया गया कि दो आरोपी छात्रों ने शुरू में वीडियो में लड़की से धन ऐंठने का प्रयास किया, परंतु जब वे अपने मकसद में

असफल हो गए, तो दोषियों ने उस वीडियो को इंटरनेट से मोबाइल फोन्स पर डाल दिया और यहाँ तक कि उसकी सीडी बनाकर ब्लू फिल्म को बाजार में बेच भी दिया।

नागपुर के एक राजनीतिज्ञ के बेटे का एम.एम.एस. कांड : 2 जनवरी, 2012 को नागपुर पुलिस ने दो इंजीनियर छात्रों को गिरफ्तार किया, उनमें से एक राजनीतिक नेता का पुत्र था। उन्होंने एक 16 वर्ष की लड़की की अपने साथ यौन क्रिया की एम.एम.एस. क्लिप बनाई और लड़की का उत्पीड़न करने के लिए, उस क्लिप को प्रसारित कर दिया। नागपुर पुलिस (ग्रामीण) के अनुसार लड़की, नागपुर जिले के सोनर मंडल के जिला परिषद् के सदस्य और प्रभावशाली राजनीतिक नेता, यशोदा धनराज (नाम परिवर्तित) के पुत्र 19 वर्ष के मिथलेश के साथ संबंध में थी।

E. कंप्यूटर संबंधी अपराध

धारा 66—यदि कोई व्यक्ति बेईमानी या धोखे से धारा 43 में दिए गए किसी कृत्य का दोषी पाया जाता है, तो वह 2 से 3 वर्ष तक के कारावास या दो लाख रुपए के आर्थिक दंड या दोनों से दंडित किया जाएगा।

अधिनियम की धारा 43 में वर्णित अपराध—

यदि कोई व्यक्ति किसी कंप्यूटर, कंप्यूटर सिस्टम या कंप्यूटर वर्क उसके मालिक या प्रभारी की स्वीकृति के बिना, ऐसे कंप्यूटर, कंप्यूटर सिस्टम, कंप्यूटर नेटवर्क या कंप्यूटर रिसोर्स पर पहुँच बना लेता है और—

1. ऐसे कंप्यूटर, कंप्यूटर सिस्टम से, कंप्यूटर नेटवर्क से कोई डाटा, कंप्यूटर डाटा, कंप्यूटर डेटाबेस या सूचना, जिसमें वह सूचना या डाटा भी शामिल है, जो किसी भी हटाए (मिटाए) जाने योग्य स्टोरेज माध्यम में रखा गया हो, डाउनलोड करता है, कॉपी करता है या किसी डाटा को चुरा लेता है।
2. उस कंप्यूटर में, कंप्यूटर सिस्टम में या कंप्यूटर नेटवर्क में कोई कंप्यूटर को खराब करनेवाली कोई सामग्री या वायरस डाल या डलवा देता है।
3. ऐसे कंप्यूटर में, कंप्यूटर सिस्टम या कंप्यूटर नेटवर्क में पड़े हुए किसी डाटा, डाटा बेस, या अन्य प्रोग्राम अथवा किसी कंप्यूटर, कंप्यूटर सिस्टम या कंप्यूटर नेटवर्क को नष्ट करता अथवा करवाता या उसे हानि पहुँचाता है।
4. किसी कंप्यूटर, कंप्यूटर सिस्टम अथवा कंप्यूटर नेटवर्क में व्यवधान डालता अथवा डलवाता है।
5. किसी भी प्रकार से ऐसे किसी व्यक्ति को कंप्यूटर, सिस्टम या नेटवर्क पर पहुँच बनाने से रोकता या रुकवाता है, जो ऐसा करने के लिए अधिकृत है।

6. किसी कंप्यूटर, कंप्यूटर सिस्टम या नेटवर्क के साथ छेड़-छाड़ या उसमें हेरा-फेरी करके किसी व्यक्ति के एकाउंट से सेवाएँ देकर किसी भी व्यक्ति से पैसा प्राप्त करता है।
7. इस अधिनियम के प्रावधानों, नियमों व विनियमों के विपरीत किसी भी व्यक्ति को इस बात में सहायता प्रदान करता है कि वह किसी कंप्यूटर, कंप्यूटर सिस्टम, कंप्यूटर नेटवर्क पर पहुँच प्राप्त कर ले।
8. किसी कंप्यूटर सिस्टम या कंप्यूटर नेटवर्क में उपलब्ध किसी जानकारी को किसी भी प्रकार से नष्ट करता है, परिवर्तित करता है या इसकी कीमत को कम करता है।
9. हानि पहुँचाने की इच्छा से कंप्यूटर रिसोर्स के लिए प्रयुक्त किसी कंप्यूटर सोर्स कोड चुराता, छिपाता, नष्ट करता, परिवर्तित करता अथवा ऐसा किसी अन्य व्यक्ति से कराता है।

केस स्टडी—श्रीमती विनीता, एक गृहिणी ने शिकायत की कि किसी ने उसका एकाउंट हैक कर लिया था। शुरू में हैकर ने उसको एक लिंक भेजा, और जैसे ही महिला ने उसे क्लिक किया, उसका एकाउंट हैक हो गया। आरोपी द्वारा प्रयुक्त डिस्प्ले पिक्चर किसी ऐसे व्यक्ति की थी, जिसको श्रीमती विनीता अच्छी प्रकार जानती थीं। अतः जैसा आरोपी ने कहा, वैसा ही महिला ने किया। हैकर ने यह कहकर कि उसे पैसे की तुरंत आवश्यकता है, उसने उन सभी लोगों, मित्रों व रिश्तेदारों से धन की माँग की, जो पीड़िता की कॉन्टेक्ट लिस्ट में थे। विनीता के एक मित्र ने यह मानकर कि श्रीमती विनीता को धन की आवश्यकता होगी, हैकर के एकाउंट में एक लाख रुपए भेज दिए। आरोपी को पुलिस ने गिरफ्तार करके उसको धारा 66 के अंतर्गत आरोपित किया।

F. अपमानित करनेवाली व निंदात्मक सामग्री भेजना

यदि कोई व्यक्ति कंप्यूटर रिसोर्स या संदेश डिवाइस से किसी अन्य व्यक्ति को—

1. ऐसी सूचना भेजता है, जो बहुत निंदात्मक या डराने-धमकाने वाली हो।
2. ऐसे कंप्यूटर या संदेश डिवाइस के माध्यम से किसी अन्य व्यक्ति को जान-बूझकर लगातार झूठी सूचना भेजते हैं, जिन्हें वह स्वयं झूठा समझता है, इस उद्देश्य से कि ये उस व्यक्ति को नाराज करें, उसको असुविधा पैदा करें, उसके लिए खतरा, रुकावट, अपमान, चोट, आपराधिक धमकी, शत्रुता, घृणा या दुर्भावना उत्पन्न हो, तो ऐसे अपराधी को दो वर्ष तक के कारावास व अर्थदंड से दंडित किया जाएगा।

यह धारा मा. उच्चतम न्यायालय ने 24.03.2015 को अमित चौधरी बनाम धनंजय

महापात्रा द्वारा असंवैधानिक घोषित कर दी, इस आधार पर कि यह धारा बोलने की स्वतंत्रता पर चोट करती है।

G. चोरी किए हुए कंप्यूटर तथा कम्युनिकेशन डिवाइसेस

धारा 66बी : चुराए हुए कंप्यूटर तथा कम्युनिकेशन डिवाइसेस को बेईमानी से प्राप्त करने का दंड : यदि कोई व्यक्ति जान-बूझकर यह जानते हुए कि उनके द्वारा प्राप्त किया या रखा हुआ कंप्यूटर या कम्युनिकेशन डिवाइस है, उसे प्राप्त करता है, जबकि यह मानने का कारण है कि यह सामान चोरी का है, उसे 3 वर्ष तक के कारावास या एक लाख रुपए के अर्थ दंड या दोनों से दंडित किया जाएगा। यह धारा वर्ष 2008 में संशोधन द्वारा जोड़ी गई थी।

केस स्टडी (वास्तविक प्रकरण)—कोल्लम जिले के दो विद्यार्थी, विकास तथा विनॉय ने नई-नई रिलीज हुई मलयालम मूवी 'प्रेमम' की चोरी की हुई कॉपी अपलोड की और उसे अपने पास रखा। यह कॉपी उन्हें सेंसर बोर्ड के एक अधिकारी से प्राप्त हुई। उन्हें आई.टी. अधिनियम की धारा 66बी के अंतर्गत आरोपित किया गया।

H. पहचान चोरी

पहचान की चोरी का दंड : यदि कोई व्यक्ति किसी अन्य व्यक्ति के इलेक्ट्रॉनिक हस्ताक्षर, पासवर्ड या कोई अन्य विशेष पहचान चिह्न कपटपूर्वक या बेईमानी से प्राप्त कर उसका प्रयोग करता है, तो वह इस धारा के अंतर्गत अपराध करता है। वह 3 वर्ष तक के कारावास या एक लाख रुपए के आर्थिक दंड का भागी होगा।

केस स्टडी—अभी हाल में साइबर सेल ने कोच्चि से एक 19 वर्ष के बी.ए. के छात्र अली हसन को गिरफ्तार किया। उसने अपने पास के क्षेत्र में रहनेवाली कुछ परिचित लड़कियों के सोशल मीडिया प्लेटफॉर्म से उनके फोटोग्राफ प्राप्त करके उनको बिना बताए, उनकी फर्जी फेसबुक प्रोफाइल बना ली। उसके पश्चात् उसने उन लड़कियों की आई.डी. से अश्लील फोटो व वीडियो भेजने शुरू कर दिए, और यहाँ तक कि उसने उन लड़कियों का उत्पीड़न व उनको ब्लैकमेल करना प्रारंभ कर दिया। थेवेरा की एक छात्रा ने कोच्चि साइबर सेल में शिकायत दर्ज कराई कि किसी अज्ञात आरोपी ने उसके नाम से उसकी फोटो का प्रयोग करके विभिन्न फेसबुक आईडी बना ली है और वह इंटरनेट पर उसके नाम से अश्लील संदेश व फोटो डाल रहा है। पुलिस ने धारा 66 सी आई.टी. अधिनियम के अंतर्गत शिकायत दर्ज करके जाँच शुरू की।

I. किसी और व्यक्ति के रूप में अपने को प्रस्तुत करके धोखा देना

धारा 66 डी : कंप्यूटर रिसोर्स का प्रयोग करके किसी अन्य व्यक्ति के नाम धोखा देने पर दंड : यदि कोई व्यक्ति किसी कम्युनिकेशन डिवाइस या कंप्यूटर रिसोर्स के माध्यम से किसी अन्य व्यक्ति के नाम से किसी को ठगता या धोखा देता है, तो वह इस धारा के अंतर्गत अपराध करता है। इस प्रकार के बहुत से मामले देश के अनेक भागों से सामने आ रहे हैं। इनमें से बहुत से मामले बैंक एकाउंट्स से पैसे निकल जाने से जुड़े हैं। इस प्रकार के अपराध के लिए 3 वर्ष का कारावास व एक लाख रुपए तक के अर्थदंड का प्रावधान है।

केस स्टडी—विनायक पांडसे ने गोवा पुलिस की साइबर क्राइम सेल में शिकायत दर्ज कराई कि 17 फरवरी, 2017 को किसी राजेश कुमार ने अपने को आर.बी.आई. का अधिकारी बताकर उसे फोन किया कि वह मुंबई से बोल रहा है और उसने (आरोपी) सरकार के नोटबंदी के निर्णय से एक माह पूर्व व उसके पश्चात् शिकायतकर्ता के खाते में लेन-देन का विवरण माँगा। फोन करनेवाले ने यह भी कहा कि आयकर अधिकारी उसके पास ही है। पांडसे ने उससे बात करने और अपनी व्यक्तिगत जानकारी देने में अनिच्छा जताई, किंतु जब कॉलर ने उसके आधार कार्ड का नंबर भी बताया तो शिकायतकर्ता को विश्वास हो गया कि कॉलर का दावा सही था। पहले पांडसे ने अपने आधार कार्ड का नंबर बताने से भी मना कर दिया था। बाद में अपने को आर.बी.आई. का अधिकारी बताने वाले व्यक्ति ने शिकायतकर्ता का डेबिट कार्ड नंबर भी माँग लिया, परंतु कहा कि वह उसका पिन न बताए। इस वार्त्तालाप के आधा घंटे के अंदर शिकायतकर्ता को अपने बैंक से 23 संदेश प्राप्त हुए कि उसके खाते से 8.10 लाख रुपए निकाले गए हैं। साइबर सेल ने राजेश कुमार तथा मनोज कुमार के विरुद्ध आई.टी. की धारा 66डी के अंतर्गत एफ.आई.आर. पंजीकृत कर ली।

J. निजता व विश्वास को भंग करना

धारा 72 : यदि कोई व्यक्ति किसी अन्य व्यक्ति इलेक्ट्रॉनिक रिकॉर्ड, पुस्तक, रजिस्टर, पत्राचार, सूचना, डॉक्यूमेंट में पहुँच बनाकर उस व्यक्ति की जानकारी के बिना इस प्रकार की सूचना प्राप्त कर लेता है और किसी तीसरे व्यक्ति से साझा करता है, तो वह इस धारा के अंतर्गत दंडनीय है।

उदाहरण : अपराध जाँच की एक टीम के एक सदस्य 'अ' ने किसी आरोपी की कॉल डिटेल किसी टी.वी. चैनल को अपने निजी फोन नंबर से भेज दी। इस कॉल डिटेल में आरोपी के अनेक व्यक्तियों से अवैध व अश्लील संबंधों का विवरण था। टी.वी. चैनल ने वह विवरण प्रसारित कर दिया। 'अ' ने इस धारा के अंतर्गत अपराध किया।

2. पॉस्को ऐक्ट 2012

'इन्फॉर्मेशन टेक्नोलॉजी ऐक्ट' में प्रावधानों को 'प्रोटेक्शन ऑफ चिल्ड्रन फ्रॉम सेक्सुअल ऑफेंस ऐक्ट (पॉस्को) 2012 के द्वारा और सशक्त बनाया गया है। पॉस्को बच्चों के विरुद्ध ऑनलाइन अनेक अपराधों, जिसमें बच्चों के साथ यौनाचार व ग्रूमिंग शामिल हैं, के संबंध में है। इस अधिनियम में व्यवस्था है कि मीडिया, होटल, फोटोग्राफी स्टूडियो, क्लब्स, अस्पताल आदि इस बात के लिए बाध्य हैं कि वे बच्चों से किसी प्रकार के यौनाचार सामग्री की सूचना (पुलिस को) देंगे। इसके अंतर्गत निम्नलिखित अपराध आते हैं—

बच्चों को यौन अपराधों, यौन उत्पीड़न, यौन शोषण व बाल यौन कृत्यों से बचने के लिए सुरक्षा प्रदान की गई है।

यह अधिनियम 18 वर्ष से कम आयु के व्यक्ति को बच्चा मानता है और उनके हित व कल्याण को अत्यधिक महत्त्व देता है, जिससे कि प्रत्येक स्तर पर बच्चे का शारीरिक, भावनात्मक, बौद्धिक तथा सामाजिक रूप से स्वस्थ विकास सुनिश्चित हो सके। यह अधिनियम यौन उत्पीड़न को विभिन्न रूपों में परिभाषित करता है, जिसमें पेनीट्रेटिव व नॉन-पेनीट्रेटिव यौन दुराचार व यौनाचार शामिल हैं। यह अधिनियम ऐसे यौन दुराचारों को कुछ दशाओं में अति गंभीर मानता है। पीड़ित/शिकार बच्चा मानसिक रूप से बीमार हो या दुराचारी के विश्वास या देख-रेख में हो या बच्चे के प्रति अधिकृत स्थिति में हो, जैसे कोई परिवार का सदस्य हो, पुलिस अधिकारी हो, अध्यापक हो या चिकित्सक हो, जो लोग बच्चों की यौन उद्देश्य के लिए खरीद-फरोख्त करते हों। इस अधिनियम के अंतर्गत अपराध में सहयोग के दोषी होंगे और तद्नुसार दंडित किए जाएँगे। यह अधिनियम अपराध की गंभीरता के अनुसार दंड की श्रेणी निर्धारित करता है, जिसमें अधिकतम सजा आजीवन कठोर कारावास व अर्थदंड है।

यह अधिनियम बच्चों को यौन शोषण, उत्पीड़न तथा यौनाचार से सुरक्षित करने के उद्देश्य से बनाया गया है, जिसमें इन अपराधों से प्रत्यक्ष या अप्रत्यक्ष रूप से संबंधित अपराधों के मामलों से मुकदमा चलाने के लिए विशेष अदालतें बनाने का प्रावधान है। संविधान की धारा 15 की उपधारा 3, अन्य बातों के अलावा राज्य सरकार को बच्चों के लिए विशेष प्रावधान बनाने के लिए अधिकृत करती है।

और चूँकि भारत सरकार ने 11 दिसंबर, 1992 को यूनाइटेड नेशंस की जनरल एसेंबली के अधिकारों पर हुए सम्मेलन में पास किए गए प्रस्ताव को स्वीकार किया है, जिसमें बच्चों के हितों को सुरक्षित रखने के लिए समस्त राज्य सदस्यों के लिए कुछ मानक निर्धारित किए गए हैं, जिनका पालन हर सदस्य देश की सरकार को करना है।

और चूँकि बच्चों के उचित विकास के लिए यह आवश्यक है कि बच्चों की निजता,

गोपनीयता के अधिकारों की, हर दशा में बच्चों से संबंधित अदालती प्रक्रिया के दौरान या अन्यथा हर कदम पर रक्षा की जाए और उनका सम्मान किया जाए।

और चूँकि यह बाध्यकारी है कि कानून इस प्रकार से क्रियान्वित (लागू) किया जाए कि हर स्तर पर बच्चे के हित व कल्याण सबसे अधिक महत्त्वपूर्ण हैं, जिससे बच्चे का शारीरिक, भावनात्मक, बौद्धिक तथा सामाजिक विकास स्वस्थ रूप से सुनिश्चित हो सके।

और चूँकि बच्चों के अधिकारों पर सम्मेलन के सभी राज्य सदस्यों से अपेक्षा की जाती है कि वे सभी प्रकार के राष्ट्रीय, द्वि-राष्ट्रीय एवं बहुपक्षीय कदम उठाएँ, जिससे कि—

1. बच्चे को किसी अवैधानिक यौन क्रिया में सम्मिलित करने के लिए उकसाने या मजबूर करने को रोका जाए।
2. बच्चों के वेश्यावृत्ति या अन्य गैर-कानूनी यौन गतिविधियों में होने वाले शोषण को रोका जा सके।
3. यौनिक क्रियाओं संबंधी सामग्री के लिए बच्चों के शोषण को रोका जाए।

धारा 11 : "बच्चों का यौन उत्पीड़न : बच्चों को इलेक्ट्रॉनिक आकृति में यौनाचार के उद्‌देश्य से कोई वस्तु दिखाना या बच्चे से लगातार डिजिटल फार्म में संपर्क करना या बच्चे को मीडिया के किसी रूप को प्रयोग करने के लिए धमकी देना।"

धारा 11 : बच्चे का यौन उत्पीड़न : यदि कोई व्यक्ति यौन उद्‌देश्य से बच्चे के लिए—

1. कोई ऐसा शब्द बोलता है या ऐसी ध्वनि उत्पन्न करता है, या ऐसा हाव-भाव या इशारा दरशाता है, या उसको कोई वस्तु या शरीर का कोई अंग दरशाता है इस उद्‌देश्य से कि ऐसा शब्द या ध्वनि बच्चे के द्वारा सुनी जाएगी, या ऐसा हाव-भाव या वस्तु या शरीर का अंग बच्चे द्वारा देखा जाएगा।
2. बच्चे से उसका शरीर या शरीर का कोई अंग दरशाता है, जो उस व्यक्ति के द्वारा देखा जाएगा।
3. बच्चे के साथ यौनाचार के उद्‌देश्य से किसी भी रूप में या किसी भी माध्यम से कोई वस्तु दरशाता है।
4. बार-बार लगातार बच्चे का प्रत्यक्ष रूप से अथवा इलेक्ट्रॉनिक या डिजिटल या अन्य किसी माध्यम से पीछा करता है, उस पर निगाह रखता है या उससे संपर्क करता है।
5. बच्चे को इस बात के लिए डराता है कि बच्चा मीडिया के किसी रूप में इलेक्ट्रॉनिक के द्वारा वास्तविक या बनावटी रूप में कोई फिल्म या किसी भी मोड में डिजिटल अन्य किसी मोड में बच्चे के शरीर का कोई भाग या बच्चे को यौन क्रिया में रत देखे।

6. बच्चे को यौनाचार के लिए प्रलोभन, धन या और कोई लालच देता है।

इस धारा के अंतर्गत दंडनीय है।

धारा 12 : यौन उत्पीड़न के लिए सजा : यदि कोई व्यक्ति किसी बच्चे का यौन उत्पीड़न करता है तो उसे तीन वर्ष तक के कारावास तथा अर्थ दंड से दंडित किया जाएगा।

स्पष्टीकरण : यौन इरादा एक तथ्यात्मक विषय होगा।

धारा 13 : यह धारा उस व्यक्ति के लिए है, जो बच्चे को अपनी यौन संतुष्टि या इस कार्य के लिए बच्चे को अन्य व्यक्तियों के मध्य वितरित करता है। किसी बच्चे की वास्तविक या कृत्रिम तसवीर का प्रयोग यौनाचार उद्देश्य से प्रयोग करता है या यौन संतुष्टि के लिए या कामोत्तेजक सामग्री के लिए बच्चों का उपयोग करता है।

धारा 13 : बच्चे का कामोत्तेजक सामग्री के लिए प्रयोग करना।

मीडिया के किसी भी रूप में, जिसमें टेलीविजन पर प्रोग्राम या प्रचार या इंटरनेट या किसी अन्य प्रकार के इलेक्ट्रॉनिक रूप में या प्रिंटेड रूप में, चाहे ऐसे प्रयोग व्यक्तिगत प्रयोग या प्रचारात्मक प्रयोग के उद्देश्य के इरादे से हो या नहीं, यौन संतुष्टि के लिए बच्चे का प्रयोग, जिसमें निम्नलिखित बातें शामिल हैं—

1. बच्चे के यौनांगों का प्रदर्शन।
2. बच्चे को वास्तविक या कृत्रिम यौन-क्रिया में रत दरशाना, चाहे उसमें पेनीट्रेशन हुआ हो या नहीं।
3. बच्चे का अनुचित, अभद्र या अश्लील प्रदर्शन बच्चे को यौनाचार के लिए प्रयोग करना माना जाएगा और उसके लिए दंड का सामना करना पड़ता है।

धारा 14 : बच्चे का यौन (कामुक) विषयों के लिए प्रयोग—

बच्चों का यौन सामग्री उद्देश्यों के लिए प्रयोग करने पर दंड : यदि कोई व्यक्ति बच्चों का प्रयोग कामुक विषयों के उद्देश्यों के लिए करता है तो उसे पाँच वर्ष तक के कारावास व अर्थदंड से दंडित किया जाएगा और इसी अपराध के लिए दूसरी बार या उसके बाद दोषी पाए जाने पर हर बार सात वर्ष तक के कारावास तथा अर्थदंड से दंडित किया जाएगा।

धारा 15 : बच्चे से संबंधित यौन (कामुक) सामग्री का भंडारण (स्टोरेज) करने पर सजा।

धारा 15 : यदि कोई व्यक्ति बच्चों से जुड़ी कामुक सामग्री, जो व्यावसायिक उद्देश्य से भंडारण की गई है, वह चाहे किसी भी रूप में हो, का संग्रह करता है तो उसे तीन वर्ष तक कारावास या आर्थिक दंड या दोनों से दंडित किया जाएगा।

3. आई.टी.पी. अधिनियम 1956

यह अधिनियम वेश्यावृत्ति तथा किसी व्यक्ति के व्यावसायिक उद्देश्य से यौन शोषण व दुराचार के लिए प्रयोग करने के लिए दंड निर्धारित करता है। इसमें दंड अधिक सख्त है, यदि पीड़ित होनेवाला व्यक्ति एक बच्चा है। जो लोग व्यक्तियों के खरीद-फरोख्त में लिप्त हैं, वे इस अधिनियम के अंतर्गत आएँगे।

4. आई.पी.सी. 1860

भारतीय दंड संहिता, 1860 में बच्चों को शोषण व दुराचार से बचाने के लिए अनेक धाराएँ हैं। चूँकि इन्फॉर्मेशन टेक्नोलॉजी अधिनियम में आपराधिक रूप से डराने-धमकाने, घृणा पूर्ण भाषण और बदनामी की सामग्री प्रसारित करने के विरुद्ध कोई प्रावधान नहीं है। ऐसे मामलों में भारतीय दंड संहिता के प्रावधान लागू होते हैं। इसमें धारा 153ए (घृणापूर्ण भाषण व देशद्रोह); धारा 419 (किसी अन्य व्यक्ति के रूप से धोखा व कपट करना), धारा 500 (बदनाम करनेवाली सामग्री), धारा 506 (आपरा रूप से डराना-धमकाना), धारा 507 (बेनाम संवाद द्वारा आपराधिक डराना-धमकाना तथा धारा 292 (अश्लील सामग्री को रखने पर प्रतिबंध) के प्रावधान लागू होते हैं। किंतु इन्फॉर्मेशन टेक्नोलॉजी के प्रावधानों को भारतीय दंड के प्रावधानों के साथ जोड़ने में अभियोजन में कानून की व्याख्या करने में अभियोजन एजेंसी (पुलिस) व न्यायपालिका के सामने कठिनाई आ सकती है।

5. स्त्री का अश्लील प्रस्तुतीकरण (निषेध) अधिनियम 1986 के अनुसार भी महिलाओं को अनेक रूपों में प्रस्तुत करना और उनके साथ अश्लील हरकत करना या गीत गाना आदि के लिए तीन माह तक के कारावास से दंडित किया जाएगा, परंतु इसमें श्रोताओं को दंडित नहीं किया जाएगा और न ही उन व्यक्तियों को, जिन्होंने संबंधित व्यक्ति से इस प्रकार का कार्य कराया।

□

8

बच्चों में डिजिटल लचीलापन (आघात सहने की शक्ति)

आप हर चीज को नियंत्रित नहीं कर सकते हैं, जो आपके बच्चे ऑनलाइन देखते हैं। अत: अभिभावकों द्वारा किया जानेवाला सबसे महत्त्वपूर्ण कार्य यह है कि वे बच्चे की आघात सहन करने की शक्ति को बढ़ाएँ।

क्या यह विचार नहीं होगा कि बच्चों को इस प्रकार शिक्षित और प्रशिक्षित किया जाए कि वे ऑनलाइन दुनिया में यात्रा करते हुए, उसके जोखिमों से अपने आप को सुरक्षित रखने में सफल हो सकें ?

इंटरनेट तथा सोशल मीडिया अब कहीं नहीं जा रहे। उलटे, आनेवाले दिनों में इनका अधिक विस्तार होने जा रहा है। इसलिए इसमें शामिल होने का जोखिम भी बना रहेगा। अत: हम बच्चों से इंटरनेट का प्रयोग करने के लिए इसके सुरक्षित बन जाने तक की प्रतीक्षा करने को नहीं कह सकते। इसलिए यह बुद्धिमानीपूर्ण कदम होगा कि हम अपने बच्चों को ऑनलाइन दुनिया में आनेवाली असफलताओं व बाधाओं का सामना करने के लिए सक्षम बनाएँ। हमें अपने बच्चों में सही व गलत को समझने की योग्यता उत्पन्न करनी होगी। हमें उन्हें इसके लिए योग्य व सक्षम बनाना होगा कि वे ऑनलाइन भी जीवन के बारे में निर्णय ले सकें जैसे हम प्रतिदिन की व्यावहारिक जिंदगी में करते हैं। हमें अपने बच्चों को आघात सहन करने योग्य बनाना होगा और इसके लिए उन्हें समय देना होगा और तब वे बिना किसी हानि के ऑनलाइन होने का आनंद उठा सकेंगे और वे उसमें आनेवाले खतरों में पड़ने से सुरक्षित रहेंगे, किंतु यह कैसे हो सकता है ? देखने-सुनने में यह कठिन लग सकता है, किंतु वास्तव में ऐसा नहीं है। यह सहन शक्ति निर्माण करने के लिए अभिभावकों को अपने बच्चों को उचित परवरिश के द्वारा ऑनलाइन आनेवाले खतरों व चुनौतियों के बारे में सचेत करना होगा, उनको डिजिटल कौशल व ज्ञान देना

होगा और उनमें इस तकनीक का प्रयोग करने में सकारात्मक सोच का निर्माण करना होगा, जिससे वे इसका सुरक्षित प्रयोग कर सकें।

जब आपका बच्चा छोटा था, आपने उसे सुरक्षित सड़क पार करना सिखाया। आपने उस समय का इंतजार नहीं किया कि सड़क शत-प्रतिशत सुरक्षित हो जाए, क्योंकि ऐसा होनेवाला था ही नहीं। इसी प्रकार इंटरनेट भी कभी पूरी तरह जोखिम से मुक्त नहीं होगा, किंतु इसका अर्थ यह नहीं कि अपने बच्चों को इससे दूर रखें। बुद्धिमानी इसमें है कि आप उनमें विश्वास रखें क्योंकि अधिक प्रतिबंध लगाने और फिल्टर्स व अभिभावक-नियंत्रण की अधिकता, ऐसी संभावना उत्पन्न कर सकती है कि वे और कम सुरक्षित हो जाएँ। जब बच्चे अभिभावकीय सुरक्षित वातावरण के बाहर पहली बार इंटरनेट जगत् में प्रवेश करते हैं, तो हो सकता है कि सोशल मीडिया की विशाल व बुरी दुनिया में विचरण करने के लिए पूर्ण रूप से कुशल न हो सकें। अत: महत्त्वपूर्ण यह है कि उन्हें सिखाया जाए कि वे ऑनलाइन सुरक्षित कैसे रहें और फिर आत्मविश्वास के साथ उन्हें इसका सामना करने दें।

यह भी महत्त्वपूर्ण है कि डिजिटल दुनिया में सीमाएँ निर्धारित की जाएँ। यह एक संस्कृति विकसित करना है। जैसे-जैसे आपके बच्चे बड़े होंगे, उनके लिए नियमों में ढील दी जाएगी और एक दिन ऐसा आएगा कि आप उन्हें स्वतंत्रता दे देंगे कि वे स्वयं इंटरनेट की दुनिया में विचरण करें और इसमें आत्मनिर्भरता के साथ नई-नई संभावनाएँ ढूँढ़ें और जैसा आपने उन्हें सिखाया है। वे आपकी सहायता माँगने के लिए केवल तब आएँ, जब उनके सामने कोई समस्या आ खड़ी हो।

इसके विषय में आगे कैसे बढ़ें—

- उनसे तीन बातों पर वार्त्ता करें—(i) वे ऑनलाइन किससे संबंध बना रहे हैं, (ii) वे ऑनलाइन क्यों हो रहे हैं, (iii) वे ऑनलाइन क्या कर रहे हैं?
- बच्चों को इंटरनेट के प्रयोग में संभावित खतरों व जोखिमों से सचेत करें।
- नियम बनाएँ, किंतु उन्हें थोपे नहीं। उनके कार्यों में रुचि दरशाएँ।
- अपने बच्चे के प्रति संपूर्ण प्रेम प्रदर्शित करें और उन्हें अपना समर्थन व सहयोग दें। अपनी सहमति, अनुमति व सहयोग इस शर्त पर न दें कि बच्चे एक विशेष प्रकार से व्यवहार करें या वे कुछ सफलता प्राप्त करके दिखाएँ।
- बच्चे की अपनी महत्ता को स्वीकार करें और उनकी उपलब्धियों में रुचि दरशाएँ।
- इस बात से न डरें कि बच्चे से आप असहमत हैं। अपनी राय प्रकट करें। आप बच्चे के अभिभावक हैं—किंतु उनकी बात भी सुनें और जो वे कहें, उस पर विचार करें।
- सभी परिस्थितियों और स्थितियों में बच्चों से संवाद बनाए रखें।

संवाद : वार्त्तालाप का कोई विकल्प नहीं, जबकि आज के बच्चे अपने अभिभावकों से डिजिटल रूप से कहीं आगे हैं। उनकी परिपक्वता की कमी और अनुभवहीनता उन्हें परेशानी में डाल सकती है। अत: यह आवश्यक है कि अभिभावक अपने हर आयु के बच्चों से सोशल मीडिया के विषय में बात करें और उनकी ऑनलाइन गतिविधियों की निगरानी रखे, परंतु प्रश्न यह है कि उस बच्चे से क्या और कैसे वार्त्ता की जाए, जो स्पष्ट रूप से आपसे अधिक जानकारी रखता है, और शायद बच्चा आपके साथ कोई विचार-विमर्श करना भी नहीं चाहता।

आपके कोई वार्त्तालाप बच्चे की आयु के अनुसार होना चाहिए। आपको अपनी रणनीति बच्चों की बढ़ती आयु के अनुसार ढालनी चाहिए, क्योंकि आयु के साथ बच्चे अधिक आत्मनिर्भर हो जाते हैं। छोटे बच्चे को अधिक निर्धारित नियम व पथ-प्रदर्शन की आवश्यकता होती है, किंतु बड़े होने पर चीजें अधिक जटिल हो जाती हैं। बच्चों से वार्त्तालाप करते समय यह भी ध्यान रखनेवाली बात है कि एक ही आयु के दो बच्चे स्वभाव में भिन्न हो सकते हैं। कुछ बौद्धिक व भावनात्मक रूप से अधिक परिपक्व हो सकते हैं, जबकि दूसरे सामान्य हो सकते हैं। अत: आपको चाहिए कि आप उनसे अलग-अलग तरीके से वार्त्ता करें जो उनके स्वभाव, व्यक्तित्व व परिपक्वता के अनुसार हो।

और जैसे-जैसे आपका बच्चा आयु में बढ़ता है, आपकी निगरानी रखने के साधन भी परिवर्तित होने चाहिए, क्योंकि बड़े बच्चे आपके द्वारा बनाए गए नियमों को धता बता सकते हैं। इस मोड़ पर अच्छा हो कि आप सहमति का सहारा लें और निर्णय लेने में विचार साझा करें।

अपने बच्चे को सुरक्षित रखने में यह बात अधिक महत्त्वपूर्ण है कि आप अपने संबंधों का प्रयोग अधिक करें बजाय इसके कि उनकी स्वतंत्रता को सीमित करने के लिए टेक्नोलॉजी का प्रयोग करें। एक अन्य महत्त्वपूर्ण बात यह है कि बच्चे इस आयु में अपने चारों ओर की बातों से देखकर व सुनकर अधिक सीखते हैं, और आपको सुनने की अपेक्षा आपको देखते अधिक हैं। आपका ऑनलाइन व्यवहार बच्चों के लिए एक आदर्श उदाहरण बनेगा। यदि आप वह नहीं करते, जिसका आप उपदेश देते हैं, तो आपका समस्त प्रयास व्यर्थ जाएगा। यदि आप हर समय आपना इ-मेल या सोशल मीडिया पोस्ट चेक करते रहते हैं, तो आपका बच्चा भी वैसा ही करेगा। यह भी महत्त्वपूर्ण है कि आप डिजिटल दुनिया में अलग होकर, परिवार के साथ इकट्ठा गुणात्मक समय बिताएँ। तब संवाद अधिक आसान हो जाएगा।

देखभाल की रणनीति बदलना

आपको उस पुरानी मानसिकता से बाहर आना होगा कि आप अपने बच्चों के साथ

किन्हीं विशेष विषयों पर बात नहीं कर सकते। शुरू में पहले आप यह समझें कि वार्त्ता के विषय के बारे में बच्चा जानता क्या है, और फिर बच्चे की आयु के अनुसार अपना स्पष्टीकरण जोड़ें। बच्चे की आयु के अनुसार उदाहरण प्रस्तुत करें। छोटे बच्चे, जिनके पास सेलफोन है और वे सेक्स के बारे में अनजान हैं, उन्हें यह बताया जाना चाहिए कि टेक्स्ट संदेश ऐसे नहीं होने चाहिए, जिनमें बच्चे या वयस्क बिना कपड़ों के हों, वे एक-दूसरे का स्पर्श या चुंबन ले रहे हों या इस प्रकार व्यवहार कर रहे हों, जो बच्चों ने कभी देखा न हो। बड़े बच्चों के लिए 'सेक्सटिंग' जैसे शब्द प्रयोग करके उन्हें यौन क्रिया के विषय में और अधिक स्पष्टता के साथ बताएँ, जिसके बारे में वे स्वयं जानते हों।

किशोरों को इस बारे में स्पष्ट बताएँ कि सेक्सटिंग में अकसर यौनाचार की तसवीरें होती हैं, जिन्हें अश्लील माना जाता है और वे हानिकारक व गैर-कानूनी होती हैं। अपने बच्चों से बात करते समय आपको कुछ सिद्धांत याद रखने चाहिए, जो अच्छे संवाद के विषय में हैं।

- **संवाद दोतरफा होना चाहिए :** बच्चे की बात सुनना भी उतना ही महत्त्वपूर्ण है, जितना उससे बात करना। यह टॉप टू बॉटम (ऊपर से नीचे) की ओर नहीं होना चाहिए। बहुत से वयस्कों का यह विश्वास है कि संवाद का अर्थ है, बच्चे को कुछ बताना या उससे कुछ पूछना। यदि आप अपने बच्चे को यह आभास दिला दें कि आप वास्तव में उसे सुनना चाहते हैं, आपको आश्चर्य होगा कि वह आपको कितना बता देगा।
- **आपकी बातों में सकारात्मक व नकारात्मक दोनों पक्ष होने चाहिए :** बच्चों के साथ बैठने और उनसे बात करने की आदत निर्मित करें। बच्चे की आयु का ध्यान करके उन सब बातों पर विचार-विमर्श करें, जो आपके आस-पास घटित हो रही हैं। संवाद सकारात्मक चीजों के विषय में होना चाहिए न कि केवल उन बातों के विषय में, जो गलत हैं। अच्छे पर भी उतना ध्यान दें, जितना बुरे पर। आपके लिए बच्चे के ऑनलाइन व्यवहार पर नजर रखना आसान हो जाएगा।
- **अपने व्यवहार से संदेश दें :** बच्चे शांत व ध्यान से देखनेवाले होते हैं। वे आसानी से अपनी कथनी व करनी में अंतर कर सकते हैं। अपने व्यवहार के द्वारा उदाहरण प्रस्तुत करना व बच्चों को यह आभास दिलाना कि आप उनको महत्त्व देते हैं, उनको प्रेरणा देगा। संवाद उतना ही बेहतर व अच्छा परिणामदायक होगा। आपके और बच्चे के बीच में विश्वास व एक-दूसरे का ध्यान रखना अच्छा होगा।

बच्चों में कौशल विकसित करना

अपराधी को कैसे पहचानें? कुछ लोग बच्चों को सेक्स के लिए प्रलोभन देते हैं। जो लोग ऐसा करते हैं, वे बच्चे को यह आभास देते हैं कि वे उनके मित्र हैं। वे बच्चे पर नियंत्रण प्राप्त करने के लिए उनका विश्वास जीतते हैं। इसके लिए बच्चे के प्रति वे धमकी, अपमान व हिंसा तक का सहारा लेते हैं। यदि आपका बच्चा ऑनलाइन अपरिचित से बात कर रहा है, तो सावधानी बरतना महत्त्वपूर्ण है। अपनी सूझ-बूझ पर विश्वास करके सोचें कि यदि गलत हो रहा है, तो क्या करना चाहिए? अपनी प्रवृत्ति पर विश्वास करें और जानें कि यदि कुछ गलत हो रहा है, तो क्या करना चाहिए? कुछ चेतावनी संकेत निम्न हैं जो आपके बच्चे को ऑनलाइन गलत व्यक्तियों को पहचानने में सहायता कर सकते हैं—आप अपने बच्चे से निम्नलिखित बातों पर ध्यान देने को कहें।

- **ज्यादा अच्छा होना सच्चा होना नहीं होता :** यदि कोई व्यक्ति बच्चों में कुछ ज्यादा रुचि दरशा रहा है, और यदि वह बहुत तेजी से आपसे संबंध बढ़ा रहा है, तो यह संदेहात्मक है। याद रखें, उत्पीड़न या शोषण करनेवाले सदैव आपको यह आभास दिलाएँगे कि आप उनके लिए खास हैं। यदि वे आपसे कुछ ऐसा करने को कहते हैं, जिसको करने में आप असहज अनुभव करते हैं, तो आपको सदैव 'न' कहना चाहिए और किसी वयस्क की सहायता लेनी चाहिए।
- **प्रशंसा (चापलूसी) :** यदि वे आपकी प्रोफाइल पर मौजूद तसवीरों की प्रशंसा करते हैं और कहते हैं कि आप बहुत सुंदर, फिट या सेक्सी हैं। वे सदैव आपके बारे में अच्छा बोलेंगे और कहेंगे कि आप उनके लिए खास हैं। जब कोई आपकी प्रशंसा करता है तो उसे शंका की दृष्टि से देखना कठिन है। लेकिन जब कोई आपकी ज्यादा प्रशंसा करे, तो सावधान हो जाएँ।
- **आओ, सेक्स के विषय में वार्त्ता करें :** संदेहात्मक व्यक्ति युवाओं से बहुत शीघ्र सेक्स के विषय में बात करना चाहेंगे। वास्तविक जीवन की अपेक्षा ऐसे लोग ऑनलाइन अधिक बेशर्म होते हैं, इसलिए ऑनलाइन सेक्स की बातें करना आसान होता है। अत: सावधान हो जाएँ, यदि कोई आपसे फ्लर्ट करे और आपसे सेक्स की बातें करने को कहे। आपको ऐसा कोई काम नहीं करना है और कुछ ऐसा नहीं कहना है, जो आपको असहज करे। याद रहे, किसी वयस्क के लिए 16 वर्ष की कम आयु के बच्चों के साथ यौन संबंध बनाना गैर-कानूनी है। चाहे वे कुछ भी कहें, बच्चों और वयस्कों से यौन संबंध बनाना अनुचित विचार है।

- **सेक्सी चित्र माँगना या भेजना :** ऐसे लोग आपसे और अन्य कम आयु के बच्चों से अपनी सेक्सी फोटो भेजने को कहेंगे। याद रखें, ऐसा करना कानून के विरुद्ध है। एक बार उनको अपनी अश्लील फोटो भेज देते हैं, तो वे उन फोटो को आपके मित्रों या रिश्तेदारों के साथ साझा करने की धमकी देंगे। नहीं तो आप वह काम करें, जो वे कहते हैं। इस प्रकार वे आपको ब्लैकमेल करने का अपराध करेंगे।
- **किसी एकांत स्थान न जाना :** ऐसे लोग आपसे सार्वजनिक स्थान, जैसे खेल या चैट रूम पर मिलेंगे। फिर आपसे वे निजी चैट करने के लिए आपसे फेसबुक, बी.बी.एम., व्हाट्स-ऐप जैसी साइट्स पर जोड़ने को कहेंगे। निजी चैट, संबंध बनाने व विश्वास निर्माण करने का आसान मार्ग है। ऐसे लोगों को अपने नेटवर्क पर जोड़ने से पहले दो बार सोचें। वे आपको प्राइवेट में मैसेज करने को कहेंगे। क्या आप ऐसी चैट सार्वजनिक स्थानों पर कर सकते हैं?
- **गलत बातों को न छिपाना :** शोषण करनेवाला नहीं चाहेगा कि अन्य लोग उनकी आपसे हुई चैट को जानें। ऐसा इसलिए कि यदि कुछ गलत होता है तो आपके मित्र, रिश्तेदार उसको रोक सकते हैं। वे आपसे चाहेंगे कि आप चैट को गुप्त रखें अन्यथा आप मुसीबत में पड़ सकते हैं। यदि कोई आपसे असहज बातें करता है तो आपको ऐसी बातों को छिपाना नहीं चाहिए। ऐसी बातों को अपने विश्वस्त व्यक्ति को या चाइल्ड लाइन पर फोन करके बताएँ।
- **अधिक ध्यान देना :** जो लोग बच्चों का दुरुपयोग करते हैं, वे कम आयु के बच्चों को प्रशंसा करके उन्हें अपने नियंत्रण में करने का प्रयास करते हैं, और उनके प्रति अधिक ध्यान देना प्रदर्शित करते हैं। यदि बच्चे उनके अनुसार कार्य नहीं करते तो वे तुरंत चिढ़ जाते हैं। आपको ऐसा कुछ नहीं करना है, जो आपको अच्छा नहीं लगता।
- **वेबकैम ब्रेक होने का बहाना करना :** कुछ उत्पीड़क आपकी आयु का लड़का या लड़की होने का नाटक करते हैं। वे दावा करते हैं कि आपका वेबकैम ब्रेक कर लिया गया है, इसलिए आप उन्हें देख नहीं सकते। कभी भी टूटे हुए वेबकैम से किसी से वेबकैम न करें। याद रहे, वेबकैम को रिकॉर्ड करना या उसके साथ फर्जीवाड़ा करना आसान होता है। केवल इसलिए कि आप सोचते हैं कि आपने किसी को वेबकैम पर देखा है, इसका यह अर्थ नहीं कि आपसे असली व्यक्ति को ही देखा है।

अपने बच्चे को बताएँ कि अपराधी किस प्रकार से झूठ बोलते हैं और उन्हें डराते-धमकाते हैं

यह बहुत महत्त्वपूर्ण है कि आपके बच्चे जानें कि लोग झूठ का सहारा लेकर किस प्रकार उन्हें प्रभावित या डराने का प्रयास करते हैं? अपराधी/शिकारी सदैव बच्चों की अज्ञानता व भोलेपन का लाभ उठाते हैं। अपने बच्चे को बताएँ कि किसी अपरिचित से बात करते हुए सावधान रहें।

- **यदि आप मेरे लिए ऐसा करते हैं, तो आपसे फिर ऐसा करने को नहीं कहूँगा :** आप जितना अधिक उनके अनुसार काम करेंगे, उतना अधिक वे आपको अपने नियंत्रण में समझेंगे। यदि कोई आपको ऑनलाइन धमकी देता है, तो ऐसे में बस आपको उससे दूर हो जाना चाहिए और अपने किसी व्यक्ति को अवश्य बताएँ। यदि आप फँस गए हैं, तो पुलिस को सूचित करें।
- **पुलिस मुझे कभी ढूँढ़ नहीं सकती, मैंने अपने आपको इंटरनेट पर छिपा रखा है :** ऐसे कहना सत्य नहीं है। चाहे कोई कितना भी चालाक होने का दावा करता हो, वह ऑनलाइन डिजिटल निशान अवश्य छोड़ता है। ऐसे लोगों को खोजने में पुलिस बहुत तेज होती है, चाहे वे देश से बाहर ही क्यों न हों।
- **यदि आप मेरे लिए कुछ अधिक नहीं करेंगे, तो आपकी यह तसवीर/फोटो साझा कर दूँगा :** इस धमकी के बाद भी वे ऐसा नहीं कर सकते। यह उनके हित में नहीं है। जितनी ज्यादा बातें वे शेयर करेंगे, पुलिस के लिए उन्हें खोजना उतना ही आसान होगा। कभी दबाव में मत आएँ।
- **यदि मैंने यह तसवीर/फोटो साझा कर दी, तो आप कभी इसको झेल नहीं पाओगे :** आपको लग सकता है कि आपके पास कोई चारा नहीं है, किंतु यह सत्य नहीं है। यदि वे यह इमेज साझा कर देते हैं, तो इससे अच्छा है कि आप और अधिक यौन कृत्य करें। यदि वे साझा करते हैं तो आप अपने किसी विश्वस्त व्यक्ति को बताएँ। आपको इसे रोकने के लिए सहायता की आवश्यकता है।
- **पहले आपकी ही गलती है कि आपने यह गलती की :** यह आपकी गलती नहीं। यदि आपने अपनी नंगी तसवीर भेजी या वेबकैम पर भेजी है तो भी वही व्यक्ति दोषी है, जिसने आपको ऐसा करने के लिए उकसाया। याद रखें, उसने गंभीर अपराध किया है।
- **आप मेरे नियंत्रण में हो, कोई आपकी सहायता नहीं कर सकता :** आपके लिए पर्याप्त सहायता उपलब्ध है। यदि आप अपने माता-पिता से इस विषय में बताने में झिझकते हैं, तो अपने स्कूल के काउंसलर से संपर्क करें या

चाइल्ड-लाइन या स्थानीय पुलिस से संपर्क करें। पुलिस ने ऐसे कई मामलों को सफलतापूर्वक सुलझाया है और इसी प्रकार की स्थितियों में अनेक युवा लोगों से बात की है।

सामान्य सिद्धांत

अपने बच्चों को कुछ बातें समझाएँ। नियमित समझाना और दिशा-निर्देश देना बच्चों को निश्चित रूप से जागरूक व अनुशासित करेगा और उनको ऑनलाइन सुरक्षित रखने में सहायक होगा। जब बच्चे सोशल नेटवर्किंग साइट्स के विशाल, किंतु दूषित दुनिया में प्रवेश करें, तो निम्नलिखित बिंदुओं को ध्यान में रखें—

- **अपनी व्यक्तिगत जानकारी को व्यक्तिगत रखें :** इस बात में सावधानी बरतें कि अपनी व्यक्तिगत जानकारी कितनी मात्रा में सोशल नेटवर्क साइट पर उपलब्ध कराएँ। जितनी ज्यादा जानकारी आप उपलब्ध कराएँगे, उतना ही हैकर या अन्य व्यक्ति के लिए आपकी पहचान को चुराना, आपके डाटा पर पहुँचाना या आपको परेशान करना आसान होगा।
- **अपनी निजता को अपने अनुसार बनाएँ :** सोशल नेटवर्किंग साइट्स आपको अपनी निजता पर अधिकाधिक नियंत्रण करने की सुविधा देती है। मत सोचें कि आप किसी साइट पर दी हुई डिफॉल्ट सेटिंग्स पर आए हुए हर निर्देश का पालन करें। सेटिंग्स, कॉन्फिग्युरेशन तथा निजता सेक्शंस उन विकल्पों को जाँचें-परखें कि आप अपनी व्यक्तिगत सूचनाएँ किन लोगों या समूहों तक सीमित रखना चाहते हैं? संभवतया फेसबुक सबसे अधिक प्राइवेसी (निजता संबंधी) विकल्प प्रदान करता है कि आप अपनी व्यक्तिगत सूचनाओं को अपनी पसंद के लोगों तक ही सीमित रख सकें। सर्च एक नया क्षेत्र है, जहाँ यूजर्स (उपभोक्ता) इस बात पर नियंत्रण पा रहे हैं कि कौन-कौन आपके पोस्ट्स को देख पाए? कुछ साइट्स आपको देखनेवाले लोगों को सीमित करने की क्षमता प्रदान करती हैं कि केवल वे ही लोग आपके बारे में सोशल नेटवर्किंग साइट पर परिणाम देख सकें। यदि आपने कोई सोशल नेटवर्किंग साइट को अभी-अभी ज्वॉइन किया है या कुछ दिन पहले ही इस पर जुड़े हैं, अपने एकाउंट पर लॉग-ऑन करें और अपनी प्राइवेसी (निजता) की सेटिंग्स को अपने अनुसार एडजस्ट कर लें। नई सेटिंग्स अकसर समय-समय पर जुड़ती हैं।

सोशल नेटवर्किंग के लिए बच्चों के लिए सलाह

प्राइवेसी सेटिंग्स को अपने अनुसार इस प्रकार बनाएँ कि दूसरे केवल आधारभूत सूचना ही देख सकें।	सशक्त व सुदृढ़ पासवर्ड बनाएँ और किसी के साथ उसे साझा न करें।
अपनी व्यक्तिगत सूचना को व्यक्तिगत ही रखें।	अपने मित्रों को जानें और मैनेज करें। ऑनलाइन मित्रों पर विश्वास न करें, उनका सत्यापन करें।
अपनी पहचान की सूचना प्रकाशित न करें।	सीखें कि किस प्रकार ऐप और वेबसाइट्स आपकी सूचना को कैसे प्रयोग कर सकते हैं।
कभी भी अपनी फोटो, इ-मेल एकाउंट आदि अजनबियों के साथ शेयर न करें।	अपने व्यक्तिगत संदेशों को व्यक्तिगत ही रखें, एक बार पोस्ट हो गया, सदैव के लिए पोस्ट हो गया।
अपने मित्रों को बताएँ कि कौन सी पोस्ट आपको अनुचित लगती है और आप उससे असहज होते हैं।	उन्हें बताएँ और विश्वास दिलाएँ कि आप उनके लिए सदैव उपलब्ध हैं।

विश्वास न करें, सत्यापित करें

ऐसे अनेक कारण हैं कि व्यक्ति ऑनलाइन अपनी पहचान बदलकर या छिपाकर रखते हैं या फर्जी पहचान बनाते हैं। ऐसे लोगों के लिए यह प्रैंक या फन हो सकता है, जो किसी प्रसिद्ध व्यक्ति के नाम से एकाउंट बनाकर उस पर व्यंग्य करते हैं। फर्जी पहचान बनाना वैध भी होता है। यह उन लोगों के लिए वैध हो सकता है, जो अपनी असली पहचान की सुरक्षा के लिए फर्जी आई.डी. बना लेते हैं, किंतु यह कुछ लोगों को परेशान करने या बदनाम करने का प्रथम चरण भी हो सकता है, या किसी अन्य व्यक्ति की पहचान का वे इस्तेमाल कोई आर्थिक लाभ लेने या इसी प्रकार कोई अपराध आदि करने के लिए करते हैं। प्रश्न यह है कि ये कैसे पहचानें कि अमुक पेज उसी व्यक्ति का है, जिसे आप समझ रहे हैं और जिसके साथ आप पोस्ट व सूचना या लाइक साझा कर रहे हैं? देखो, कुछ असामान्य तो नहीं हो रहा है? यदि संबंधित पेज पर ऐसी कोई सामग्री है, जिसकी आप अपेक्षा नहीं करते थे, तो उससे बचें। अपने संबंधित मित्र को इ-मेल या कॉल करके सत्यापित करें कि वह साइट उसी की है। यदि नहीं तो उसे सूचित करें कि कोई अन्य व्यक्ति ऑनलाइन उसकी फर्जी आई.डी. बनाकर यूज कर रहा है।

जानें कि किस प्रकार साइट्स पर आपकी जानकारी प्रयोग की जाती है?

सोशल नेटवर्क साइट्स अपनी ही प्रकार से शुल्क मुक्त (मुफ्त) होती हैं, अर्थात् ये एडवरटाइजमेंट से धन कमाती हैं। इसलिए उन्हें आपके बारे में जानकारी की आवश्यकता होती है। क्या यह जानकारी अन्य सहयोगियों या कंपनीज के साथ साझा की जाती है? कौन सी जानकारी तीसरी पार्टी फेसबुक एप्लीकेशन जैसे सॉफ्टवेयर में डाल ली जाती है, जो आपकी प्रोफाइल या पेज की सामग्री से ली जाती है? साइट्स की प्राइवेसी पॉलिसी की समीक्षा (जाँच-पड़ताल) करें और इन निजी सेटिंग्स पर ध्यान रखें, जिन्हें आप नियंत्रित कर सकते हैं। आज की तारीख में सोशल नेटवर्किंग सॉफ्टवेयर उद्योग में भारी मात्रा में मार्केटिंग व प्रचारात्मक गतिविधियाँ चल रही हैं। उसका एक बड़ा भाग, जो सोशल नेटवर्किंग साइट्स खरीद-फरोख्त करती है, उन यूजर्स का समूह होता है, जो साइट्स का प्रयोग करता है। आपका एकाउंट, जिसमें आपकी व्यक्तिगत जानकारी होती है—नई कंपनियाँ, पुरानी कंपनियों से प्राप्त करती हैं। नई कंपनियों की अपनी स्वयं की नई योजनाएँ होती हैं, जिनमें वे इन जानकारियों का प्रयोग करती हैं। अधिग्रहण के बाद प्राइवेट पॉलिसी में परिवर्तन आ सकता है। इसके लिए जब भी आप किसी अधिग्रहण के बारे में सुनें, ध्यान दें और सदैव उन नोटिफिकेशंस का अध्ययन करें, जो प्राइवेट शर्तों के विषय में हों और यूजर पॉलिसी तथा यूजर एग्रीमेंट का भी अध्ययन करें।

अपने मित्रों को जानें और उन्हें समझें : सोशल मीडिया नेटवर्क्स अनेक उद्देश्यों के लिए प्रयोग किए जा सकते हैं। इसमें जीवन के विभिन्न पहलुओं से मित्रों का एक समूह बनाना एक शौक है। इसका अर्थ यह नहीं कि सभी मित्र, जो उस समूह में शामिल हैं, बराबर हैं। विभिन्न समूहों में शामिल मित्रों के साथ जानकारी साझा करने के लिए टूल्स का प्रयोग करें या ऑनलाइन अनेक पेज रखें। यदि आप ब्लॉगर या एक्सपर्ट के रूप में एक पब्लिक छवि बनाना चाहते हैं, तो एक खुला प्रोफाइल या एक फैन पेज बनाएँ, जो विस्तृत साझेदारी प्रोत्साहित करेगा तथा व्यक्तिगत जानकारी को सीमित करेगा। अपने असली मित्रों को बनाए रखने के लिए अपनी व्यक्तिगत प्रोफाइल का प्रयोग करें (वे मित्र, जिन्हें आप जानते हैं और जिन पर विश्वास करते हैं, जो आपकी प्रतिदिन के जीवन से जुड़े हैं)।

ईमानदार बनें, यदि आप असहज भी हैं : यदि कोई मित्र आपके बारे में ऐसी कोई चीज पोस्ट करता है, जो आपको असहज करती है या जिसे आप अनुपयुक्त समझते हैं, तो उन्हें बता भी दें। इसी प्रकार से यदि कोई मित्र आपसे कहता है कि आपकी कोई पोस्ट उसको असहज करती है, तो खुले दिमाग से उसे स्वीकार करें। लोगों को अपने बारे में प्रकट होनेवाली सूचनाओं को सहने की शक्ति का स्तर अलग-अलग होता है। इन अंतरों का सम्मान करें।

गलत आखिर गलत है, चाहे हर कोई उसे कर रहा हो। सही–सही है, चाहे कोई भी उसे कर नहीं रहा हो। अपने मित्रों के प्रभाव में ऑनलाइन गलत कार्य न करें।

जानें, क्या काररवाई करनी है : यदि कोई आपको परेशान कर रहा है या धमकी दे रहा है, तो उसे अपनी मित्र सूची से हटा दें, उसे ब्लॉक कर दें और साइट एडमिनिस्ट्रेटर को सूचित करें।

एक बार पोस्ट होने पर सदैव के लिए पोस्ट है : सोशल नेटवर्क पर अपनी प्रतिष्ठा की सुरक्षा करें। कोई ऐसी तसवीर भेजने से पहले दो बार सोचें, जिसे आप आपकी माता अथवा होनेवाले नियोक्ता को दिखाना पसंद नहीं करेंगे। हाल की खोजों से पता चला है कि 70 प्रतिशत लोगों की जॉब को इसलिए अस्वीकार कर दिया गया, क्योंकि संबंधित कर्मचारी द्वारा कोई अवांछनीय सूचना इंटरनेट पर भेजी पाई गई।

इस पर विचार करें

साइबर क्राइम हममें से अधिकतर के लिए व्हाइट कॉलर क्राइम, आर्थिक अपराध या फ्रॉड (कपट) आदि है। यहाँ तक कि विधि निर्माता भी लगभग वर्ष 2008 तक ऐसा ही समझते थे। स्पैमर्स, हैकर्स, पहचान चोर आदि शब्द इतनी चिंता उत्पन्न नहीं करते, जितनी बुलींग, सेक्सटिंग या ऑनलाइन शिकारी, क्योंकि ये शब्द हमारे बच्चों से संबंधित हैं। जैसा कि मैं एक दशक से अधिक एक अभिभावक की दृष्टि लिये व इंटरनेट सुरक्षा के वकील के रूप में पुलिस विभाग में कार्यरत रहा हूँ, मैं आपको बता सकता हूँ कि आप और आपके बच्चे साइबर अपराधियों के हाथों वास्तविक संसार में संभावित किसी अन्य जोखिम की अपेक्षा अधिक बड़े जोखिम पर हैं। साइबर अपराधी किशोरों की इच्छाओं व आकांक्षाओं के चारों ओर ऐसा गहन जाल बुनते हैं कि वे सोचते हैं कि यही वे स्थान व अवसर हैं, जहाँ उन्हें सफलता की संभावना अधिक प्रतीत होती है। सोशल नेटवर्क्स, मोबाइल ऐप स्टोर्स, पॉपुलर वेबसाइट्स, गेमिंग डाउनलोड्स तथा यहाँ तक कि टेक्स्ट्स ऐसे स्थान हैं, जहाँ युवा अपना अधिकतर समय व्यतीत करते हैं, परंतु ये स्थान पूर्ण रूप से अपराध मुक्त नहीं हैं।

यद्यपि हमारी कानूनी संरचना कुल मिलाकर नागरिकों को अधिकारयुक्त बनाती है, तथा बच्चों के विरुद्ध साइबर अपराधों के मामलों में, जैसे साइबर बुलींग, साइबर स्टॉकिंग, तथा यौन शोषण, जिसमें बच्चों की ग्रूमिंग, सेक्सटिंग एवं चाइल्ड पोर्नोग्राफी शामिल हैं, हम कभी भी पुलिस की सहायता की माँग कर सकते हैं। इस विषय में हमारे मौजूदा कानून पर्याप्त नहीं हैं। बहुत से आपराधिक प्रवृत्ति के अनपेक्षित कृत्य, जैसे सेक्सटिंग तथा साइबर बुलींग, जो बहुत से देशों में अपराध माने जाते हैं, भारतीय कानून में वे अपराध की श्रेणी में नहीं आते। अत: यह अत्यंत महत्त्वपूर्ण है कि एक अभिभावक के रूप में हम अपने बच्चों की सुरक्षा के विषय में पूर्ण सावधानी बरतें और सभी सुरक्षात्मक कदम उठाएँ। यह हमारा उत्तरदायित्व है कि हम इंटरनेट पर

अपने बच्चों की गरिमा, सुरक्षा तथा निजता (प्राइवेसी) को सक्षम बनाएँ और यह सुनिश्चित करें कि वे पर्याप्त कौशल (स्किल) प्राप्त करें ताकि वे साइबर दुनिया में, जो अकसर धुँधला है, सुरक्षापूर्वक विचरण कर सकें।

यदि आप अपने बच्चों की
परवरिश में भूल करते हैं, तो
फिर आपके द्वारा कोई भी अन्य कार्य निरर्थक है।

□

9

वास्तविक जीवन में ऑनलाइन दुराचार (शोषण) की घटनाएँ

1. प्रतिशोधात्मक अश्लीलता : प्रतिशोध (बदले की भावना)

अश्लीलता के असंख्य मामले हाल के दिनों में पुलिस के सामने आए। अधिकतर मामले ऐसे हैं, जहाँ प्रेम असफल हो गया। इसमें दो वयस्कों के बीच यौन-क्रिया की सहमति से बनाई गई वीडियो-ऑडियो रिकॉर्डिंग से शुरू होती है, जो मौज-मस्ती, हिम्मतपूर्ण कारनामे या आपराधिक इरादे से की हुई होती है। यह वीडियो रिकॉर्डिंग ब्लैकमेल, उत्पीड़न, वसूली (सेक्सटोरजन) या पीड़ित को बदनाम करने का कारण बनती है। इसमें अधिकतर मामलों में पीड़ित महिला होती है, जो अपने साथ किए गए यौन कृत्य की फिल्म बनाने के लिए अपनी सहमति देती है। वह यह नहीं सोचती कि यदि संबंध खराब हो गए तो ये इमेज उसके विरुद्ध प्रयोग की जा सकेंगी। ऐसी लड़कियाँ न केवल इस प्रकार की इमेज बनाने की सहमति देती हैं, बल्कि वे कभी-कभी अपने इ-मेल आई.डी., फेसबुक की प्रोफाइल और इस प्रकार की अन्य सोशल नेटवर्किंग साइट्स के पासवर्ड भी साझा कर लेती हैं। जैसे ही संबंध टूटता है, अपराधी लड़की को ब्लैकमेल करना, प्रताड़ित करना शुरू कर देता है, ताकि संबंध को पुन: स्थापित किया जा सके या कोई आपराधिक उद्देश्य पूरा किया जा सके। इस समय, क्योंकि वह लड़की के पासवर्ड की जानकारी रखता है, वह शीघ्र ही उस पासवर्ड को बदलकर पीड़िता की ऑनलाइन प्रोफाइल को अपने नियंत्रण में कर लेता है। तब वह उसके जीवन से भयंकर खिलवाड़ कर सकता है, जिसके विनाशकारी परिणाम हो सकते हैं। यहाँ पर वास्तविक जीवन के कुछ मामले प्रस्तुत हैं—

प्रकरण-1 : 27 वर्ष की आयु का एक युवक सुरेश कुमार, जब आंध्र प्रदेश के एक इंजीनियरिंग कॉलेज में पढ़ रहा था, तब कविता (नाम परिवर्तित) नाम की

लड़की से मिला और दोनों में प्रेम हो गया, किंतु उनका प्यार ग्रेजुएशन पूरा करने से पहले ही टूट गया। छह वर्ष बाद वर्ष 2016 में सुरेश ने कविता को परेशान करना शुरू कर दिया। कविता अब एक शादीशुदा महिला थी, परंतु सुरेश अपने प्रेम को एक बार पुनः जगाना चाहता था। जब उसे इसमें इनकार का सामना करना पड़ा, उसने लड़की के साथ कुछ अंतरंग क्षणों के वीडियो ऑनलाइन डाल दिए और उनकी वीडियो कविता के ससुराल पक्ष को भेज दी। बाद में सुरेश को गिरफ्तार कर लिया गया, जो फिर जमानत पर बाहर आ गया। कविता का प्रकरण इस प्रकार के बहुत से अनेक प्रकरणों में से एक है, जिनकी संख्या निरंतर बढ़ रही है। आई.टी. ऐक्ट की धारा 66ई में निजता (प्राइवेसी) को भंग करने के लिए सजा का प्रावधान है। इस अपराध के लिए धारा 354सी (आई.पी.सी.) व धारा 66ई में पहली बार ऐसे अपराध करने पर तीन वर्ष की सजा का प्रावधान है। आई.टी. ऐक्ट व आई.पी.सी. की धारा 354सी के अलावा इन मामलों में भारतीय दंड विधान (आई.पी.सी.) की विभिन्न धाराओं में, जैसे धारा 500 (मानहानि करना), धारा 504 (आपराधिक धमकी देना) तथा धारा 506 (जान से मारने की धमकी देना) केस दर्ज किए जा सकते हैं। धारा 354सी (आई.पी.सी.) जबकि केवल महिलाओं के संरक्षण के लिए है, उन मामलों में जिनमें पीड़ित पुरुष है, पुरुष मानहानि के वाद दायर कर सकते हैं।

प्रकरण-2 : 15 वर्ष की सौम्या, 25 वर्ष के युवक के संपर्क में फेसबुक के माध्यम से आई। उनके संबंध शारीरिक संबंधों में विकसित हो गए। जब वे एक-दूसरे के बहुत निकट आ गए, लड़की ने अपने फेसबुक एकाउंट व इ-मेल आई.डी. के पासवर्ड लड़के के साथ साझा कर दिए। उन्होंने अपने अंतरंग क्षण भी मोबाइल फोन पर रिकॉर्ड कर लिये। सौम्या को पता चला कि उसका प्रेमी शादीशुदा है और उसका परिवार विदेश में है। उसको लगा कि उनका यह प्रेम संबंध केवल भारत में उसके छुट्टियों के दिनों में मात्र टाइम-पास (मनोरंजन) के लिए है। जब लड़की ने अपना संबंध तोड़ना चाहा, लड़के ने उसे धमकी दी कि यदि लड़की ने उसकी बात नहीं मानी तो वह लड़की की वीडियो और फोटोग्राफ सार्वजनिक कर देगा। जब लड़की ने ऐसा नहीं माना तो लड़के ने लड़की के फेसबुक व इ-मेल आई.डी. के पासवर्ड परिवर्तित करके और कुछ गंदे व निंदक फोटो व संदेश लड़की के ऑनलाइन मित्रों को भेज दिए। लड़के ने उनके अंतरंग वीडियो भी पोस्ट करने की धमकी दी। लड़की आत्महत्या करने ही वाली थी कि उसने अपनी समस्या अपने एक निकट के मित्र को

बता दी। मामला पुलिस की जानकारी में लाया गया। लड़की ने पुलिस से बार-बार प्रार्थना की कि वे इस मामले को उसके माता-पिता की जानकारी में न लाए, किंतु लड़की को समझाया गया। उसके बाद उसके माता-पिता को भी समझाया गया। शुरू में माता-पिता परेशान हुए, किंतु बाद में उन्होंने अपनी बेटी का साथ देने का निश्चय किया। आरोपी पर आपराधिक मुकदमा दायर किया गया।

प्रकरण-3 : डी.पी.एस.एम.एम.एस. प्रकरण : यह साइबर बुलींग के बहुत से प्रारंभ के मामलों में से एक था, जो वर्ष 2004 में दिल्ली में घटित हुआ। एक प्रतिष्ठित संस्था दिल्ली पब्लिक स्कूल के 17 वर्षीय विद्यार्थी ने अपनी कक्षा मित्र लड़की के साथ प्रेमालाप की कुछ वीडियो क्लिपिंग्स बना लीं और मल्टी-मीडिया-सर्विस (एम.एम.एस.) के माध्यम से वे क्लिपिंग्स अपने मित्रों के बीच फैला दीं। बाद में ये क्लिपिंग्स अन्य स्कूलों के विद्यार्थियों के पास भी पहुँच गईं। एक इंजीनियर के विद्यार्थी ने यह वीडियो क्लिप ऑनलाइन पोर्टल पर बेच दी। पोर्टल ने उस वीडियो को बाजार में उतार दिया। इस घटना ने पूरे देश को हिला दिया (सदमे में डाल दिया)। पुलिस ने अपराध का संज्ञान लिया और उचित कानूनी कारवाई की गई। दोनों छात्रों को स्कूल से निष्कासित कर दिया गया।

प्रकरण-4 : वर्ष 2008 में तीन लड़कियों ने स्कूल कैंपस में आत्महत्या कर लीं। वे तीनों उनके उन सहपाठियों द्वारा यौन शोषण की शिकार थीं, जिन्होंने उन्हें सोशल मीडिया पर दोस्त बना लिया था। लड़कियों ने समझा कि वे उनसे प्रेम करते हैं और उन्होंने उन लड़कों के साथ कुछ अंतरंग क्षण साझा कर लिये, जिनके मोबाइल फोन पर फिल्म बना ली गई। जब लड़कियों को पता चला कि लड़कों ने उन्हें बेवकूफ बनाया है तो उन्होंने संबंध तोड़ने का प्रयास किया, किंतु लड़कों ने उन्हें ब्लैकमेल किया और धमकी दी कि वे लड़कियों की क्लिपिंग्स इंटरनेट पर पोस्ट कर देंगे। अंत में अपने मानसिक व शारीरिक अपमान को बचाने का कोई हल न पाने पर सभी ने आत्महत्या कर ली।

प्रकरण-5 : इंटरनेट द्वारा बदला लेना : द एयर फोर्स बाल भारती स्कूल साइबर बुलींग का प्रसिद्ध प्रकरण है। एयर फोर्स बाल भारती स्कूल, दिल्ली के एक विद्यार्थी को उसके सहपाठी चिढ़ाते रहते थे कि उसका चेहरा 'पोक मार्क्ड' (फोड़े-फुंसी के निशान लिये) है। विद्यार्थी उनके चिढ़ाने एवं उनसे परेशान हो गया। उसने बदला लेने का एक निराला मार्ग निकाला। उसने उन सहपाठियों व अध्यापकों की फोटो स्कैन करके उनके मोर्फेड फोटो नंगी तसवीरों के

साथ बनाकर एक ऐसी वेबसाइट पर डाल दिए, जो उसने फ्री वेब होस्टिंग से डाउनलोड कर ली थी। यह मामला प्रकाश में तब आया, जब उन सहपाठियों में से एक लड़की के पिता ने वेबसाइट पर प्रदर्शित अपनी बेटी का चित्र देखा और उसने इसकी शिकायत दर्ज कराई।

2. आपके अश्लील चित्र व वीडियोज आपकी शादी के बाद आपका पीछा कर सकते हैं

यह एक ऐसा प्रकरण है, जिसमें इंटरनेट ने एक युगल के स्वस्थ संबंधों को हानि पहुँचाई। वे प्रतिष्ठित परिवारों से थे और उच्च श्रेणी के पेशेवर थे और एक अच्छा जीवन व्यतीत कर रहे थे। शादी से पूर्व लड़की का अपने सहपाठी के साथ प्रेम प्रसंग था। लड़की ने इस प्रभाव में होने के कारण कि वह लड़का उससे शादी कर लेगा, उसके साथ कुछ अंतरंग क्षण बिताए, जो उसके प्रेमी ने अपने मोबाइल फ़ोन पर फिल्म बनाकर रख लिये। शादी के एक वर्ष बाद अचानक दोनों पूर्व प्रेमी मिले, कुछ देर तक चैट करते रहे। इसी बीच लड़के ने चालाकी से लड़की का फोन नंबर ले लिया। फिर लड़का लड़की को बार-बार फोन करने लगा और उसके साथ संबंध जारी रखने को कहने लगा। जब लड़की ने अनिच्छा जताई तो लड़के ने उसको ब्लैकमेल करना शुरू कर दिया। उसने कहा कि वह वे फोटोग्राफ्स इंटरनेट पर डाल देगा और उसके पति को भी दिखा देगा। अंत में लड़की ने उसकी अनुचित माँग मान ली। जब उसके पति को इस अवैध संबंध का पता चला, उसने लड़की से तलाक ले लिया। इस घटना ने लड़की को मानसिक रूप से प्रभावित किया और उसे मनोवैज्ञानिक इलाज कराना पड़ा। उसके पूर्व प्रेमी ने भी उसे त्याग दिया और वह विदेश चला गया।

3. फर्जी प्रोफाइल बनाना तथा मूल प्रोफाइल को हैक करना

अपने शिकार को उत्पीड़ित करने का यह एक मार्ग है, जो आमतौर से लोग अपनाते हैं। जैसाकि इमेज और व्यक्तिगत विवरण ऑनलाइन आसानी से उपलब्ध होता है, फर्जी प्रोफाइल बनाना आसान होता है। पीड़ित व्यक्ति की प्रोफाइल को हैक करना कोई दुर्लभ या अनोखा कारनामा नहीं है और ऐसा तब होता है, जब व्यक्ति अपने पासवर्ड के बारे में लापरवाह होता है और उसे सँभालकर नहीं रखता। ऐसे कुछ प्रकरण नीचे दिए हैं—

प्रकरण-6 : वर्ष 2014 में मलयालम सीरियल की एक अभिनेत्री एक ऐसी वीडियो की शिकार हो गई, जो लीक (चोरी से सार्वजनिक) कर दी गई। यह घटना तब घटित हुई, जब वह अपने कॅरियर की ऊँचाई पर थी। अभिनेत्री का एक फर्जी फेसबुक पेज भी बना लिया गया और इस पेज के माध्यम से अभिनेत्री

के कॉन्टेक्ट विवरण के साथ इमेजेज प्रसारित कर दी गई। अभिनेत्री व उसके परिवार को भयंकर मानसिक पीड़ा से गुजरना पड़ा। पुलिस ने तिरुवनंतपुरम् से अभिनेत्री के फर्जी फेसबुक एकाउंट बनाने व उस पर अभिनेत्री की मोर्फेड (कृत्रिम) अश्लील तसवीरें व संदेश पोस्ट करने के आरोप में एक किशोर को गिरफ्तार किया। अन्य आरोपी चाइना से थे, जिन्होंने वे वायरल वीडियो व्हाट्स-ऐप पर अपलोड किए। सभी आरोपी आई.पी.सी. की धारा 469 (इलेक्ट्रॉनिक मीडिया के माध्यम से किसी की प्रतिष्ठा को धोखाधड़ी करके हानि पहुँचाना) तथा आई.टी. अधिनियम की धारा 67 (इलेक्ट्रॉनिक रूप में अश्लील सामग्री प्रकाशित व प्रसारित करना) के अंतर्गत गिरफ्तार किए गए।

प्रकरण-7 : इस प्रकरण में कुछ शरारती तत्त्वों ने दिल्ली की एक स्कूल गर्ल की फर्जी प्रोफाइल बना ली। उसने साउथ दिल्ली की उस लड़की के अश्लील फोटोग्राफ व उसके कॉन्टेक्ट डिटेल पोस्ट कर दिए। प्रोफाइल में लड़की के घर का पता, टेलीफोन नंबर और उस लड़की को एक संकेतात्मक नाम 'सेक्स टीचर' के रूप में प्रस्तुत किया गया। दो अजनबी लड़की के घर पहुँचे और पूछा कि क्या वह सेक्स के लिए उपलब्ध है। लड़की के पास फोन कॉल आने लगीं, जो सेक्सी स्वभाव की थीं। दिल्ली पुलिस की साइबर सेल ने आई.टी. ऐक्ट के अंतर्गत केस दर्ज किया (रेडिफ.कॉम 2007)।

4. साइबर प्रताड़ना (बुलींग) : अपहरण तथा हत्या

प्रकरण-8 : एक व्यापारी के पुत्र, मुंबई के एक किशोर, अदनान पत्रावाला को ऑरकुट के माध्यम से जाल में फँसा लिया और बाद में उसकी हत्या कर दी गई। वह किसी ऐंजिल नाम के व्यक्ति के संपर्क में आया था, जिसकी प्रोफाइल एक लड़की के नाम से बनाई गई थी। अदनान और ऐंजिल की स्क्रैप बुक से पता चला कि वे लगातार एक-दूसरे से बातचीत करते थे। ऐंजिल सदैव आग्रह करता रहता था कि अदनान उससे मिले, किंतु अदनान पहले ऐंजिल से उसके फोटोग्राफ की माँग करता था। आखिर में अदनान ऐंजिल (लड़की) से मिलने को तैयार हो गया और घर से निकल पड़ा। अगले दिन अदनान के माता-पिता के पास कॉल आई कि अदनान का अपहरण कर लिया गया है और फिरौती के रूप में दो करोड़ रुपए की माँग की गई। अदनान ने भी अपने माता-पिता से बात की और बताया कि वह सुरक्षित है। पहले अदनान के माता-पिता ने समझा कि यह एक फर्जी मामला है, किंतु कुछ घंटों के पश्चात् अगली कॉल आई। इस बार अपहर्ताओं ने सख्ती से बताया कि वे मजाक नहीं कर रहे हैं

और धन की माँग दोहराई। इस कॉल के पश्चात् अदनान के माता-पिता ने पास के पुलिस स्टेशन पर अपहरण की सूचना दी। पुलिस ने जाँच शुरू कर दी, किंतु जल्दी ही वह 16 वर्षीय बच्चा मरा हुआ पाया गया, जिसकी हत्या की गई थी। पुलिस ने 17 से 19 वर्ष की आयु के दो युवकों को गिरफ्तार किया। वे अदनान के नेट पर मित्र थे, जिनसे अदनान कभी वास्तविक जीवन में नहीं मिला था। अनेक ऑनलाइन बातचीत, ब्लॉग्स और यहाँ तक कि ऑनलाइन संवेदना संदेशों से पता चला कि अदनान स्वयं एक बुली (उत्पीड़क) था (आलम 2007)। वह बहुत खराब गाली-गलौच की भाषा प्रयोग करता था और गंदे मजाक करता था। अपने मित्रों के लिए वह एक 'धनवान युवा हीरो' था। स्पष्ट रूप से, उसकी हत्या उसके उत्पीड़क (बुलींग) स्वभाव के कारण हुई थी।

5.उ बुलींग अध्यापक बड़े आम हैं

प्रकरण-9 : भारत में इंटरनेट पर बुलींग अध्यापक बहुत आम हैं। एक ऐसा मामला तब प्रकाश में आया, जब हीरा नंदनी फाउंडेशन स्कूल, पवई, मुंबई के कुछ छात्रों ने एक बहुत ही प्रसिद्ध सोशल नेटवर्किंग साइट में स्थित स्कूल कम्युनिटी के एक सबग्रुप में अपने नए प्रिंसीपल व कुछ अध्यापकों के बारे में बहुत अपमानजनक कथन पोस्ट कर दिए। ऑरकुट (स्टाफ रिपोर्टर, प्लानेट पवई. कॉम 2007)

प्रकरण-10 : एक अन्य प्रसिद्ध मामला, जो साइबर बुलींग से संबंधित था, वह बॉम्बे स्कॉटिश स्कूल की एक बुलींग घटना है। किसी बात पर क्रोधित होकर एक विद्यार्थी ने वार्त्तालाप शुरू किया, "वे सब जो डी.पी.एन. (प्रिंसीपल डी.पी. एन. प्रसाद) से घृणा करते हैं।" ऐसा लगता था कि बहुत से विद्यार्थियों को अधिकारियों से शिकायत थी और इस पोस्ट को बहुत ही खराब कमेंट्स प्राप्त हुए। स्कूल अधिकारियों के संज्ञान में जब वह पोस्ट आई तो विद्यार्थियों से माफी मँगवाई गई और उन सभी बदनाम करनेवाली पोस्ट्स को हटवा दिया गया।

प्रकरण-11 : तिरुवनंतपुरम् के एक प्रतिष्ठित हाईस्कूल के दो शिक्षक महिलाओं ने शिकायत दर्ज कराई कि किसी ने उनकी एक फर्जी फेसबुक प्रोफाइल बना ली है और उनकी 16 कृत्रिम यौन संबंधी अश्लील इमेजेज, जिनमें उन महिला अध्यापिकाओं के चेहरे लगा दिए गए हैं, अपलोड करके उनके नाम से फ्रेंड रिक्वेस्ट भेज दी गई है, किंतु अगले ही दिन वही प्रोफाइल दिखाई दी, जिसमें

अधिकारियों को चुनौती दी गई कि वे दोषियों की पहचान करके दिखाएँ। इस पर जाँच बिठाई गई और एक विस्तृत जाँच कराई गई। जाँच में 12 वर्षीय एक लड़का पाया गया, जो उस स्कूल में कक्षा 8 का छात्र था। उसने ये इमेजेज अपने घर के कंप्यूटर पर बनाई थी। वह अकसर इस प्रकार की अश्लील साइट्स विजिट करता रहता था। उसने इस प्रकार की इमेजेज इकट्ठी कर ली थीं और उन पर उन महिला अध्यापिकाओं के चेहरे पोस्ट करके उन चित्रों को फर्जी फेसबुक प्रोफाइल पर पोस्ट कर दिए थे।

6. बदनामी होने पर आत्महत्या

वर्ष 2010 में कानपुर के तलीपरंबा में एक 17 वर्षीय लड़की और उसके एक 27 वर्षीय इलेक्ट्रीशियन दोस्त के शव एक पेड़ से लटके हुए पाए गए। शुरू में समझा गया कि यह घटना उनके प्रेम संबंध के टूटने का परिणाम था, किंतु बाद में पता चला कि लड़की साइबर बदनामी का शिकार थी। उसके इस प्रकार के वीडियो बनाकर एम.एम. एस. (मल्टी मीडिया मैसेज) के जरिए प्रसारित कर दिए गए, जिनमें लड़की को अपनी कक्षा के एक लड़के का चुंबन लेते हुए दरशाया गया था। क्योंकि दोनों प्रेमी यह सहन नहीं कर पाए और उन्होंने आत्महत्या कर ली। जाँच में यह पाया गया कि एक लड़के ने दोनों के अंतरंग क्षण अपने मोबाइल फोन पर लड़की की जानकारी के बिना शूट कर लिये थे। यह लड़के ने स्वयं स्वीकार किया। वह लड़का और स्थानीय कंप्यूटर कैफे का एक कर्मचारी इसके लिए जिम्मेदार माने गए। स्कूल की पेरेंट-टीचर एसोसिएशन की शिकायत पर वे दोनों गिरफ्तार किए गए। अधिनियम की धारा 66ई व संशोधित धारा 67 के अंतर्गत लड़के को गिरफ्तार किया गया।

यह 6 मिनट की क्लिप 3 फाइलों में बनाकर समय-समय पर फिल्म बनाकर डाउनलोड कर ली गई, जिनकी एडिटिंग इंटरनेट कैफे पर की गई। हो सकता है ये क्लिपिंग्स कैफे से ही आरोपी छात्र की मिलीभगत से या उसके बिना ही इंटरनेट पर डाल दी गई हों। यद्यपि क्लासरूम की यह घटना कुछ महीने पूर्व की थी, इसकी क्लिपिंग्स एम.एम.एस. द्वारा इंटरनेट पर आत्महत्या के तीन सप्ताह पूर्व दिखाई देना शुरू हुई थीं। जब स्कूल अधिकारियों ने यह दृश्य देखा तो उस लड़की और उसके दोस्त के रूप पहचाने गए, दोनों को स्कूल से निकाल दिया गया।

तलीपरंबा एम.एम.एस. घटना : लड़की साइबर बदनामी का शिकार हुई और उसने अपना जीवन समाप्त कर लिया।

7. साइबर बुलींग, ब्लैकमेल या सेक्सटोरजन

प्रकरण-13 : तिरुवनंतपुरम् जिले के एक पुलिस स्टेशन में एक लूट का मामला दर्ज हुआ। आरोप था कि एक व्यक्ति घर में घुसा और उसने एक लड़की (पीड़िता) के गले से सोने की चेन छीनने का प्रयास किया। उस समय लड़की घर में अकेली थी। बाद में जाँच में पाया गया कि वह व्यक्ति लड़की से मिलने आया था, क्योंकि मोहल्ले के लोगों ने उसे देख लिया था, वह भाग खड़ा हुआ। पीड़िता शहर के एक प्रमुख बालिका विद्यालय में अध्ययन कर रही थी। जाँच में पाया गया कि पीड़िता की एक सीनियर छात्रा ने पीड़िता को इस बात के लिए सहमत कर लिया था कि वह फेसबुक पर आरोपी से दोस्ती की रिक्वेस्ट (प्रस्ताव) स्वीकार कर ले। पीड़िता ने उस व्यक्ति की प्रार्थना पर एक बार अपनी क्लास भी छोड़ दी थी और उसके साथ लग्जरी कार में चली गई थी। कार के अंदर दोनों ने अंतरंग क्षण व्यतीत किए, जिसे आरोपी ने अपने मोबाइल फोन पर रिकॉर्ड कर लिया। बाद में पता चला कि वह सीनियर छात्रा पीड़िता को आरोपी से मिलवाने के लिए मजबूर की गई थी। इस कारण उसे भी जाल में फँसा लिया गया था। यह छात्रा बुलींग के द्वारा पहले ब्लैकमेल की गई और बाद में एक बाहरी व्यक्ति से उनका परिचय कराया गया। पीड़िता लड़कियों को धमकी मिल रही है कि उनके संबंधों के दौरान लिये गए चित्र व बनाई गई वीडियोज सार्वजनिक कर दिए जाएँगे।

प्रकरण-14 : एक युवा शादीशुदा महिला को, जो विदेश में कार्यरत थी, अनुचित समय पर मोबाइल कॉल आती थी, जिसमें उससे सेक्स चैट और डेटिंग के लिए माँग की जाती थी। उसने अपने एन.आर.आई. व्यापारी पति को यह बात बताई। जब उसके पति ने छानबीन की, तब वह यह जानकर सन्न रह गया कि उसकी पत्नी का मोबाइल नंबर पोर्न साइट्स पर डाला हुआ था, जिसमें पुरुषों को सेक्स चैटिंग व डेटिंग के लिए आमंत्रित किया जाता था। महिला ने एन.आर.आई. सेल में शिकायत दर्ज कराई और शहर के साइबर विशेषज्ञ ने आरोपी को पहचान लिया। यह आरोपी कोई और नहीं, पीड़ित महिला की अपनी ननद ही थी। आरोपी को गिरफ्तार किया गया। पूछताछ में पता चला कि आरोपी पीड़िता को अपने भाई और उसकी पार्टनर से दुश्मनी थी। उसने केवल उन्हें परेशान करने के लिए किया था। वह पीड़िता के पासवर्ड का प्रयोग करके लोगों को यौनाचार के क्रियारत संदेश उसके इ-मेल एड्रेस से भेजती थी। पीड़िता ने अपना पासवर्ड आरोपी को तब बता दिया था, जब उनकी आपस में दोस्ती थी।

8. ऑनलाइन दुरुपयोग (शोषण) की वे घटनाएँ, जिन्होंने दुनिया को सदमे में डाल दिया।

एक सच्ची कहानी

- ❖ जैसिका लोगन कहानी
- ❖ 18 वर्ष
- ❖ 17 वर्ष की आयु में अपने एक बॉयफ्रेन्ड को अपनी नंगी फोटो दे दी।
- ❖ जब सम्बन्ध समाप्त हो गया, लड़के ने वे फोटो वितरित कर दी और लड़की सामाजिक रूप से अकेली हो गयी। लड़की ने स्वयं को स्कूल में शर्म से बचने के लिये आत्महत्या करना चुना।

अमन्दा टोड

- ❖ इसे एक पुरुष से प्यार हो गया और इसने उस प्रेमी को अपने शरीर के ऊपरी भाग की नंगी फोटो भेज दी। किन्तु वह पुरुष बच्चों के साथ यौनाकर्षण रखता था।
- ❖ लड़की को सदैव वह बुली (प्रताड़ित) करता था।
- ❖ अन्त में लड़की ने 15 वर्ष की आयु में फाँसी लगाकर आत्महत्या कर ली।

साइबर बुलींग के ऐसे मामले, जिन्होंने संसार के अंदर तहलका मचा दिया।

प्रकरण-15 : अमंदा टोड प्रकरण (1996-2012) अक्तूबर 2012 में ए.बी.सी. न्यूज ने रिपोर्ट दी कि अमंदा टोड ने एक वीडियो यू-ट्यूब पर पोस्ट कर दिया था और वह वीडियो 17 अरब बार से अधिक बार देखा जा चुका था। 'माई स्टोरी : स्ट्रलिंग, बूलिंग, सुसाइड, सेल्फ कार्य' के शीर्षक वाला यह वीडियो ब्रिटिश, कोलंबिया की एक किशोरी अपने स्वयं के ब्लैकमेल होने और बुलिंग (प्रताड़ित) होने के अनुभव के होने के बारे में फ्लैश कार्ड

प्रयोग करती है। 7 सितंबर, 2012 को इस वीडियो में पासिंग करने के एक माह से कुछ अधिक बाद अमंदा ने अपने घर में 10 अक्तूबर, 2012 को फाँसी लगा ली।

अमंदा ने 7वीं कक्षा से ही लोगों से ऑनलाइन चैट (बातचीत करना) शुरू कर दी थी और एक अजनबी ने उसको मना लिया था कि वह कमरे पर अपनी नग्न छातियों की फोटो भेज दे। उस अजनबी ने तुरंत ही अमंदा को उस फोटो के जरिए ब्लैकमेल करना शुरू कर दिया और वह फोटो इंटरनेट पर प्रसारित होना शुरू हो गई, जिसे फेसबुक प्रोफाइल पर टॉपलेस फोटोग्राफ प्रोफाइल इमेज के रूप में दरशाया गया। "जिस व्यक्ति को उसने अपनी यह फोटो फ्लैश की थी, उसने इसको परेशान करना जारी रखा", यह बात अमंदा की माँ करोल टेड ने वेन कोवरसन को बताई। "जब भी वह स्कूल जाती थी, वह उसके पीछे छिपकर जाता था और उसका फेसबुक फ्रेंड बन गया।"

परिणाम : अमंदा की मृत्यु के एक सप्ताह से भी कम समय के पश्चात् कनाडा सी.टी.वी. न्यूज ने बताया कि विधि निर्माता एक ऐसे प्रस्ताव पर विचार करेंगे, जिसमें वे एक राष्ट्रीय बुलींग निरोधक रणनीति बनाने के लिए आधार तैयार करेंगे। किशोरी के परिवार द्वारा नियत्रित ऑफीशियल ब्लॉग 'दि अमंदा टोड लीगेसी' एक बुलेटिन बोर्ड के रूप में उन सभी विशेष घटनाओं तथा प्रयासों की सहायता करने के लिए प्रयासरत है, जिनमें बुलींग विरोधी शिक्षा दी जाती है। मानसिक स्वास्थ्य संबंधी समस्याओं से जूझते युवा लोगों की सहायता की जाती है तथा यह उन सभी शिक्षा कार्यक्रमों को प्रोत्साहित करके लोगों को अपनी अक्षमताओं को सीखने व जानने में सहायक है।

प्रकरण-16 : जेसिका लोगन (1990-2008) तथा होप विटसैल (1996-2006) का प्रकरण।

जेसिका लोगन सिकामोर हाईस्कूल की एक 18 वर्षीय सीनियर छात्रा थी, जिसने अपनी निर्वस्त्र फोटो अपने बॉयफ्रेंड को भेज दी। दि सिनसिनाट्टी एन्क्वायर ने सूचना दी कि वह फोटो उन दोनों के बीच संबंध टूटने के बाद कम-से-कम सात सिनसिनाट्टी क्षेत्र के हाईस्कूलों में सैकड़ों किशोरों को भेज दी गई थी। अलबामा की साइबर बुलींग के वेबसाइट के विश्वविद्यालय के अनुसार, फेसबुक, माईस्पेस तथा टेक्स्ट मैसेज के द्वारा साइबर जारी रहा । एक अन्य लड़के की अंतिम क्रिया में

शामिल होने के पश्चात्, जिसने आत्महत्या कर ली थी, जेसिका ने स्वयं को फाँसी लगा ली। लगभग एक वर्ष से कुछ अधिक समय के पश्चात् एक 13 वर्षीय लड़की ने भी फाँसी लगाकर आत्महत्या कर ली, क्योंकि जो उसने अपनी छातियों की तसवीर अपने बॉयफ्रेंड को भेजी थी, रास्किन व फ्लोरिडा के छह विभिन्न स्कूलों में छात्रों के बीच साझा कर दी गई थी, ऐसा पीड़िता के परिवार व मित्रों ने सी.एन.एन. को बताया। होप ने अपने माता-पिता को यह कभी नहीं बताया कि उसने एक 'होप हेटर पेज' बनाया था, जो माईस्पेस पर शुरू किया गया और जिसके कारण उसका और अधिक उत्पीड़न हुआ।

परिणाम : 'दि इन्क्वायर' में रिपोर्ट आई कि जेसिका के माता-पिता अल्बर्ट तथा सिंथिया लोगन ने सिकामोर हाईस्कूल व मोंटगोमरी पुलिस के विरुद्ध एक कानूनी वाद दायर किया कि उनके द्वारा जेसिका की नंगी फोटो को विस्तृत रूप से शेयर किए जाने के पश्चात् जेसिका का उत्पीड़न और बुलींग हुआ और आरोपियों ने उनकी पुत्री को उस प्रताड़ना व उत्पीड़न से बचाने के लिए कुछ नहीं किया। फरवरी 2012 में ओहियो के गवर्नर ने एक हाउस बिल 116 पर हस्ताक्षर कर उसे कानून का रूप दे दिया, जो 'जेसिका लोगन ऐक्ट' के नाम से जाना जाता है। यह कानून साइबर प्रताड़ना (बुलींग) से संबंधित है और इसके द्वारा उत्पीड़न विरोधी नीतियों का विस्तार किया गया है। 'रयूटर' की रिपोर्ट के अनुसार, होप के माता-पिता ने हिल्सबॉरो काउंटी स्कूल के अधिकारियों के विरुद्ध एक कानूनी वाद अप्रैल 2011 में दायर किया कि उन्होंने तथाकथित रूप से यह जानते हुए कि किशोरी (पीड़िता) के मन में आत्महत्या के विचार आ गए थे, कोई उचित कदम नहीं उठाया।

□

10

बार-बार पूछे जानेवाले प्रश्न

ऑनलाइन अपराधों की जाँच करने के दौरान व अभिभावकों से बात करते समय मुझे कुछ प्रश्नों का कई बार सामना करना पड़ा। मेरे उत्तर हो सकता है आदर्श न हों, किंतु इस प्रकार के अवश्य हैं कि इस समस्या के विषय में लोगों को संवेदनशील बना सकेंगे। यदि आपकी कुछ और जिज्ञासाएँ हों तो अच्छा होगा कि उसी तकनीक का प्रयोग करके आप अपने को अपडेट करें। आपको कोई भी जानकारी इंटरनेट पर मिल जाएगी। लगभग सभी वेबसाइट, ब्राउजर्स, सर्च इंजन व सोशल मीडिया ऐप में इस प्रकार के शिक्षाप्रद कक्षाएँ (कार्यक्रम) व स्पष्टीकरण उपलब्ध रहते हैं। आपको केवल आवश्यकता है, समय की और प्रयास करने व सीखने की प्रवृत्ति की—

प्रश्न-1 : अभिभावक अपने बच्चों को सुरक्षित कैसे कर सकते हैं, जबकि वे अपने बच्चों के द्वारा प्रयोग तकनीक व ऐप के विषय में कुछ अधिक नहीं जानते हैं ?

उत्तर : महत्त्वपूर्ण यह है कि अभिभावक तकनीक समझने की आवश्यकता समझें, अन्यथा उनके लिए निहित खतरों की गहराई समझना कठिन है। सुपर-वायर्ड के इस युग में हम अपने बच्चों की इंटरनेट के विस्फोटक फैलाव से एक कदम आगे रहने में सहायता कर सकते हैं। अभिभावकों के लिए सर्वोत्तम मार्ग यह सीखना है कि वे अपने बच्चों को उन खतरों व जोखिमों के बारे में सूचित करें, जो दुनिया भर से जुड़े रहने तथा इंटरनेट के दुरुपयोग करने में शामिल हैं।

प्रश्न-2 : हैक किए हुए फेसबुक एकाउंट को पुनः प्राप्त कैसे करें ?

उत्तर : यदि किसी ने अपका फेसबुक एकाउंट हैक कर लिया है, सबसे पहले आप पुलिस को सूचित करें और शिकायत दर्ज कराएँ। ऐसा इसलिए है कि आपको नहीं पता कि ऐसा किसने और किस गैर-कानूनी उद्‌देश्य से किया है। उसे

दोबारा पाने के लिए निम्नलिखित कदम उठाएँ—

चरण-1 : सर्वप्रथम लिंक—https://www.facebook.com/hacked पर जाएँ और 'योअर एकाउंट हैज बीन कॉम्प्रोमाइज्ड' पर क्लिक करें या अपना नाम लॉग-इन करें या अपना पूरा नाम या फोन नंबर लॉग-इन करें।

फिर फेसबुक मैचिंग यूजर्स की खोज करेगा। यदि फिर भी आपका एकाउंट प्रदर्शित नहीं होता है, तो कुछ अन्य बातें भरें, जैसे यदि आपके द्वारा दिया गया फोन नंबर कार्य नहीं कर रहा है तो अपना इ-मेल या नाम डालकर लॉग-इन करें। प्रायः अपने इ-मेल का प्रयोग करना सर्वोत्तम विकल्प होता है। फिर सर्च को क्लिक करें।

चरण-2 : अब कठिन भाग प्रारंभ होता है। आपना एकाउंट पासवर्ड डालें, किंतु यदि आपको पासवर्ड पता होता, तब इसकी जरूरत नहीं होती, क्योंकि आपके हैकर द्वारा बनाया हुआ पासवर्ड आपको पता नहीं होता। इसलिए अपना पुराना पासवर्ड डालें, जो आपके एकाउंट के हैक होने से पहले आप प्रयोग कर रहे थे।

चरण-3 : क्योंकि आपके द्वारा डाला गया पासवर्ड गलत है, आपको एकाउंट में एंट्री नहीं मिलेगी, तो अब 'रिसेट माई पासवर्ड' पर क्लिक करें।

चरण-4 : हैकर ने आपका मूल इ-मेल बदल दिया होगा, अतः आप 'नो लौंगर हैव एक्सैस टू दीज' लिंक पर क्लिक करें।

चरण-5 : अब आपने अपना एकाउंट लगभग पुनः प्राप्त कर लिया है। अब अपना नया इ-मेल एकाउंट, जो आप चाहते हैं कि 'चेंज पासवर्ड' लिंक आपके मूल इ-मेल पर भेजें और अपने मूल इ-मेल को भी सेट कर दें।

अब अगले स्टेप का पालन करें। आपको अपना एकाउंट अगले 24 घंटों में प्राप्त हो जाएगा।

प्रश्न-3 : अपने फेक एकाउंट की रिपोर्ट कैसे की जाए, जो मेरी पहचान डालकर बना लिया गया है?

उत्तर-: फेक एकाउंट अर्थात् वह एकाउंट, जो किसी और व्यक्ति ने मेरी पहचान चुराकर बना लिया हो। उदाहरणार्थ, उसमें मुझे कोई काल्पनिक पात्र, प्रसिद्ध व्यक्ति या संगठन के रूप में दरशाया गया हो। इसकी रिपोर्ट निम्न प्रकार करें—

1. फेक एकाउंट की प्रोफाइल पर जाएँ। यदि आपको वह नहीं मिलती, तो प्रोफाइल पर प्रदर्शित होनेवाले नाम से सर्च करें या अपने ही मित्रों से ही कहें

कि वे इसका लिंक आपको भेज दें।

2. कवर फोटो पर क्लिक करें और 'रिपोर्ट' को सेलेक्ट करें।
3. स्क्रीन पर प्रकट होनेवाले निर्देशों का पालन करें, जिससे आप अपने फेक (फर्जी) एकाउंट की रिपोर्ट दर्ज करा सकें।
4. अपना विवरण देकर अपनी रिपोर्ट पुलिस में दर्ज कराएँ।

प्रश्न-4 : यदि आपकी नंगी फोटो ऑनलाइन आई है, तो आप क्या करें ?

उत्तर-: यह आपके लिए बहुत खराब सपने जैसा होगा। इससे पहले कि यह बताएँ कि ऐसी स्थिति में क्या करें, हम उन पूर्व सावधानियों की चर्चा करें, ताकि ऐसा आगे हो ही न। वे पूर्व सावधानियाँ, जो आपको अपनी खराब फोटो ऑनलाइन आने से बचाएँगी—

1. कभी अपनी सहवास की तसवीर या फोटो न लें। याद रहे, एक बार आपकी फोटो या वीडियो डिजिटल हुई, वह ऑनलाइन हो जाती है, जिसे सब देख सकते हैं।
2. यदि आपकी फोटो या वीडियो बनाई जा रही हैं, तो रुकें और सोचें। कल्पना करें कि ये चीजें आपके प्रियजन, आपका नियोक्ता (जिसके यहाँ आप जॉब कर रहे हैं) या आपके सम्मानित साथी-सहयोगियों के सामने आएँगी। क्या यह सब जानकर आपको अच्छा लगेगा ?
3. यदि आप स्वयं अपनी नंगी तसवीर लेते हैं, तो उसे किसी को भेजें नहीं। जोखिम बहुत बड़ा है। मित्रता और निकट संबंध हमेशा स्थायी नहीं होते। अनपेक्षित (खराब) इमेजेज या वीडियोज को भेजने के मामलों में अकसर नाराज मित्र व पूर्व बॉयफ्रेंड्स आदि ही मुख्य दोषी होते हैं। यदि आप किसी पर पूरा विश्वास करते हैं तो सोचें, यदि उनका फोन, लैपटॉप या व्यक्तिगत कंप्यूटर चोरी हो जाए तो क्या होगा ? और सोचें कि अगर उस व्यक्ति से आपका संबंध टूट जाए और वह व्यक्ति आपकी फोटो या वीडियोज दूसरों के साथ साझा कर दे तो क्या होगा ?
4. अभिभावकों को चाहिए कि वे अपने बच्चों, किशोरों को यह बताएँ कि वे इस प्रकार की फोटो न लें। आज जिसे वे निर्दोष चीज समझ रहे हैं, वह भविष्य में खतरनाक व दुखद परिणाम ला सकती है। सोचें, कोई आपकी इमेजेज को इंटरनेट पर भेजने की धमकी दे रहा है ?

   यदि किसी के पास आपके अंतरंग फोटो या वीडियो हैं, तो उसे सख्ती से उन्हें डिलीट (हटाने) करने को कहें। सुनिश्चित करें कि वे हटा दिए गए हैं। उन्हें

बताएँ कि आप अपनी निजता व सुरक्षा के प्रति पूर्ण रूप से गंभीर हैं।

किसी के साथ बिल्कुल निकटतम संबंध मत बनाएँ। आपको समझना चाहिए कि वह व्यक्ति आपके भय का शोषण करने का प्रयास करेगा। यदि आवश्यकता हो तो अपने अभिभावकों, माता-पिता पुलिस या अन्य कोई अधिकारी की सहायता लें। अधिकतर देशों में किसी अल्पायु के बच्चों की तसवीर या वीडियो भेजना गैर-कानूनी है।

जब आपकी कोई तसवीर आलिंगन (सेक्स के लिए) की तसवीर हो तो क्या करें?

1. **घबराए नहीं :** कहना आसान है करना नहीं, किंतु हर समस्या का समाधान है। अपने को दोष न दें। आपने कोई गलती नहीं की, किसी विश्वसनीय व्यक्ति की सहायता लें।
2. **सबूत इकट्ठा करें :** प्रोफाइल का स्क्रीन शॉट सुरक्षित करें। यही एक सबूत है, जो अदालत में प्रस्तुत किया जा सकता है। स्क्रीन शॉट्स शीघ्रातिशीघ्र सेव कर लें, क्योंकि एकाउंट कभी भी लुप्त हो सकता है।
3. **किसी प्रकार की फिरौती देने के शिकार न बनें :** किसी प्रकार रुपए न भेजें या पोस्ट को हटवाने के लिए किसी ब्लैकमेलिंग में न पड़ें।
4. **पुलिस से संपर्क करें :** बेहतर यह होगा कि आप पूरे विवरण के साथ पुलिस को शिकायत करें। पुलिस अधिकारी या साइबर सेल उन बदनाम करनेवाली इमेजेज को ब्लॉक करने में या उन्हें ब्लॉक कर देने में आपकी सहायता कर सकेंगे।
5. **इमेज को हटाना :** जितनी अधिक देर तक इस प्रकार की सामग्री वहाँ रहेगी, उतने ही अधिक उसके फैलने के चांसेज होते हैं। अतः सलाह यह है कि अपने नाम व अन्य विवरण के साथ इमेजेज को सर्च करते रहें, ताकि आपको उन सभी वेबसाइट्स का पता चल जाए, जहाँ से वे अपलोड की गई हैं।
6. **अधिक-से-अधिक सर्च इंजन का प्रयोग करें :** गूगल का अपने लाभ के लिए प्रयोग करें। यदि किसी कारणवश आपको वह सामग्री मिल नहीं पाती या आप उसे हटवा नहीं पाते तो आप सर्च इंजन ऑप्टिमाइजेशन तरीके का प्रयोग करें, ताकि जब भी लोग आपको गूगल करेंगे, उन लोगों की लिस्ट आपको मिल जाएगी, जिनके पास अभी तक ये आपराधिक फोटो भेजी गई हैं।

प्रश्न-5 : सोशल मीडिया पर फिशिंग होने से अपनी व्यक्तिगत सूचना को कैसे रोकेंगे?

उत्तर : यह जाना-माना सत्य है कि इ-मेल मैसेजज, टेक्स्ट व फोन कॉल का प्रयोग

आमतौर पर लोगों की पहुँच बनाने में करते हैं, ताकि वे आर्थिक या पहचान चोरी या दोनों अपराध कर सकें। सोशल मीडिया अपराधियों के लिए एक प्रिय साधन है, जिससे लोगों को धोखा दिया जा सकता है, क्योंकि इसका संचालन भी बहुत आसान है।

जैसा कि करोड़ों लोग प्रतिमाह अपने पसंदीदा सोशल मीडिया एकाउंट्स पर लॉग-इन करते हैं और जैसा कि ये एकाउंट्स लोगों में काफी विश्वास जगाते हैं, ऐसे में धोखेबाजों के लिए सोशल मीडिया फिशिंग आय का एक उत्तम स्रोत है। यहाँ कुछ बातें हैं, जो आपको ध्यान में रखनी हैं।

- जब तक आपको शत-प्रतिशत विश्वास न हो कि वे विश्वसनीय व अच्छे इरादे की है, आप किसी पोस्ट, ट्वीट्स या सीधे मैसेज पर आए किसी लिंक को क्लिक न करें।
- जो आपको एप्रोच कर रहे हैं, उन लोगों को प्रति उत्तर देने से पहले अच्छी प्रकार से सोचें।
- स्वयं से प्रश्न करें कि क्या कोई असली व्यक्ति आपको इस सूचना के साथ वास्तव में संपर्क करेगा?
- आर्थिक मामलों या ऑफर्स की चुनौतियों को पहचानें, जो आपको अविश्वसनीय रूप से बढ़िया प्रतीत हो रही हैं।

(http://www.getsafeonline.org/social-networking/social-media-phishing)

प्रश्न-6 : निंदनीय व अनुचित सामग्री के सोशल मीडिया पर पोस्ट होने की शिकायत पीड़ित व्यक्ति कहाँ कर सकता है?

उत्तर : सामग्री की गंभीरता का ध्यान रखते हुए, यह सदैव बेहतर होता है कि हम ऐसी आधिकारिक एजेंसी को सूचित करें, जैसे—पुलिस, स्कूल या सेवा प्रदान करनेवाले ऑपरेटर। इस प्रकार की शिकायत जिला पुलिस के किसी पुलिस स्टेशन या साइबर सेल में दर्ज कराई जा सकती है।

आप सीधे सामग्री प्रेषित करनेवाले, जैसे सोशल मीडिया या ऑनलाइन वीडियो प्रेषक को बोल सकते हैं कि वे इस उस सामग्री को हटा दें। अधिकतर सोशल मीडिया प्लेटफॉर्म्स के पास अनुचित सामग्री की सूचना देने के लिए साधारण प्रक्रिया तैयार रहती है। 'रिपोर्ट' को खोजने की कोशिश करें या उनकी शर्तों की जाँच करें या उनके 'हेल्प' सेक्शन को खँगालें।

प्रश्न-7 : बहुत से वयस्क अपने बच्चों की तरह ही अपने सेलफोन से चिपके रहते हैं। यह तथ्य बच्चों के निर्धारित सीमा को किस प्रकार प्रभावित करता है?

उत्तर : इस बात से परेशान न हों कि आपके बच्चे आपकी सुनते नहीं, किंतु इस बात की चिंता करें कि वे आपको ध्यान से देख भी रहे हैं। माता-पिता यह न समझें कि उन्हें अपनी सलाह स्वयं पालन नहीं करनी है, क्योंकि वे तो वयस्क हैं तथा वे बच्चों से अधिक समझदार हैं, किंतु बच्चे बहुत ज्यादा अनुभव करनेवाले होते हैं तथा वे आपका ध्यान से अवलोकन (देखते) करते हैं।

उदाहरणार्थ, आप उन फोन कॉल्स को अटेंड करते हैं, जिनको आप जानते-पहचानते नहीं, जबकि आप बच्चों को ऐसा करने से मना करते हैं। बच्चे अकसर यह नहीं समझ पाते कि आपके लिए ठीक क्या है, और उनके लिए ठीक क्या है? चाहे अभिभावक कितनी भी जिम्मेदारी से टेक्नोलॉजी का प्रयोग करते हों, सच यह है कि बच्चे उनका अवलोकन करते हैं।

प्रश्न-8 : मुझे अपना पासवर्ड कैसे बनाना है, ताकि मैं सुरक्षित रहूँ?

उत्तर : एक पासवर्ड आपके एकाउंट को पूर्ण रूप से सुरक्षित नहीं रख सकता। आपकी एक नई सुरक्षा है 'मल्टी-फैक्टर ऑथेंटिकेशन'। अपने एकाउंट को सुरक्षित रखने के लिए आप निम्नलिखित सिद्धांतों का पालन कर सकते हैं—

सशक्त पासवर्ड बनाएँ : सशक्त पासवर्ड बनाने की शक्ति उसकी लंबाई है। आपका पासवर्ड कम-से-कम 8 अक्षरों का होना चाहिए, और ऐसा होना चाहिए कि कोई उसका अनुमान न लगा पाए। इसके साथ पासवर्ड अपर केस, लोअर केस, संख्या ओर संकेतों का मिश्रण होना चाहिए। इसमें अपनी व्यक्तिगत सूचना से बचें, विशेष रूप से यदि कोई सोशल मीडिया पर इसका उत्तर पा सके या आपके ऑनलाइन आपके नाम को सर्च करके इसका उत्तर पा सके। पासवर्ड की बजाय पासफ्रेज का प्रयोग करने का प्रयास करें। एक पासफ्रेज कोई संक्षिप्त उक्ति या कहावत होती है, जो आपके पासवर्ड को सशक्त कर देती है।

विशिष्ट एकाउंट व विशिष्ट पासवर्ड : यदि आपके हर एक एकाउंट का एक ही पासवर्ड है और यदि वह किसी को पता चल गया, तो वह आपके समस्त एकाउंट्स में पहुँच बना सकता है। साइबर अपराधी जानते हैं कि लोग अपने पासवर्ड का दोबारा भी प्रयोग करते हैं और एक बड़े पासवर्ड के लीक होने के पश्चात्, वे उन पासवर्ड्स को आजमाने की कोशिश करते हैं और उन

इ-मेल एड्रेसेज पर जाने का प्रयास करते हैं, जो उन्हें सभी प्रकार की साइट्स में सेंध लगाने में सहायक हों, और अकसर वे सफल हो जाते हैं। आप सोच सकते हैं कि भिन्न-भिन्न सशक्त पासवर्ड्स को याद रखना कठिन है, किंतु पासवर्ड मैनेजर इसको मैनेज कर लेता है, आप भी दिए गए उदाहरण पर प्रयास कर सकते हैं—

#7Daysinnaweek#sbi
#7Daysinnaweek#icici
#7Daysinnaweek#gmail

अपने पासवर्ड के लिए मल्टी-फैक्टर ऑथेंटिकेशन प्रयोग करें : यदि आप कंप्यूटर पर काम कर रहे हैं, तो जब आप अपना यूजर नाम और पासवर्ड डालते हैं, आपसे एक वेरीफीकेशन कोड (ओ.टी.पी.), जो आपके मोबाइल पर आएगा, पूछा जाएगा। यह है मल्टी-फैक्टर ऑथेंटिकेशन का अर्थ। आजकल मल्टी-फैक्टर ऑथेंटिकेशन रखना आवश्यक है। प्रतिदिन बड़ी-बड़ी इंटरनेट कंपनियों के पासवर्ड लीक हो रहे हैं। अपने पासवर्ड में एक अतिरिक्त परत जोड़ना बहुत हद तक उस जोखिम को कम कर देती है, जो किसी अन्य के द्वारा आपके एकाउंट में सेंध लगाने से उत्पन्न होगा। आप प्रमुख वेबसाइट के लिए सेटिंग में मल्टी-फैक्टर को क्रियाशील कर सकते हैं। □

शब्दावली

एक्सेस : किसी इलेक्ट्रॉनिक डिवाइस या कंप्यूटर सिस्टम/मोबाइल या अन्य किसी कम्युनिकेशन डिवाइस में प्रवेश पाना।

ऐंड्रॉयड : यह गूगल द्वारा जारी किया गया कंप्यूटर्स व मोबाइल फोन को संचालित, व्यवस्थित व नियंत्रित करने का साधन है।

एंटी-वायरस : एक ऐसा प्रोग्राम है, जो किसी कंप्यूटर सिस्टम या नेटवर्क पर उस वायरस को रोकता है, जो कंप्यूटर सिस्टम या नेटवर्क को काम करने से रोकता व ब्लॉक कर देता है।

अटैचमेंट : वह फाइल, जो इमेजेज/टेक्स्ट फाइल सहित इ-मेल के द्वारा भेजी जा सकती है।

बैकअप : सिस्टम पर किसी के डाटा की कॉपी जिसमें संगीत या टेक्स्ट फाइल्स शामिल हैं।

बॉट अटैक : यह एक ऐसा रोबोटिक हमला है, जिसमें एक वायरस या अन्य कोई मैलवेयर, कंप्यूटर की श्रेणियों को संक्रमित (बीमार) कर देता है और फिर उन्हें किसी संगठित आक्रमण करने या किसी ऐक्ट का संचालन करने के लिए प्रयोग करता है।

ब्लॉग : यह एक वेब पेज है, जो किसी प्रशासक के द्वारा सँभालकर रखा जाता है और जिसमें ब्लॉगर अपने किसी रुचिकर विषय पर अपने विचार रखता है।

ब्राउजर : एक ऐसा सॉफ्टवेयर है, जिसके द्वारा कोई प्रयोगकर्ता (यूजर) इंटरनेट पर सर्फिंग या विजिट कर सकता है। उदाहरणार्थ, इंटरनेट एक्सप्लोरर या गूगल क्रोम।

चाइल्ड पोर्नोग्राफी : किसी भी साधन द्वारा कोई प्रदर्शन, जिसमें बच्चा असली या कृत्रिम रूप से यौन क्रिया में लिप्त या संलग्न दरशाया जाए, या किसी बच्चे के यौनांग दरशाए जाएँ, और जिसमें चित्रण की प्रमुख विशेषताएँ यौन उद्देश्य हों।

बच्चे का यौन शोषण : किसी अधिक आयु के आदमी या औरत द्वारा किसी बच्चे को बाध्य करना, लालच देना या उकसाना, फुसलाना कि वह यौन क्रिया में भाग ले, चाहे वह शारीरिक संपर्क या उसके बिना संपन्न हो और चाहे वह ऑनलाइन हो या ऑफलाइन। (नई शब्दावली गाइड-लाइंस यह स्पष्ट करती हैं कि इसके लिए आदान-प्रदान आवश्यक नहीं।) यह केवल इस अपराध करनेवाले द्वारा अपने यौन संतुष्टि के लिए किया हुआ कार्य होना पर्याप्त है। यह शोषण बिना किसी बाह्य दबाव के द्वारा भी हो सकता है। केवल यौन क्रिया का होना ही यौन शोषण बन जाएगा। बाल यौन शोषण संपर्क या बिना संपर्क के भी अपराध कहलाएगा।

बच्चा यौन शोषण सामग्री : बच्चों द्वारा यौन क्रिया का स्पष्ट प्रदर्शन नई शब्दावली के अनुसार यौन शोषण की क्रिया को दरशाना तथा/या बच्चों के यौनांगों पर ध्यान केंद्रित करना।

बच्चा यौन टूरिज्म : बच्चों को जानबूझकर यौन क्रिया के उद्देश्य से बाहर घुमाने ले जाना, और यात्रा के दौरान नई शब्दावली की गाइड-लाइंस के अनुसार, इस शब्द के बदले 'यात्रा तथा टूरिज्म के संदर्भ में बच्चों का यौन शोषण' होना चाहिए।

बच्चों का व्यावसायिक यौन शोषण : यह बच्चों के यौन शोषण का वह रूप है, जहाँ पर बच्चों की यौन शोषण सामग्री को दरशाना या प्रयोग करना धन कमाने के उद्देश्य से किया जाए। इसमें चाइल्ड पोर्नोग्राफी, बच्चों की वेश्यावृत्ति, यात्रा व टूरिज्म में बच्चों का यौन शोषण, यौन शोषण के उद्देश्य से बच्चों की खरीद-फरोख्त शामिल है। नई शब्दावली गाइड-लाइंस के अनुसार, यौन शोषण तथा व्यावसायिक यौन शोषण के मध्य अंतर केवल इतना है कि व्यावसायिक यौन शोषण में ध्यान केवल आर्थिक लाभ पर है। यहाँ अकसर संगठित अपराध के पीछे आर्थिक लाभ पाना मुख्य उद्देश्य होता है।

साइबर बदनामी : किसी की प्रतिष्ठा या सम्मान को गिराने के उद्देश्य से ऑनलाइन शब्दों, चित्रों या संकेतों का प्रयोग करना।

साइबर एक्ट्रीमिज्म : सामाजिक जीवन के सामान्य वर्तमान मापदंडों से परे जाकर, किसी ऑनलाइन या डिजिटल प्लेटफॉर्म का प्रयोग करना, जिसके द्वारा कोई पूर्व निर्धारित विचारधारा थोपी जाए।

साइबर प्रताड़ना : बच्चे के लिए निंदात्मक या अन्य आपत्तिजनक संदेश सामग्री भेजना या किसी लड़के या लड़की को निशाना बनाने के लिए सोशल मीडिया में उसकी फर्जी प्रोफाइल बनाना।

साइबर धमकी/डराना : सोशल मीडिया में इ-मेल या संदेश के द्वारा किसी बच्चे को लक्ष्य बनाकर इस प्रकार की प्रत्यक्ष या अप्रत्यक्ष धमकी भेजना, जिससे कि उस बच्चे के अंदर डर की भावना उत्पन्न हो।

साइबर स्टॉकिंग : किसी व्यक्ति का इंटरनेट या मोबाइल पर लगातार पीछा करके उसको परेशान करना, उसे असुविधा पहुँचाना या उससे गैर-कानूनी उगाही करना या किसी अन्य गैर-कानूनी उद्देश्य से ऐसा करना।

साइबर बुलींग : एक व्यक्ति द्वारा दूसरे व्यक्ति को परेशान या प्रताड़ित करने के उद्देश्य से, विशेष रूप से बच्चों के मध्य सोशल मीडिया या अन्य किसी साधन से निंदात्मक संदेश भेजना, अश्लील संदेश भेजना या अन्य कोई आपत्तिजनक सामग्री भेजना या सोशल मीडिया में किसी की फर्जी प्रोफाइल बनाना।

साइबर कैफे : कोई ऐसी सुविधा, जहाँ पर कोई व्यक्ति पैसे देकर इंटरनेट की सुविधा प्राप्त कर सके।

मान-हानि : लिखित या प्रकाशित शब्दों से किसी व्यक्ति की प्रतिष्ठा को हानि पहुँचाना। यह ऑनलाइन व ऑफलाइन दोनों प्रकार से हो सकती है।

डिजिटल लिटरेसी : यह सूचना एवं संचार तकनीकों का प्रयोग करके जानकारी खोजने, उसका मूल्यांकन करने, उत्पन्न करने और उसको प्रसारित व प्रेषित करने की योग्यता है, जिसमें कॉगनिटिव व टेक्निकल, दोनों प्रकार के कौशल की आवश्यकता होती है।

डिजिटल मीडिया : ऐसी डिजिटलाइज्ड सामग्री (टेक्स्ट, ग्राफिक्स, ऑडियो तथा वीडियो, जो कि इंटरनेट या कंप्यूटर नेटवर्क्स पर प्रेषित की जा सके)।

डी.ओ.एस. : कंप्यूटर नेटवर्क को हानि पहुँचाने के उद्देश्य से जान-बूझकर भारी मात्रा में मेल भेजकर सेवा न देना या बंद कर देना।

डाउनलोड : यह अपलोड का विलोम है। इसका अर्थ है—सूचना को एक वेबसाइट से दूसरी वेबसाइट पर भेजना।

इ-मेल : एक ऑनलाइन तरीका, जिसके द्वारा टेक्स्ट, ऑडियो, वीडियो या अन्य फाइल प्राप्तकर्ता को भेजी जा सकती है।

एक्सपोजर : किसी बच्चे को लक्ष्य बनाकर उसकी व्यक्तिगत एवं निजी जानकारी को सार्वजनिक करना, उन्हें पोस्ट करना या फॉरवर्ड (अग्रसारित) करना।

फीचर फोन : निम्न छोर वाले मोबाइल फोन, जिसमें सीमित तृतीय पार्टी सॉफ्टवेयर डला हो और जो नियंत्रण करने, निगरानी करने या हेरा-फेरी करने के काम आता है।

ग्रूमिंग : साइबर की दुनिया में वे लोग 'ऑनलाइन ग्रूमर' कहलाते हैं, जो किसी लड़के

या लड़की को यौन संबंधी बातें करने के लिए ललचाते हैं, जिसके द्वारा वे बच्चों को सेक्स संबंधी कार्य कराने या उनका यौन शोषण करने के लिए तैयार करते हैं।

हैकिंग : किसी के कंप्यूटर सिस्टम या इंटरनेट में अनधिकृत प्रवेश करना।

हेट स्पीच : इंटरनेट पर गाली-गलौच युक्त, मान-हानि करनेवाली या आपत्तिजनक सामग्री।

आई.पी. एड्रेस : कंप्यूटर पर स्थापित किसी सिस्टम को आवंटित नंबर, जैसे 172.16.254.1

आईफोन : एप्पल द्वारा बाजार में बेचे जानेवाला फोन।

कीलोगर : किसी यूजर द्वारा टाइप की हुई 'कीज' उसके संज्ञान के बिना ट्रैक करना।

मैलवेयर : 'टर्म' उन वायरस तथा ट्रोजन या कीड़े के लिए प्रयोग होता है, जो कंप्यूटर सिस्टम या नेटवर्क को संक्रमित करता है।

मैलवरटाइजिंग : यह इंटरनेट पर प्रचलित उन प्रचार कार्य-प्रणालियों के लिए प्रयोग होता है, जो वायरस संक्रमण के गैर-कानूनी कार्यों से संबंधित हैं, या किसी पाठक को किसी निंदात्मक अथवा बदनाम करनेवाली सामग्री या किसी फर्जी वेबसाइट पर आने को आमंत्रित करती हैं।

मोरफिंग : यह टर्म किसी व्यक्ति की फोटो या उसकी पिक्चर्स को एक विशेष प्रकार के सॉफ्टवेयर का प्रयोग करके इस प्रकार से बदलने के लिए प्रयोग होती है, जिसमें व्यक्ति का चित्र असली न होकर अर्द्ध-अनुरूपता में प्रदर्शित किया जाता है (चेहरा व्यक्ति का, अंग किसी अन्य व्यक्ति के)।

नेट बैंकिंग : वह वेब सेवा, जिसके द्वारा एक यूजर अपने बैंक एकाउंट से भुगतान करने के लिए लेन-देन कर सकता है।

नेटिजेन : वह व्यक्ति, जो इंटरनेट का प्रयोग करे।

ऑनलाइन यौन उत्पीड़न : यौन स्वभाव वाले व्यक्ति द्वारा यौन क्रिया के लिए अवांछनीय या अप्रिय यौन संकेत, प्रार्थना या अन्य मौखिक या शारीरिक व्यवहार भी यौन उत्पीड़न है। यौन उत्पीड़न केवल उस यौन व्यवहार तक ही सीमित नहीं है, जिसमें किसी व्यक्ति की प्रतिष्ठा को स्पष्ट रूप से जान-बूझकर हानि पहुँचाई जाए, बल्कि यौन स्वभाव के वह आचरण भी इसमें शामिल है, जो व्यक्ति को अप्रिय लगे अथवा उसे आतंकित करे।

पी-टू-पी : पीयर टू पीयर, उदाहरणार्थ—संगीत या वीडियो फाइल्स की फाइल शेयरिंग।

पेन ड्राइव : यह एक सुरक्षित करने की छोटी सी डाटा स्मृति डिवाइस है, जिसमें फाइल को स्टोर करने की सुविधा होती है।

फॉर्मिंग : यह एक ऐसी तकनीक है, जिसके द्वारा अपराधी लोगों द्वारा किसी संभावित शिकार को इंटरनेट पर फर्जी वेबसाइट पर धोखे से भेजा जाता है। इसके द्वारा अपराधी द्वारा व्यक्ति की व्यक्तिगत जानकारी चुरा ली जाती है, जिसके द्वारा अपराध किया जा सके।

फिशिंग : यह एक आर्थिक अपराध है, जहाँ पर अपराधी अपनी असली पहचान छिपाकर किसी संभावित शिकार की व्यक्तिगत जानकारी चुराता है, जिसका उद्देश्य आर्थिक लाभ प्राप्त करना होता है।

बच्चों की वेश्यावृत्ति : किसी प्रकार का प्रतिफल या लाभ पाने की दृष्टि से बच्चों का यौन क्रियाओं में प्रयोग 'फिशिंग' कहलाता है। बच्चों की बिक्री के संबंध में 'बच्चों के अधिकार' पर हुए सम्मेलन के लिखित समझौते व 'चाइल्ड प्रोस्टीट्यूशन ऐंड चाइल्ड पोर्नोग्राफी' के अनुच्छेद 2(ब) में दी गई 'टर्मिनोलॉजी गाइडेंस' के अनुसार इस शब्दावली के स्थान पर 'वेश्यावृत्ति में बच्चों के शोषण' शब्दावली का प्रयोग किया जाएगा।

राउटर : यह दो या दो से अधिक कंप्यूटर नेटवर्क के मध्य स्थापित करने की प्रक्रिया के रूप में एक द्वारपथ है।

सर्च इंजन : यह एक सॉफ्टवेयर है, जो इंटरनेट पर महत्त्वपूर्ण जानकारी को खोजने में सहायक है, जैसे गूगल सर्च इंजन।

सर्वर : एक या एक से अधिक कंप्यूटर्स का समूह, जिसके द्वारा एक विशाल जानकारी जुटाई जा सके, और वहाँ उसका भंडारण किया जा सके।

सेक्सटिंग : इमेजेज, फोटो, क्लिप्स, वीडियो फाइल्स के रूप में यौन संबंधी स्पष्ट सामग्री को संदेश द्वारा लोगों को भेजना।

सोशल नेटवर्क : व्यक्तियों का एक समूह, जो ऑनलाइन पर सामूहिक जानकारी या रुचि साझा करने के लिए जुड़ते हैं।

सोशल एक्सक्लूजन : बच्चे को लक्ष्य बनाकर उसे संदेश भेजकर उसे अपने ग्रुप व सामाजिक गतिविधियों से हटाकर ऑनलाइन प्लेटफॉर्म पर उपयोग या इस्तेमाल करना।

सोशल मीडिया : वह ऑनलाइन संदेश चैनलों का समूह, जो समाज-आधारित इनपुट, इंटरेक्शन, कंटेंट शेयरिंग व कॉलेबोरेशन के लिए समर्पित हो। फोरम्स, माइक्रो ब्लॉगिंग, सोशल नेटवर्किंग, सोशल मार्केटिंग, सोशल कर्टेन के प्रति समर्पित वेबसाइट्स तथा ऐप्लीकेशंस तथा विकीज आदि कुछ सोशल मीडिया के प्रकार हैं। फेसबुक, ट्विटर, गूगल+, विकीपीडिया, लिंकेडिन आदि कुछ सोशल मीडिया प्लेटफॉर्म हैं, जो भारत में लोकप्रिय हैं।

सॉफ्टवेयर : ऐसी ऐप्लीकेशंस व प्रोग्राम्स, जो कंप्यूटर से विशिष्ट कार्य या नियत कार्य कराते हैं, जैसे संगीत सॉफ्टवेयर ऑनलाइन संगीत बजाता है।

स्पैम :ऐसी अनापेक्षित मेल, जो प्राप्तकर्ता को असुविधा या उसका उत्पीड़न का कारण हों और जिनका स्रोत आमतौर पर छिपा रहता है।

स्पूफिंग :अपनी सच्ची आई.पी. एड्रेस या लोकेशन को छिपाना।

स्मार्टफोन : एक सेलुलर टेलीफोन, जिसमें कंप्यूटर व उससे संबंधित फीचर संलग्न हो और जो टेलीफोन में मूल रूप से जुड़े नहीं होते, जैसे—ऑपरेटिंग सिस्टम, वेब ब्राउजिंग तथा सॉफ्टवेयर ऐप्लीकेशंस को चलाने की योग्यता। हाल में दो प्रमुख स्मार्टफोन प्लेटफॉर्म प्रचलन में है—एक ऐंड्रॉयड (गूगल द्वारा संचालित) दूसरा आई.ओ.एस. (एप्पल द्वारा संचालित)। कोई एप्लीकेशन जो कि विशिष्ट प्लेटफॉर्म के लिए लिखी गई है, आमतौर पर उस प्रत्येक स्मार्टफोन पर कार्य करती है, जो उस प्लेटफॉर्म का उपयोग करती है। स्मार्टफोन के लिए ऐप्लीकेशंस जावा ऐप्लीकेशंस की अपेक्षा अधिक तेज व उत्तम संगठित रूप से कार्य करती है।

स्मिशिंग : फिशिंग के अपराध का यह मिला-जुला रूप होता है, जिसमें एस.एम.एस. (सिंपल मैसेजिंग सर्विस) का प्रयोग होता है।

स्टेट्यूट : यह राज्य पर शासन करनेवाली राज्य की विधानसभा द्वारा निर्मित विधि या संहिता है। उदाहरणार्थ, टेक्नोलॉजी अधिनियम 2001 एक स्टेट्यूट है।

स्टैगैनोग्राफी : यह एक तकनीक है, जिसके द्वारा किसी फाइल का वास्तविक रूप छिपा दिया जाता है, जैसे बम बनाने वाले वीडियो को संगीत वीडियो के रूप में प्रस्तुत किया जाए।

टैबलेट : यह एक छोटे आकार का कंप्यूटर होता है, जो कंप्यूटर के सभी कार्य संपन्न करता है।

व्यक्ति-ट्रैफिकिंग : शोषण के लिए धमकी द्वारा, बल प्रयोग द्वारा, अनुचित दबाव, अपहरण, धोखा, शक्ति का दुरुपयोग या लक्ष्य की कमजोरी या व्यक्ति की स्वीकृति पाने के लिए धन का भुगतान, जिससे किसी व्यक्ति पर नियंत्रण प्राप्त किया जा सके।

ट्विटर : यह एक सोशल नेटवर्किंग वेबसाइट है, जिसके द्वारा 140 व्यक्तियों को संदेश भेजा जा सकता है।

वी.ओ.आई.पी. : इसका पूरा नाम 'वायरस ओवर इंटरनेट प्रोटोकॉल' है। इसमें स्काइप या अन्य एप्लीकेशन द्वारा जैसे फेसटाइम या वाइबर के माध्यम से दो लोग इंटरनेट का प्रयोग करके आपस में वार्त्ता कर सकते हैं।

वायरस : यह एक प्रोग्रामिंग कोड है, जो एक या एक से अधिक कंप्यूटर्स को संक्रमित करने के लिए अपना प्रतिरूप बना सकता है।

विशिंग : यह फिशिंग का वर्णसंकर रूप है, जो वी.ओ.आई.पी. का प्रयोग करके संपन्न की जाती है।

वेबकैम : कंप्यूटर सिस्टम से जुड़ा हुआ कैमरा होता है, जो यूजर की गतिविधि को रिकॉर्ड करता है, और वीडियो कॉन्फ्रेंसिंग के उद्देश्य से चैटिंग सॉफ्टवेयर या अन्य ऐप्लीकेशंस के द्वारा प्रयोग में लाया जाता है।

वेबसाइट : वेब सर्वर पर संग्रहीत तथा इंटरनेट पर पोषित पेजों का समूह वेब ब्राउजर में वेबसाइट एड्रेस डालकर पहुँच बनाई जा सकती है।

वाई-फाई : वायरलेस टेक्नोलॉजी द्वारा बिना तार के प्रयोग किए इलेक्ट्रॉनिक डिवाइस को जोड़ना।

□

ग्रंथ सूची

अधिनियम

- इम्मोरल ट्रैफिक प्रिवेंशन ऐक्ट, 1956 (इटपा)
- इंडीसेंट रिप्रेजेंटेशन ऑफ वूमैन (प्रोहीबिशन) ऐक्ट, 1958 (इरवपा)
- प्रोटेक्शन ऑफ चिल्ड्रन अगेंस्ट सेक्सुअल ऑफेंसेज ऐक्ट, 2012 (पॉस्को)
- दि कोड ऑफ क्रिमिनल प्रोसीजर, 1973 (सी.आर.पी.सी.)
- दि कमीशंस फॉर दि प्रोटेक्शन ऑफ चाइल्ड राइट्स ऐक्ट, 2005
- इंडियन पेनल कोड, 1860 (आई.पी.सी.)
- दि इन्फॉर्मेशन टेक्नोलॉजी ऐक्ट, 2000 (ईटा)
- दि जुवैनाइल जस्टिस (केयर ऐंड प्रोटेक्शन ऑफ चिल्ड्रन) एमेंडमेंट ऐक्ट, 2006

लेख

- जयशंकर, के., ऐंड हल्दर, डी. (2009)—साइबर बुलींग एमंग स्कूल स्टूडेंट्स इन इंडिया। इन : के. जयशंकर (ईडी.), इंटरनेशनल पर्सपेक्टिव्स ऑन क्राइम ऐंड जस्टिस (पीपी.597-598)। न्यूकेस्टल अपोन टाइन, यू.के. : कैंब्रिज स्कूल पब्लिशिंग।
- बिट्रा, एम. (2014) साइबर बुलींग इन इंडिया : दि, सर्च फॉर ए सोल्यूशन-व्हाई द करेंट लॉ इन इंडिया इज इल-इक्विटड रिट्रीव्ड ऑन फैब, 2014 फ्रॉम एच.टी.टी.पी://एस.एस.एस.आर.एन.कॉम/एब्सट्रैक्ट-2396955
- सेठ, कर्निका, डेवलपमेंट इन फील्ड ऑफ आई.टी. ऐंड साइबर लॉज ड्यूरिंग 2011 : साइबर लॉज ड्यूरिंग 2011 : साइबर लाज, एनुअल सर्वे ऑफ इंडियन लॉ, इंडियन लॉ इंस्टीट्यूट (2012); रिट्रीव्ड फ्रॉम एच.टी.टी.पी.:// डब्ल्यू .डब्ल्यू.डब्ल्यू. एसोसिएट्स.कॉम/डब्ल्यू. पी-कंटेंट/ अपलोड्स/ साइबर लॉज-इन-इंडिया.पीडीएफ

रिपोर्ट्स

- मिनिस्ट्री ऑफ ह्यूमन ऐंड चाइल्ड डेवलपमेंट, गवर्नमेंट ऑफ इंडिया (2007). ए स्टडी ऑन चाइल्ड एब्यूज : इंडिया 2007, न्यू दिल्ली : कीर्ति रिट्रीव्ड ऑन 15 अगस्त, 2014 फ्रॉम डब्ल्यू.सी.डी. इन/चाइल्ड एब्यूज.पीडीएफ
- चाइल्ड ऑनलाइन प्रोटेक्शन इन इंडिया.रिपोर्ट बाई यूनिसेफ, पब्लिश्ड इन 2016

इंटरनेट संदर्भ—

1. साइबर बुलींग ऐंड इंडिया. दीक्षा रावत https://कैंपसडेयरीज.कॉम/स्टोरीज/साइबर बुलींग-ऐंड-इंडिया
2. विभिन्न जिलों में तैनाती के दौरान, लेखकों ने व्यक्तिगत रूप से मामलों की देख-रेख की।
3. टैलेनॉर ऐंड बी सी जी, 2012.बिल्डिंग डिजिटल रेजीलिएंस. ‹www.टैलेनॉर.कॉम/मोरथन/wpकनटेंट/अपलोड्स/2016/05/

□

ऑनलाइन चाइल्ड सेफ्टी पर वेब रिसोर्सेज

नोबुलींग.कॉम : यह एक ऑनलाइन फोरम है जिसका उद्‌देश्य बुलींग, विशेष रूप से साइबर बुलींग रोकने के लिए शिक्षा देना, सलाह देना व परामर्श देना है।

वोडाफोन.कॉम/कॉम/कंटेंट/डिजिटल-पेरेंटिंग : 'बी स्ट्रॉन्ग ऑनलाइन' तथा अन्य वोडाफोन उपक्रम, बच्चों को डिजिटल दुनिया में सही चुनाव करने में सहायता देने की दृष्टि से अभिभावकों, शिशु देखभाल गृहों व विद्यालयों को सशक्त करते हैं।

लेक्साइबेरिया.कॉम : लेक्स साइबेरिया, नई दिल्ली स्थित एक अपने क्षेत्र में विशेषज्ञ संगठन है, जिसका उद्‌देश्य साइबर लॉ, साइबर फॉरेंसिक्स, साइबर कानूनों के विषय में जागरूकता, ट्रेनिंग ऐंड रिसर्च के क्षेत्र में कानूनी परामर्श देना है। यह सेठ एसोसिएट्स पर इनफॉर्मेशन टेक्नोलॉजी ऐंड प्रैक्टिस का एक विधि विभाग है तथा यह वाणिज्य विधि, इंटरनेट लॉ तथा इंटेलेक्चुअल प्रॉपर्टी लॉ व अन्य संबंधित क्षेत्रों में एक प्रतिष्ठित लॉ फर्म है। यह संगठन साइबर अपराध व आई.पी. मामलों के मुकदमों में अपने मुवक्किलों की सक्रिय रूप से वकालत करते हैं तथा भारत में विभिन्न फोरम्स पर सिविल व क्रिमिनल, दोनों प्रकार के मुकदमों, जिनमें हैकिंग, ऑनलाइन मान-हानि तथा डाटा-चोरी मामले शामिल हैं, में पैरवी करते हैं।

चाइल्ड प्रोटेक्शन इंडिया.कॉम : भारत में लाखों बच्चे अत्याचार, दुरुपयोग तथा शोषण का सामना करते हैं, चाहे ऑनलाइन या ऑफलाइन। चाइल्ड प्रोटेक्शन इंडिया, 'फाउंडेशन ऑफ इंस्टीट्यूशन रिफॉर्म ऐंड एजुकेशन' (फायर), एन.जी.ओ. की एक सामाजिक पहल है, जिसका उद्‌देश्य बच्चों की ऑनलाइन सुरक्षा की जागरूकता फैलाना तथा अभिभावकों, अध्यापकों, शिक्षण संस्थाओं, कानून लागू करनेवाले, एन.जी.ओ. तथा संगठनों को, जो इस काम की पूर्ति में लगे हैं, को शिक्षित करता है।

यूनिसेफ.ऑर्ग : यूनिसेफ बच्चों के अधिकारों की रक्षा पिछले 70 वर्षों से करते आ रहा है। यह बच्चों के जीवन में आवश्यक सुधार लाने के लिए कार्यरत है। बच्चों के अधिकारों की रक्षा के लिए भूमंडलीय उपस्थिति आवश्यक है, जिससे कि परिणाम प्राप्त

किए जा सकें तथा उसके प्रभाव समझे जा सकें।

वायर्ड सेफ्टी.ऑर्ग : वायर्ड सेफ्टी उपलब्ध कानून की सीमा में बच्चों के भाषण की स्वतंत्रता का समर्थन करता है, किंतु भाषण की स्वतंत्रता शून्य में संभव नहीं है। इसका उनके अन्य अधिकारों के साथ संतुलन किया जाता है। भाषण की स्वतंत्रता किसी को भी यह अधिकार प्रदान नहीं करती कि वह व्यक्ति किसी को भी उत्पीड़ित करे, हानि पहुँचाए या धोखा दे या किसी अन्य प्रकार से अवैधानिक सामग्री, जैसे चाइल्ड पोर्नोग्राफी का व्यापार या व्यवसाय करे।

पेरेंट जोन.ऑर्ग : पेरेंट जोन परिवारों तथा स्कूलों को दक्ष जानकारी प्रदान करता है। हमें उन सभी विषयों पर जो इंटरनेट द्वारा उत्पन्न किए गए हैं या फैलाए गए हैं, सर्वोत्तम सूचना उपलब्ध की जाती है, जिसे हम सुरक्षित कर चैक कर लेते हैं।

फोसी.ऑर्ग/गुड-डिजिटल-पेरेंटिंग : द फेमिली ऑनलाइन सेफ्टी इंस्टीट्यूट एक अंतरराष्ट्रीय गैर-लाभकारी संगठन है, जो बच्चों व उनके परिवारों को ऑनलाइन सुरक्षित करने के लिए कार्य करता है। फोसी इंडस्ट्री, सरकारी, गैर-सरकारी क्षेत्र के नेताओं की बैठकें करती है, जिसके द्वारा ऑनलाइन सुरक्षा के क्षेत्र में सहयोग किया जा सके तथा इस क्षेत्र में नई-नई नीतियाँ या समस्याओं का निदान खोजा जा सके। फोसी अन्वेषण, साधनों, घटनाओं तथा विशेष योजनाओं के द्वारा, एक ऑनलाइन उत्तरदायित्व की संस्कृति को बढ़ावा देता है तथा सबके लिए डिजिटल नागरिकता की भावना को प्रोत्साहित करता है।

एचटीटीः//वोडाफोन डिजिटल पेरेंटिंग.को.यूके/ : डिजिटल पेरेंटिंग अभिभावकों व अध्यापकों के लिए बनाई गई है, जो उन्हें इस बात में सहायता प्रदान करे कि अध्यापक व अभिभावक अपने बच्चों को वह कौशल प्रदान कर सके, जो उन्हें सदैव उपस्थित डिजिटल संसार से जुड़े रहकर उन्नति कर सकने में सहायक हो। हम आशा करते हैं कि यह संस्था आपको आवश्यक ज्ञान दे सकेगी, जिससे आप अपने बच्चों में आत्मविश्वास पैदा कर सकें तथा उनका पथ-प्रदर्शन कर सकें, ताकि वे जीवन में ऑनलाइन चुनौतियों का सामना कर सकें।

□

List of Cybercrime Cells in Kerala

Hitech Cell PHQ
Phone : 0471-2721547
hitechcell.pol@kerala.gov.in
Cyber Police Station
Police Training College (PTC),
Thycaud, Trivandrum 695 014
Phone : 0471-2322090
cyberps.pol@kerala.gov.in

Thiruvanathapuram	Pattom kumarapuram Rd, Pattom Thiruvanathapuram, Kerala 695 004 Phone: 0471 232 9107 cbrceltvm.pol@kerala.gov.in
Cochin	Main Road, Ernakulam High Court, Ernakulam-682 031 Phone : 0484-4019664 Ecbrcelekm.pol@kerala.gov.in
Kozhikode	Vadakara, Kozhikode Kerala - 673 001 Phone : 0495-2720090 Email : cbrcelkkd.pol@kerala.gov.in
Kasargode	Bank Rd, Beeranthabail, Kasaragod, Kerala 671 121 Phone : 04994-257800 Email : cbrcelksd.pol@kerala.gov.in

Kannur	Talap, Kannur, Kerala 670 002 Phone : 0497-2763332 Email:cbrcelknr.pol@kerala.gov.in
Waynad	Kalpetta, Puthoorvayal P.O, PIN - 673 577 Phone : 04936-202525 cbrcelwynd.pol@kerala.gov.in
Malappuram	Up Hill, Malappuram, Kerala 676 505 Phone : 0483-2738660 cbrcelmpm.pol@kerala.gov.in
Palakkad	Pudupalli Theruvu, Nurani, Palakkad, Kerala 678 001 Phone : 9497976007, 9497976037 cbrcelpkd.pol@kerala.gov.in
Thrissur	Pallimoola, Ramavarmapuram Thrissur, Kerala 680 631 Phone : 9497962836, 9497976006 cbrceltsr.pol@kerala.gov.in, cybceltsrrl.pol@kerala.gov.in
Idukki	Kuilimala, Painavu PO PIN - 685 603 Phone : 0486-2232354 cbrcelidk.pol@kerala.gov.in
Kottayam	Subjali Road, Kottayam, Kerala 686 001 Phone : 0481-2561304 cbrcelktm.pol@kerala.gov.in
Alapuzha	CCSB Road, Civil Station Ward, Alappuzha, Kerala 688 012 Phone : 0477-2230804 cybrcelalpy.pol@kerala.gov.in

Pathanathitta	Thazhevettippuram, Kerala 689 645 Phone : 0468-2327914 cbrcelpta.pol@kerala.gov.in
Kollam	Link Road, Asramam, Kollam, Kerala 691 001 Phone : 0474-2744165, 0474-2450180 cbrcelklm.pol@kerala.gov.in cybcelklmrl.pol@kerala.gov.in.

□

List of Cybercrime Cells in Major Cities

Lucknow	Cyber Crime Cell, Lucknow 3, Valmiki Marg, Hazratganj, Lucknow : 226 001 Phone : 0522-2625143 cybercelllucknow@nic.in http://cybercrimecelllucknow.og
Mumbai	Phone :+91-022-22653714 cybercell.mumbai@mahapolice.gov.in http://cybercellmumbai.gov.in/
Chennai	Cyber Crime Cell Commissioner office Campus Vepery, Chennai-600 007 cybercrimechn@yahoo.com, cbcyber@tn.nic.in Phone: 044-23452348, 044-23452350
Hyderabad	Crime Investigation Department, 3rd Floor, D.G.P. Office Lakdikapool, Hyderabad-50 0004 Phone : 23240663, 27852274 cidap@cidap.gov.in, info@cidap.gov.in
Kolkata	ACP, Cyber Crime Police Station, Lal Bazzar, Kolkata Phone : 033-22505120, 033-22141420 cyberps@kolkatapolice.gov.in
Jaipur	436, Ganpati Plaza, M.I. Road, Jaipur - 302 001 Phone : 0141-4039143, +91 9772200143 report@cybercellraj.com

Bangalore	Cyber Crime Police Station, CID Annexe Building, Carlton House, 1, Palace Road, Banglore-560 001 Phone: +91-080-22094498, +91-080-22094564, +91-080-22942475 cybercrimeps@ksp.gov.in http://www.cyberpolicebangalore.nic.in
Bhopal	Cyber and Hitech crime Police station, Bhopal Police Radio HQ, Bhadhada road, Bhopal (MP) Phone: 0755-2779510 mpcyberpolice@gmail.com http://www.mpcyberpolice.nic.in/
Pune	The Commissioner of Police, 2, Sadhu Vaswani Road, Camp, Pune-411 001 C.R.O. Phone: 020-26126296, 26122880, 26208250, 100 crimecomp.pune@nic.in
Delhi	Cyber cell Delhi New Building, Police station, Mandir Marg, Delhi - 110 001 Phone : +91 11-23745317 www.delhipolice.nic.in cbiccic@bol.net.in

□

दि प्रोटेक्शन ऑफ चिल्ड्रेन फ्रॉम सेक्सुअल आफेंसिज ऐक्ट, 2012

(बच्चों की यौन अपराधों से सुरक्षा अधिनियम, 2012)

सं. 32 ऑफ 2012

19 जून, 2012

यह अधिनियम बच्चों को यौन उत्पीड़न, यौन एवं पोर्नोग्राफी से बचाने के लिए है। यह अधिनियम इस प्रकार के अपराधों व उनसे संबंधित अपराधों का मुकदमा चलाने के लिए विशेष अदालतों की स्थापना की व्यवस्था भी करता है।

संविधान की धारा 15 के उपधारा (3), अन्य बातों के साथ-साथ राज्य को बच्चों के लिए विशेष प्रावधान बनाने की शक्ति प्रदान करती है।

भारत सरकार संयुक्त राष्ट्र संघ की सामान्य सभा में पारित अधिनियम पर 11 दिसंबर, 1992 को अपनी सहमति दे चुकी है, जो बच्चों के अधिकारों के विषय में थी और जिसमें राज्य सदस्यों के लिए कुछ मानक निर्धारित किए गए हैं, जिनका बच्चों के सर्वोत्तम हितों की रक्षा करने के लिए पालन किया जाता है और चूँकि बच्चों के सर्वोत्तम विकास के लिए आवश्यक है कि उसका (बाल/बालिका की) निजता व गोपनीयता का अधिकार सुरक्षित रह सके और जिसका हर व्यक्ति न्यायिक प्रक्रिया के दौरान सभी स्टेजिज में सम्मान करे;

यह अधिनियम 'बच्चों के अधिकारों' पर संयुक्त राष्ट्र के द्वारा आयोजित सम्मेलन में सदस्य राज्यों द्वारा पारित समझौते के अंतर्गत निर्मित अधिनियम है। इसका उद्देश्य निम्नलिखित गतिविधियों पर प्रतिबंध लगाना है—

1. बच्चे को किसी अवैधानिक यौन गतिविधियों में लगाने के लिए कोई लालच देना या कोई दबाव डालना,
2. कोई ऐसी कार्य-प्रणाली, जिसके द्वारा बच्चों का वेश्यावृत्ति या अन्य कोई अवैधानिक शोषणात्मक प्रयोग हो,
3. बच्चों का पोर्नोग्राफिक गतिविधियों या सामग्री में शोषणात्मक प्रयोग हो।

विस्तार : यह अधिनियम जम्मू-कश्मीर को छोड़कर समस्त भारत में लागू होगा।

प्रभावी तिथि : केंद्रीय सरकार द्वारा अधिसूचना जारी करने की तिथि।

अध्याय-1

Definitions : (1) In this Act. unless the context otherwise requires—

(a) 'aggravated penetrative sexual assault' has the same meaning as assigned to it in section 5;

(b) 'aggravated sexual assault' has the same meaning as assigned to it in section 9;

(c) 'armed forces or security forces' means armed forces of the Union or security forces or police forces, as specified in the Schedule;

(d) 'child' means any person below the age of eighteen years;

(e) 'domestic relationship' shall have the same meaning as assigned to it in clause;

(f) of section 2 of the Protection of 'penetrative sexual assault' has the same meaning as assigned to it in section 3; 'prescribed' means prescribed by rules made under this Act;

(g) 'religious institution' shall have the same meaning as assigned to it in the Religious Institutions (Prevention of Misuse) Act, 1988, (41 of 1988);

(h) 'sexual assault' has the same meaning as assigned to it in section 7;

(i) 'sexual harassment' has the same meaning as assigned to it in section 11;

(j) 'shared household' means a household where the person charged with the offence lives or has lived at any time in a domestic relationship with the child;

(k) 'Special Court' means a court designated as such under section 28;

(l) 'Special Public Prosecutor' means a Public Prosecutor appointed under section 32;

(2) The words and expressions used herein and not defined but defined in the Indian Penal Code, the Code or the Acts, 45 of 1860.

अध्याय-2

मूल अधिनियम

A. पेनिट्रेटिव सेक्सुअल एसॉल्ट तथा उसके लिए दंड—

3. पेनिट्रेटिव सेक्सुअल एसॉल्ट : कोई व्यक्ति सेक्सुअल एसॉल्ट का अपराधी निम्नलिखित दशाओं में माना जाएगा, यदि—

(i) वह अपना लिंग किसी भी सीमा तक, किसी बच्ची/बच्चे की योनि, मुख, मूत्रद्वार या गुदा में प्रवेश कराता है या किसी बच्ची/बच्चे से अपने या किसी अन्य व्यक्ति के लिए ऐसा कराता है,

(ii) वह लिंग के अतिरिक्त अन्य कोई वस्तु (या शरीर का कोई हिस्सा) किसी भी सीमा तक बच्ची/बच्चे की योनि, मूत्रद्वार, गुदा में प्रवेश करता है या बच्चे से अपने या अन्य किसी व्यक्ति के लिए ऐसा कराता है,

(iii) बच्ची/बच्चे के शरीर को इस प्रकार से चालाकी से प्रयोग में लाता है कि उसका कोई हिस्सा बच्ची/बच्चे की योनि, मूत्रद्वार, मलद्वार या किसी अन्य हिस्से में प्रवेश हो जाए या वह बच्ची/बच्चे से अपने या किसी अन्य व्यक्ति के लिए ऐसा कराए,

(iv) वह अपना मुख बच्ची/बच्चे के लिंग, योनि, गुदा, मूत्रद्वार पर लगाए या बच्चे से ऐसा अपने या किसी अन्य व्यक्ति के लिए ऐसा कराए,

B. गंभीर प्रवेशात्मक यौन प्रहार व उसके लिए दंड—

4. **गंभीर प्रवेशात्मक यौन प्रहार :** 1. जो कोई पुलिस अधिकारी होते हुए किसी बच्चे पर प्रवेशात्मक यौन प्रहार करने का अपराध करता है—

(i) पुलिस स्टेशन या उसके परिसर की सीमाओं में जहाँ पर वह नियुक्त है; या

(ii) किसी भी स्टेशन हाउस के परिसर में चाहे वह पुलिस स्टेशन, जहाँ पर वह नियुक्त है, वहाँ स्थित हो या नहीं, या

(iii) अपनी ड्यूटी के दौरान या अन्यथा, या

(iv) जहाँ पर उसे लोग पुलिस अधिकारी के रूप में पहचानते हों,

या

2. किसी सशस्त्र सेना या सुरक्षा बल के सदस्य होते हुए इस प्रकार का यौनच्छेदन (पेनीट्रेशन) का अपराध करता है।

(i) क्षेत्र की उस सीमा के अंदर, जहाँ पर वह तैनात हो

(ii) कोई ऐसे क्षेत्र में जो सेना या सशस्त्र बल के अधिकार में हो,

(iii) अपनी ड्यूटी के दौरान या अन्यथा, या

(iv) वहाँ जहाँ उस व्यक्ति की पहचान या जानकारी किसी सशस्त्र बल के सदस्य के रूप में हो,

3. जो कोई भी सरकारी कर्मचारी होते हुए प्रवेशात्मक यौन प्रहार का अपराध करता है।

4. जो कोई किसी जेल, रिमांड होम, प्रोटेक्शन होम, ऑब्जरवेशन होम या कस्टडी, केयर तथा सुरक्षा संस्थान, जो उस समय अस्तित्त्व में रहे किसी कानून द्वारा या उसके अधीन संचालित होता हो, के प्रबंध तंत्र या उसके स्टाफ के सदस्य के रूप में कार्यरत् रहते हुए, उस संस्थान के संरक्षण में रखे गए बच्चे के साथ प्रवेशात्मक यौन अपराध करता है या

5. किसी अस्पताल चाहे सरकारी या प्राइवेट के प्रबंध तंत्र या उसके स्टाफ का सदस्य होते हुए कोई उस स्थान में किसी बच्चे पर प्रवेशात्मक यौनाचार का अपराध करता है,

6. किसी शिक्षण संस्थान, धार्मिक संस्थान के प्रबंध तंत्र या उसके स्टाफ का सदस्य होते हुए उस संस्था के अंदर किसी बच्चे पर प्रवेशात्मक यौनाचार का अपराध करता है, या

स्पष्टीकरण : जब एक या एक से अधिक लागों या लोगों के समूहों द्वार सामूहिक इरादे से बच्ची/बच्चे को यौनाचार का शिकार बनाया गया हो, ऐसा हर व्यक्ति सामूहिक (गैंग) प्रवेशात्मक यौनाचार का दोषी माना जाएगा तथा इस उपधारा के अंतर्गत उसी प्रकार से दंडित किया जाएगा जैसे उसने अपराध अकेले किया हो या

7. जो कोई भी बच्ची/बच्चे पर सामूहिक प्रवेशात्मक यौनाचार का अपराध करता है।

8. जो कोई भी कोई घातक हथियार, आग, गरम पदार्थ या कोई हानिकारक पदार्थ के साथ बच्ची/बच्चे पर प्रवेशात्मक यौनाचार आघात करता है या

9. जो कोई भी बच्ची/बच्चे पर प्रवेशात्मक यौन आघात करता है, जिसमें बच्चे को कोई गहरी चोट, शारीरिक हानि या घाव या बच्ची/बच्चे के यौनांगों को चोट पहुँचे या

10. जो कोई भी बच्ची/बच्चे पर प्रवेशात्मक यौन आघात पहुँचाता है।

(i) बच्ची/बच्चे को शारीरिक रूप से अपंगता आ जाए या बच्ची/बच्चे को मानसिक रोगी बना दे, जो 'मेंटल हैल्थ अधिनियम 1987 (14 ऑफ 1987)

की धारा 2 की उपधारा (ब) में परिभाषित है या बच्ची/बच्चे को किसी भी प्रकार से स्थायी या अस्थायी रूप से अपने नियमित कार्य करने में अयोग्य बना दे या

(ii) बच्ची के मामले में उस यौनाचार के कारण बच्ची गर्भवती हो जाए या

(iii) बच्ची/बच्चे को मानव रोग-प्रतिरोधी कमी के जीवाणु से संक्रमित करता है या अन्य कोई जीवन को खतरा उत्पन्न करनेवाली बीमारी या संक्रमण से पीड़ित कर दे, जिससे बच्चा शारीरिक या मानसिक रूप से स्थायी या अस्थायी रूप से विकलांग हो जाए या

11. जो कोई भी बच्ची/बच्चे की मानसिक या शारीरिक अपंगता का लाभ उठाकर उस पर प्रवेशात्मक यौन आघात करता है या

12. जो कोई बच्ची/बच्चे पर प्रवेशात्मक यौन आघात एक से अधिक बार या बारंबार या

13. जो कोई बारह वर्ष के बच्ची/बच्चे से कम आयु के बच्चे पर प्रवेशात्मक यौन उत्पीड़न करता है या

14. जो कोई व्यक्ति खून संबंध के द्वारा, गोद लेने के द्वारा, शादी द्वारा या संरक्षक के रूप में पालन-पोषण करनेवाले के रूप में, या बच्ची/बच्चे के माता-पिता के साथ घरेलू संबंधों के आधार पर या साझा निवास स्थल के माध्यम से संबंधित होते हुए, बच्ची/बच्चे के साथ प्रवेशात्मक यौन उत्पीड़न करता है या

15. बच्ची/बच्चे को किसी प्रकार की सेवा देने वाले किसी संस्थान के मालिक, प्रबंधन या उसके स्टाफ के सदस्य के रूप में होते हुए बच्ची/बच्चे के साथ प्रवेशात्मक यौन उत्पीड़न करता है या

16. विश्वास या शक्ति की स्थिति में होते हुए बच्ची/बच्चे का प्रवेशात्मक यौन उत्पीड़न किसी संस्था या बच्ची/बच्चे का घर के अंदर प्रवेशात्मक यौन उत्पीड़न करता है या

17. यदि कोई किसी बच्ची/बच्चे का यह जानते हुए कि वह गर्भवती है, प्रवेशात्मक यौन उत्पीड़न करता हैं या

18. यदि कोई बच्ची/बच्चे का प्रवेशात्मक यौन उत्पीड़न करता है और उसे मारने का प्रयास करता है,

19. यदि बच्ची/बच्चे का प्रवेशात्मक यौन उत्पीड़न वर्ग हिंसा या सांप्रदायिक हिंसा के दौरान करता है,

20. यदि कोई ऐसा व्यक्ति, जो इसी अपराध के लिए इस अधिनियम अथवा किसी अन्य तत्कालीन अधिनियम के अंतर्गत दोषी पाया गया है, किसी बच्ची/बच्चे

का प्रवेशात्मक यौन उत्पीड़न करता है या

21. यदि कोई बच्ची/बच्चे का प्रवेशात्मक यौन उत्पीड़न करता है और बच्ची/बच्चे को नंगा करता है या सार्वजनिक रूप से उसे घुमाता है, गंभीर प्रवेशात्मक यौन उत्पीड़न का दोषी होगा।

22. गंभीर प्रकृति के बच्ची/बच्चे का प्रवेशात्मक यौन उत्पीड़न करनेवाले को कम-से-कम 10 वर्ष आजीवन कारावास व आर्थिक दंड से दंडित किया जाएगा।

23. यौन उत्पीड़न तथा उसकी सजा;

7. यदि कोई व्यक्ति यौनाचार के इरादे से बच्ची/बच्चे की योनि, लिंग, गुदा, छाती को स्पर्श करता है या बच्ची/बच्चे से वह व्यक्ति अपने या किसी अन्य व्यक्ति के इन अंगों को स्पर्श करवाता है या अन्य कोई कार्य यौनाचार के इरादे से करता है, जिसके बिना पेनीट्रेशन के शारीरिक संपर्क शामिल हों, वह यौन उत्पीड़न का दोषी माना जाएगा।

यौन उत्पीड़न की सजा। सजा दंड : कम-से-कम 3 वर्ष या 5 वर्ष तक का कारावास व आर्थिक दंड।

23. यौन उत्पीड़न व उसकी सजा—

(i) यदि कोई व्यक्ति यौनाचार के इरादे से निम्नलिखित बातों में से कोई भी कृत्य करता है तो वह उत्पीड़न का दोषी माना जाएगा।

(a) यदि वह व्यक्ति कोई शब्द बोलता है, कोई ध्वनि उत्पन्न करता है या कोई संकेत करता है, या शरीर का कोई अंग प्रदर्शित करता है, इस इरादे से कि बच्चा शब्द, ध्वनि को सुनने या संकेत करने से उसके शारीरिक अंग को देख ले या

(b) यदि वह व्यक्ति बच्ची/बच्चे से उसके शरीर के किसी अंग को उस व्यक्ति अथवा किसी अन्य व्यक्ति को प्रदर्शित कराता है या

(c) यदि वह व्यक्ति बच्ची/बच्चे को पोर्नोग्राफी के उद्देश्य से कोई वस्तु किसी भी रूप या माध्यम से दिखाता है या

(d) यदि वह व्यक्ति बार-बार लगातार बच्ची/बच्चे पर निगरानी करने के लिए प्रत्यक्ष या अप्रत्यक्ष रूप से या इलेक्ट्रॉनिक, डिजिटल या किसी अन्य माध्यम से बच्ची/बच्चे का पीछा करता है, अथवा बच्चे से संपर्क करता है या

(e) यदि वह व्यक्ति बच्ची/बच्चे को धमकी देता है कि वह बच्ची/बच्चे के शरीर के किसी अंग को अथवा उसके किसी यौनाचार की गतिविधि को वास्तविक या कृत्रिम रूप में इलेक्ट्रॉनिक, फिल्म, डिजिटल या अन्य किसी भी तरीके से लोगों को प्रदर्शित कर देगा।

(f) बच्ची/बच्चे को पोर्नोग्राफी के उद्देश्य से फँसाता है या उसे धन देता है।

12. सजा : 3 वर्ष तक का कारावास तथा आर्थिक दंड।

स्पष्टीकरण : यौन इरादे का प्रश्न 'तथ्यात्मक' प्रश्न है।

अध्याय-3

बच्चे का पोर्नोग्राफी के उद्देश्य से इस्तेमाल करना व उसके लिए दंड—

13. बच्ची/बच्चे का पोर्नोग्राफी के उद्देश्य से इस्तेमाल : यदि कोई व्यक्ति मीडिया के किसी भी रूप में, जिसमें वे प्रोग्राम या प्रचार टेलीकास्ट, चाहे वे टेलीविजन चैनल पर अथवा इंटरनेट या अन्य किसी इलेक्ट्रॉनिक फॉर्म या प्रिंटेड रूप में हों, चाहे ऐसा कोई प्रोग्राम या प्रचार-प्रसारण व्यक्तिगत उपयोग या वितरण के लिए हो, यौन संतुष्टि के लिए करता है, जिसमें निम्नलिखित शामिल हैं,

(i) बच्चे के यौनांगों का प्रदर्शन

(ii) वास्तविक या कृत्रिम यौन क्रिया में रत बच्चे का इस्तेमाल (लिंग प्रवेश अथवा उसके बिना)

(iii) बच्चे का अश्लील अथवा अभद्र प्रदर्शन

वह बच्चे का पोर्नोग्राफी के उद्देश्य से इस्तेमाल करने का दोषी माना जाएगा।

स्पष्टीकरण : इस अनुच्छेद के वास्ते, 'बच्चे के इस्तेमाल' का तात्पर्य उससे है, जिसमें पोर्नोग्राफिक सामग्री का उत्पादन करना, तैयार करना, पेश करना, प्रेषण करना, प्रकाशन करना, इसके लिए सुविधा प्रदान करना, तथा वितरण शामिल है, जो किसी भी माध्यम से हो सकता है, जैसे प्रिंट, इलेक्ट्रॉनिक, कंप्यूटर या कोई अन्य टेक्नोलॉजी, जिसमें बच्चा शामिल किया गया हो।

14. दंड : बच्चे के पोर्नोग्राफिक इस्तेमाल का दंड—

(i) (a) **प्रथम बाद दोषी :** पाँच वर्ष तक का कारावास तथा अर्थदंड।

(b) **तत्पश्चात् दोषी :** सात वर्ष तक का कारावास तथा अर्थदंड।

(ii) यदि कोई व्यक्ति बच्चे का इस्तेमाल (धारा-3 के अंतर्गत) पोर्नोग्राफिक उद्देश्य के लिए करता है तथा उसमें वह प्रत्यक्ष रूप में हिस्सा लेता है, वह 10 वर्ष तक के कारावास व आर्थिक दंड से दंडित किया जाएगा।

(iii) यदि कोई व्यक्ति अनुच्छेद 5 के अंतर्गत बच्चे को पोर्नोग्राफिक इस्तेमाल का दोषी पाया जाता है, जिसमें वह प्रत्यक्ष रूप से हिस्सा लेता है, उसे आजीवन कठोर कारावास तथा आर्थिक दंड से दंडित किया जाएगा।

(iv) यदि कोई व्यक्ति बच्चे का इस्तेमाल करते हुए धारा 7 के अंतर्गत दोषी पाया जाता है, जिससे वह व्यक्ति स्वयं प्रत्यक्ष रूप से भागीदारी करता है, उसे 6 वर्ष

से 8 वर्ष तक के कारावास तथा आर्थिक दंड से दंडित किया जाएगा।

(v) धारा-9 के अंतर्गत बच्चे का पोर्नोग्राफिक उद्देश्य के लिए इस्तेमाल करनेवाला व्यक्ति, जिसमें वह व्यक्ति स्वयं प्रत्यक्ष रूप से शामिल हो, दोषी व्यक्ति को 8 से 10 वर्ष के कारावास व आर्थिक दंड से दंडित किया जाएगा।

15. बच्चे से संबंधित पोर्नोग्राफिक सामग्री के भंडारक की सजा : कोई भी व्यक्ति, जो बच्ची/बच्चे से संबंधित सामग्री व्यावसायिक उद्देश्य से संग्रहीत करता है, वह 3 वर्ष तक के कारावास अथवा आर्थिक दंड अथवा दोनों से दंडित किया जाएगा।

अध्याय-4

16. अपराध में सहयोग करना या अपराध करने का प्रयास करना—

अपराध में सहयोग : कोई व्यक्ति अपराध में सहयोग करता है, जो

प्रथम : किसी व्यक्ति को अपराध करने के लिए उकसाता है या

द्वितीय : यदि वह व्यक्ति एक या अधिक व्यक्ति या व्यक्तियों के साथ जुड़कर किसी अपराध करने या उसके अनुसरण करने के षड्यंत्र रचता है, इसमें व्यक्ति का आपराधिक कृत्य का करना, व वैधानिक कर्तव्य करने से बचना शामिल है या

तृतीय : उस अपराध के करने में सहायता करता है, जिसमें अवैधानिक कृत्य तथा वैधानिक कर्तव्य का न करना शामिल है,

स्पष्टीकरण 1 : कोई भी व्यक्ति, जो जान-बूझकर मिथ्या प्रस्तुति के माध्यम से या किसी महत्त्वपूर्ण तथ्य को छिपाकर, जिसे सत्यता से सामने रखना उसका कर्तव्य है, जान-बूझकर किसी कार्य को करने या कराने या ऐसा करने का प्रयास करता है, वह उस अपराध को करने के लिए उकसाने का दोषी माना जाएगा।

स्पष्टीकरण 2 : यदि कोई व्यक्ति किसी कार्य के होने से पहले या होने के दौरान ऐसा कोई कार्य करता है, जो उस कार्य के संपन्न होने में सुगमता प्रदान करता है, संबंधित कार्य करने में सहयोगी माना जाएगा।

स्पष्टीकरण 3 : यदि कोई व्यक्ति इस अधिनियम के अंतर्गत किसी अपराध को करने के उद्देश्य से किसी बच्ची/बच्चे को नियुक्त करता है, शरण देता है, प्राप्त करता है या एक स्थान से दूसरे स्थान पर ले जाता है, जो वह किसी धमकी, बल प्रयोग, विवशता, अपहरण, धोखा, छद्म व्यवहार, स्थिति के दुरुपयोग द्वारा, किसी कमजोरी का फायदा उठाकर, किसी को भुगतान देकर या भुगतान प्राप्त करके, या कोई लाभ देकर उस व्यक्ति की स्वीकृति प्राप्त करता है, जो दूसरे व्यक्ति पर नियंत्रण रखता है, उस कार्य में सहायक होगा।

17 : सहयोग की सजा : यदि कोई व्यक्ति इस अधिनियम के अंतर्गत किसी

अपराध को करने में सहयोग करता है, यदि वह अपराध उस सहयोग के परिणामस्वरूप किया गया है तो वह उसी दंड का भागी होगा, जो उस अपराध के लिए निर्धारित है।

स्पष्टीकरण : यदि कोई अपराध, उस अपराध के लिए उकसाने के परिणामस्वरूप या उस षड्यंत्र के परिणामस्वरूप किया गया है और वह अपराध सहयोग के परिणामस्वरूप किया है, तो ऐसा सहयोग अपराध का सहयोग होगा।

18 : किसी अपराध के करने के प्रयास के लिए दंड : यदि कोई व्यक्ति इस अधिनियम के अंतर्गत दंडनीय अपराध करने का प्रयास करता या कराता है, और ऐसा कोई कार्य करता है, जो उस अपराध करने की ओर (अपराधी को) ले जाता है, तो वह व्यक्ति उस अपराध के लिए निर्धारित अधिकतम सीमा के आधे दंड से दंडित किया जाएगा।

अध्याय–5

प्रकरण की रिपोर्ट दर्ज कराने की प्रक्रिया

19. अपराधों की सूचना देना : दंड प्रक्रिया संहिता 1973 (2 ऑफ 1974) में किसी बात के होते हुए भी, कोई व्यक्ति (बच्चे सहित) जिसको यह शंका है कि इस अधिनियम के अंतर्गत कोई अपराध होने जा रहा है, या ऐसा ज्ञान है कि इस प्रकार का अपराध हो चुका है, वह इस प्रकार की सूचना निम्नलिखित (अधिकारियों) को देगा,

(i)(a) विशिष्ट बाल सुधार पुलिस शाखा, या

(b) स्थानीय पुलिस

(ii) प्रत्येक रिपोर्ट की, जो इस उपधारा (1) में दी गई है,

(a) एक एंट्री संख्या प्रदान की जाएगी तथा लिखित में अंकित की जाएगी

(b) सूचना देने वाले को पढ़कर सुनाई जाएगी;

(c) पुस्तक में अंकित की जाएगी, जो पुलिस यूनिट के द्वारा सुरक्षित रखी जाएगी।

(iii) जहाँ पर रिपोर्ट/सूचना उपधारा (2) के अंतर्गत किसी बच्चे के द्वारा दी जाए तो वह सूचना साधारण भाषा में लिखी जाएगी, जिसे बच्चा आसानी से समझ सके, जो लिखा गया है।

(iv) यदि सूचना ऐसी भाषा में लिखी गई है, जिसे बच्चा समझता नहीं है तो जहाँ भी आवश्यक समझा जाए, किसी योग्य व अनुभवी अनुवादक को निर्धारित शुल्क देकर उसका प्रबंध किया जाए।

(v) जहाँ पर विशिष्ट बाल सुधार पुलिस या स्थानीय पुलिस संतुष्ट हो कि जिस बच्चे को अपराध का शिकार बनाया गया है, उसे तुरंत देखभाल व सुरक्षा की, संबंधित पुलिस कारणों को लिखित में रिकॉर्ड करने के पश्चात्, बच्चे के लिए

ऐसी देखभाल व सुरक्षा का प्रबंध करेगी, जिसमें किसी निकटतम अस्पताल या शेल्टर होम में 24 घंटे के अंदर-अंदर भरती कराने का प्रबंध करेगी।

(vi) विशिष्ट बाल सुधार पुलिस या लोकल पुलिस बिना किसी अनावश्यक देरी के 24 घंटे के अंदर मामला बाल कल्याण समिति या स्पेशल कोर्ट में प्रस्तुत करेगी, किंतु जहाँ पर कोई स्पेशल कोर्ट नामित न हो, सेशन जज कोर्ट को सूचित करेगी, जिसमें बच्चे की आवश्यकता, उसकी देखभाल तथा सुरक्षा का विवरण शामिल होगा।

(vii) कोई भी व्यक्ति जो सद्भावना में इस प्रकार की सूचना, जो उपधारा (1) के अंतर्गत है, किसी प्रकार की दीवानी या फौजदारी जवाबदेही का उत्तरदायी नहीं होगा।

20. मामले की रिपोर्टिंग करने के लिए मीडिया, स्टूडियो तथा फोटोग्राफिक सुविधाओं की जिम्मेदारी : किसी मीडिया संस्थान, होटल, लॉज, अस्पताल, क्लब स्टूडियो या फोटोग्राफिक सुविधा स्थान, जो किसी भी नाम से जाना जाता हो और उसमें कर्मचारियों की कुछ भी संख्या हो, में कार्य करनेवाले कर्मचारी का यह कर्तव्य होगा कि यदि उसके ज्ञान में ऐसी कोई सामग्री या वस्तु आती है, जो बच्चे के यौन शोषण से संबंधित है, जिसमें बच्चे का अश्लील चित्रण या अभद्र प्रदर्शन किसी भी माध्यम में किया गया हो, वह कर्मचारी ऐसी सूचना विशिष्ट बाल सुधार पुलिस या स्थानीय पुलिस जैसी भी स्थिति हो, को उपलब्ध कराएगा।

21. ऐसे मामलों की सूचना देने या रिपोर्ट दर्ज करने में हुई चूक की सजा : ऐसा कोई व्यक्ति, जो धारा 19 की उपधारा (1) या धारा 20 के तहत किसी अपराध की सूचना देने या रिपोर्ट दर्ज करने में चूक करेगा 6 मास तक के कारावास या आर्थिक दंड या दोनों से दंडित किया जाएगा।

(ii) यदि कोई व्यक्ति, जो किसी कंपनी या संस्था का प्रभारी है (चाहे कंपनी या संस्था का नाम कुछ भी हो) किसी ऐसे अपराध, जिसमें उसका अपना महत्त्व शामिल हो की सूचना देने में चूक करता है, वह एक वर्ष तक के कारावास या आर्थिक दंड या दोनों से दंडित किया जाएगा।

(iii) इस अधिनियम की उपधारा (1) के प्रावधान किसी बच्चे पर लागू नहीं होंगे।

22. झूठी सूचना या झूठी शिकायत करने की सजा : यदि कोई व्यक्ति किसी व्यक्ति को मात्र अपमानित करने, धन ऐंठने, या धमकी देने के उद्देश्य से, अधिनियम की धारा 3, 5, 7 व 9 के अंतर्गत किए हुए अपराध की झूठी सूचना या शिकायत दर्ज कराता है, वह 6 माह तक की सजा या आर्थिक दंड या दोनों से दंडित किया जाएगा।

यदि ऐसी झूठी सूचना किसी बच्चे ने दी है तो वह बच्चा सजा का भागीदार नहीं होगा।

23. मीडिया के लिए प्रक्रिया : कोई भी व्यक्ति किसी प्रकार के माध्यम, मीडिया, स्टूडियो या फोटोग्राफिक सुविधा से किसी बच्चे के विषय में कोई रिपोर्ट या टिप्पणी बिना उसकी आधिकारिक पुष्टि को प्रस्तुत नहीं करेगा, जो कि प्रतिष्ठा को गिराती हो अथवा उसकी निजता का हनन करती हो।

(ii) मीडिया की कोई रिपोर्ट बच्चे की पहचान का खुलासा नहीं करेगी, जिसमें बच्चे का नाम, पता, फोटो, परिवार विवरण, स्कूल, पड़ोस या अन्य कोई ऐसा विवरण, जिससे बच्चे की पहचान उजागर हो, शामिल हैं। परंतु कोई सक्षम स्पेशल कोर्ट यदि यह समझता है कि ऐसा खुलासा करना बच्चे के हित में होगा, तो वह कोर्ट लिखित में कारण रिकॉर्ड करते हुए इस प्रकार के खुलासे की अनुमति दे सकता है।

(iii) मीडिया, स्टूडियो या फोटोग्राफिक सुविधा के प्रकाशक या मालिक (इस अधिनियम) के अंतर्गत किया कार्य करने या न करने के लिए सामूहिक व अलग-अलग रूप से उत्तरदायी होंगे।

(iv) कोई भी व्यक्ति, जो इस अधिनियम की उपधाराओं (1) या (2) के अंतर्गत के प्रावधानों का उल्लघंन करता है, वह छह माह से लेकर एक वर्ष तक के कारावास या आर्थिक दंड या दोनों से दंडित किया जाएगा।

अध्याय-6

बच्चे के बयान दर्ज कराने की प्रक्रिया

24. बच्चे के बयान को दर्ज करना—

(i) बच्चे का बयान जहाँ तक संभव हो महिला पुलिस अधिकारी, जो सह-निरीक्षक के पद से कम न हो, के द्वारा बच्चे घर, या जहाँ वह बच्चा साधारणतया निवास करता हो या बच्चे की पसंद के स्थान पर दर्ज किया जाएगा।

(ii) बच्चे का बयान दर्ज करते समय पुलिस ऑफिसर अपनी वरदी में नहीं होगा।

(iii) जाँच के दौरान बच्चे का परीक्षण करते हुए पुलिस अधिकारी यह सुनिश्चित करेगा कि बच्चा आरोपी के संपर्क में किसी भी प्रकार से न आए।

(iv) कोई बच्चा किसी भी कारण से रात्रि में पुलिस स्टेशन पर नहीं रोका जाएगा।

(v) पुलिस अधिकारी सुनिश्चित करेगा कि बच्चे की पहचान जन-मीडिया से

बचाकर रखे, यदि स्पेशल कोर्ट द्वारा बच्चे के हित में ऐसा नहीं करने का निर्देश दिया गया है।

अर्थात् (यदि कोर्ट ने बच्चे के हित में बच्चे की पहचान जाहिर करने की अनुमति दी है, तो उसकी पहचान जाहिर की जा सकती है)

25. मजिस्ट्रेट द्वारा बच्चे का बयान दर्ज करना : यदि बच्चे का बयान दंड प्रक्रिया संहिता 1973 (1974 का, 2) (जिसको बाद में संहिता के रूप में संदर्भित किया गया है) की धारा 164 के अंतर्गत दर्ज किया जा रहा है, मजिस्ट्रेट किसी भी बात के होते हुए, बच्चे का बयान उसकी भाषा में लिखेगा, परंतु इस धारा की उपधारा (i) में आरोपी के वकील की उपस्थिति का प्रावधान इस प्रक्रिया में लागू नहीं होगा (अर्थात् आरोपी का वकील इस समय उपस्थित नहीं रहेगा)।

(ii) पुलिस द्वारा कोड की धारा 173 के अंतर्गत फाइनल रिपोर्ट प्रस्तुत करने पर, मजिस्ट्रेट बच्चे को, उसके माता-पिता अथवा प्रतिनिधि को कोड की धारा 207 के अंतर्गत निर्दिष्ट अभिलेखों की प्रतिलिपि उपलब्ध कराएगा।

26. (बच्चे के) बयान दर्ज कराने के संबंध में अतिरिक्त प्रावधान—

(i) मजिस्ट्रेट या पुलिस अधिकारी, जैसी भी स्थिति हो, बच्चे के बयान उसके माता-पिता या ऐसे किसी व्यक्ति, जिस पर बच्चा विश्वास रखता हो, की उपस्थिति में उसी प्रकार दर्ज करेगा, जैसे उसने बोला है।

(ii) जहाँ आवश्यक हो मजिस्ट्रेट या पुलिस अधिकारी जैसी भी स्थिति हो, एक ऐसे अनुवादक या व्याख्या करनेवाले की निर्धारित शुल्क पर सहायता ले सकता है, जो ऐसा अनुभव तथा योग्यता रखता हो, जो निर्धारित हो।

(iii) यदि बच्चा मानसिक या शारीरिक रूप से अक्षम हो तो, बच्चे के बयान दर्ज कराने में मजिस्ट्रेट या पुलिस अधिकारी जैसी भी स्थिति हो, किसी विशेष शिक्षक या ऐसे व्यक्ति की सहायता प्राप्त कर सकता है, जो बच्चे के संवाद के तौर-तरीकों से परिचित हो या निर्धारित शुल्क पर किसी बच्चा विशेषज्ञ की सहायता, जो निर्धारित योग्यता, अनुभव रखता हो, ले सकता है।

(iv) जहाँ संभव हो, मजिस्ट्रेट या पुलिस अधिकारी जैसी भी स्थिति हो, यह सुनिश्चित करेगा कि बच्चे का बयान ऑडियो-वीडियो इलेक्ट्रॉनिक माध्यम से दर्ज हो।

27. बच्चे का चिकित्सा परीक्षण : इसके बावजूद कि इस अधिनियम के अंतर्गत, अपराध की प्राथमिकी दर्ज नहीं हुई है, ऐसे बच्चे, जिसके प्रति इस अधिनियम के अंतर्गत अपराध किया गया है, का चिकित्सा परीक्षण दंड प्रक्रिया संहिता 1973 (2 ऑफ 1974) की धारा 164 (अ) के प्रावधानों के अनुसार संपन्न किया जाएगा।

(ii) यदि अपराध की पीड़िता कोई बच्ची है, तो चिकित्सा परीक्षण महिला चिकित्सक द्वारा किया जाएगा।

(iii) बच्चे का चिकित्सा परीक्षण बच्चे के माता-पिता अथवा उसके किसी विश्वस्त व्यक्ति की उपस्थिति में किया जाएगा।

(iii) यदि बच्चे के माता-पिता अथवा कोई उसका विश्वस्त व्यक्ति उपलब्ध न हो तो ऐसी कोई महिला की उपस्थिति में, जो उस मेडिकल संस्था के प्रमुख द्वारा नामित की जाए।

अध्याय-7
विशेष अदालतें

28. स्पेशल कोर्ट्स का नामित करना : त्वरित न्याय प्रदान करने के उद्देश्य से राज्य सरकार हाई कोर्ट के मुख्य न्यायाधीश के परामर्श से प्रत्येक जिले में एक ऑफिशियल गजट में अधिसूचना के द्वारा प्रत्येक जिले में एक सेशन कोर्ट को इस अधिनियम के अंतर्गत अपराधों में अभियोजन चलाने के लिए नामित करेगी। परंतु यदि कमीशंस फॉर प्रोटेक्शन ऑफ चाइल्ड राइट्स ऐक्ट 2005 (4 ऑफ 2006) के अंतर्गत कोर्ट ऑफ सेशन बच्चों की अदालत के रूप में नामित कर दिया गया हो, या ऐसे ही उद्देश्य के लिए किसी अन्य प्रचलित कानून के अंतर्गत स्पेशल कोर्ट नामित कर दिया गया है, तो वह कोर्ट ही इस धारा के अंतर्गत नामित स्पेशल कोर्ट माना जाएगा।

(ii) इस अधिनियम के अंतर्गत किसी अपराध का ट्रायल करने के दौरान वह स्पेशल कोर्ट उप धारा (1) के अंतर्गत संदर्भित किसी अपराध के इतर भी यदि आरोपी पर कोई अन्य अपराध दंड प्रक्रिया संहिता 1973 के अंतर्गत आरोपित है तो वह आरोप भी इस कोर्ट में ट्राई किया जाएगा।

(iii) इन्फॉर्मेशन टेक्नोलॉजी ऐक्ट सन् 2002 (21 ऑफ 2002) में किसी बात के होते हुए, इस अधिनियम के अंतर्गत निर्मित स्पेशल कोर्ट का उस अधिनियम के अंतर्गत धारा 67ब में आनेवाले अपराधों के मामलों में अधिकार होगा, जहाँ तक अपराध का संबंध बच्चे का ऑनलाइन यौन उत्पीड़न करने के उद्देश्य से उसके संबंध में ऐसी सामग्री से हो, जिसका प्रकाशन या प्रेषण किया गया हो, जिसमें बच्चे को स्पष्ट तौर से यौनाचार की क्रिया, व्यवहार या आचरण में प्रदर्शित किया गया है।

29. किसी अपराध के विषय में संभावना की कल्पना : जहाँ इस अधिनियम की धारा 3, 5, 7 तथा 9 के अंतर्गत किसी व्यक्ति पर अपराध करने, उसमें सहयोग देने या अपराध करने का प्रयास करने का अभियोजन चलाया जा रहा हो, तो स्पेशल कोर्ट,

यदि इसके विपरीत सिद्ध न हो जाए, यह मानकर चलेगा कि प्रत्येक आरोपी ने वह अपराध किया है, करने का प्रयास किया है, या अपराध में सहयोगी का कार्य किया है।

30. दंडनीय मानसिक स्थिति की संभावना की कल्पना : इस अधिनियम के अंतर्गत किसी अपराध पर चलाए जा रहे किसी ऐसे अभियोजन में, जिसमें दंडनीय मानसिक स्थिति का होना आवश्यक है, स्पेशल कोर्ट यह मानकर चलेगा कि आरोपी की दंडनीय मानसिक स्थिति उपस्थित थी, किंतु बचाव पक्ष के पास यह अवसर प्राप्त है कि वह यह सिद्ध कर सके कि आरोपित कृत्य को करने में आरोपी की मानसिक स्थिति इस प्रकार की नहीं थी।

(ii) इस धारा के उद्‌देश्य से कोई तथ्य केवल तब ही सिद्ध माना जाएगा, जब स्पेशल कोर्ट यह समझे कि ऐसा तथ्य तार्किक संदेश से परे सिद्ध है। केवल संभावना की प्रबलता पर्याप्त नहीं है।

31. स्पेशल कोर्ट के सामने काररवाई में दंड प्रक्रिया संहिता, 1973 का लागू होना : इस अधिनियम में दिए हुए अन्यथा व्यवस्था को छोड़कर दंड प्रक्रिया संहिता के प्रावधान स्पेशल कोर्ट में चल रही काररवाई में लागू होंगे, जिनमें जमानत व बॉण्ड आदि शामिल हैं। इस अधिनियम के प्रावधानों के वास्ते स्पेशल कोर्ट, एक सेशन कोर्ट और अभियोग चलाने वाले को पब्लिक प्रोसीक्यूटर माना जाएगा।

32. स्पेशल पब्लिक प्रोसीक्यूटर : कार्यालयी गजट में एक नोटीफिकेशन के द्वारा राज्य सरकार प्रत्येक स्पेशल कोर्ट के लिए एक स्पेशल पब्लिक प्रोसीक्यूटर नियुक्त करेगी, जो केवल इस अधिनियम के अंतर्गत अभियोजन को चलाएगा।

(ii) एक पब्लिक प्रोसीक्यूटर के रूप में नियुक्त होने के लिए केवल ऐसा व्यक्ति अर्ह होगा, जो (विधिक सेवा में) एडवोकेट के रूप में कम-से-कम सात वर्ष का अनुभव रखता हो।

(iii) इस धारा के अंतर्गत स्पेशल प्रोसीक्यूटर के रूप में नियुक्त हर व्यक्ति एक पब्लिक प्रोसीक्यूटर होगा और दंड प्रक्रिया संहिता 1973 (2 ऑफ 1974) की धारा 2 की उपधारा (यू) के प्रावधान तद्नुसार लागू होंगे।

अध्याय-8

33. स्पेशल कोर्ट की प्रक्रिया और उसकी शक्तियाँ : कोई इस प्रकार की शिकायत पाने पर, जिसमें दिए गए तथ्यों के प्रकाश में इस प्रकार का अपराध बनता हो अथवा इस प्रकार के तथ्यों की सूचना पुलिस द्वारा दिए जाने पर स्पेशल कोर्ट अपराध का संज्ञान ले सकता है, चाहे आरोपी को ट्रायल के लिए कमिट भी न किया गया हो।

(ii) स्पेशल प्रोसीक्यूटर अथवा जैसी भी स्थिति हो, आरोपी के लिए प्रस्तुत

अधिवक्ता, बच्चे के बयान दर्ज करने, उसका क्रॉस परीक्षण अथवा रिक्रॉस परीक्षण करने हेतु, अपने प्रश्न स्पेशल कोर्ट को बताएगा, और फिर कोर्ट बच्चे से वह प्रश्न पूछेगा (अर्थात् बच्चे से सीधे प्रश्न नहीं पूछे जाएँगे)।

(iii) यदि कोर्ट आवश्यक समझे तो ट्रायल के दौरान बच्चे को बीच-बीच में अंतराल दे सकता है।

(iv) स्पेशल कोर्ट बच्चे के लिए एक मित्रवत् वातावरण बनाने के लिए, कोर्ट में बच्चे के पारिवारिक सदस्यों, उसके अभिभावकों, मित्रों, संबंधियों अथवा उसके विश्वासपात्र व्यक्तियों को कोर्ट में उपस्थित रहने की अनुमति देगा।

(v) स्पेशल कोर्ट यह सुनिश्चित करेगा कि बच्चे को अपना बयान दर्ज कराने के लिए उसे कोर्ट में बार-बार न बुलाया जाए।

(vi) स्पेशल कोर्ट यह भी सुनिश्चित करेगा कि बच्चे से आक्रामक प्रश्न न पूछे जाएँ अथवा उसका चरित्र हनन न हो और यह कि समस्त ट्रायल के दौरान बच्चे की गरिमा बनाई रखी जाए।

(vii) स्पेशल कोर्ट सुनिश्चित करेगा कि जाँच अथवा ट्रायल के दौरान बच्चे की पहचान जाहिर न की जाए। परंतु यदि कोर्ट की राय में ऐसा करना बच्चे के हित में हो, तो स्पष्ट कारण लिखते हुए, कोर्ट इस प्रकार के खुलासे की अनुमति दे सकता है।

स्पष्टीकरण : इस उप धारा के उद्देश्य हेतु, बच्चे की पहचान में उसका परिवार, स्कूल, संबंधी, पड़ोस या अन्य कोई सूचना जो बच्चे की पहचान स्पष्ट कर सके, शामिल होंगे।

(viii) उपयुक्त मामलों में (आरोपी) को दंड देने के अलावा कोर्ट उसे इस प्रकार की निर्धारित क्षतिपूर्ति का सीधे-सीधे भुगतान का आदेश भी दे सकता है, जो बच्चे के शारीरिक अथवा मानसिक आघात के लिए अथवा उसके तुरंत पुनर्वास के लिए आवश्यक हो।

(ix) इस अधिनियम के अधीन रहते हुए, इस अधिनियम के अंतर्गत किसी अपराध का ट्रायल करने के लिए स्पेशल कोर्ट एक सेशन कोर्ट की तरह, जहाँ तक संभव हो, दंड प्रक्रिया संहिता 1973 (2 ऑफ 1974) में दी गई प्रक्रिया के अनुसार मामले का ट्रायल संचालित करेगा।

34. बच्चे के द्वारा किए गए अपराध के मामले में तथा बच्चे का निर्धारण करने की प्रक्रिया : जहाँ इस अधिनियम के अंतर्गत अपराध बच्चे के द्वारा किया गया है, ऐसे बच्चे पर काररवाई जुवैनाइल जस्टिस (केयर ऐंड प्रोटेक्शन ऑफ चिल्ड्रन ऐक्ट 2005) (56 ऑफ 2000) के अंतर्गत चलायी जाएगी।

(ii) यदि स्पेशल कोर्ट में अभियोजन के दौरान व्यक्ति के बच्चा होने या न होने का प्रश्न उत्पन्न होता है तो स्पेशल कोर्ट अपनी संतुष्टि पर व्यक्ति की आयु कारण सहित लिखित में निर्धारित करेगा।

(iii) व्यक्ति की आयु निर्धारण का स्पेशल कोर्ट का कोई आदेश नियम विरुद्ध इस आधार पर नहीं माना जाएगा कि बाद में ऐसा कोई प्रमाण आ गया है कि कोर्ट द्वारा निर्धारित आयु का आदेश सही नहीं था।

35. बच्चे की गवाही दर्ज करने व मामले को तय करने की समय सीमा : बच्चे की गवाही स्पेशल कोर्ट के अपराध का संज्ञान लेने के 30 दिन के अंदर पूरी की जाएगी, और देरी की दशा में स्पेशल कोर्ट का कारण लिखित होगा।

(ii) जहाँ तक संभव हो, स्पेशल कोर्ट अपराध का संज्ञान लेने के एक वर्ष के अंदर ट्रायल पूरा करेगा।

36. कोर्ट में गवाही देते हुए बच्चे के सामने आरोपी नहीं होगा : स्पेशल कोर्ट सुनिश्चित करेगा कि कोर्ट में अपना बयान दर्ज कराने के दौरान बच्चा अपराधी के सामने नहीं लाया जाएगा, जबकि आरोपी बच्चे के बयान को सुन सकेगा और अपने वकील से परामर्श कर सकेगा।

(ii) उपधारा (1) के उद्देश्य से स्पेशल कोर्ट बच्चे का बयान वीडियो कॉन्फ्रेंस या एकल दृश्य दर्पण का प्रयोग करके अथवा परदे का उपयोग या अन्य किसी युक्ति का प्रयोग करके दर्ज कर सकेगा।

37. ट्रायल कैमरा में संचालित हो : स्पेशल कोर्ट मामले का ट्रायल इन-कैमरा करेगा, जिसके दौरान बच्चे के माता-पिता या बच्चे का विश्वस्त अन्य कोई व्यक्ति उपस्थित रहेगा।

परंतु यदि कोर्ट की राय में बच्चे का परीक्षण कोर्ट के अतिरिक्त किसी अन्य स्थान पर होना आवश्यक है, तो कोर्ट इस प्रकार का आदेश जारी करेगा, जो दंड प्रक्रिया संहिता 1973 (2 ऑफ 2074) की धारा 204 के प्रावधानों के अनुसार पारित होगा।

38. बच्चे के बयान दर्ज करने के दौरान किसी अनुवादक या विशेषज्ञ की सहायता : जहाँ कहीं आवश्यकता हो, स्पेशल कोर्ट किसी ऐसे अनुवादक या विशेषज्ञ की सहायता निर्धारित शुल्क पर ले सकता है, जिसके पास निर्धारित योग्यता अथवा अनुभव हो।

(ii) यदि बच्चा शारीरिक या मानसिक अक्षमता रखता हो तो स्पेशल कोर्ट बच्चे के बयान दर्ज करने में किसी विशेष शिक्षक या ऐसे किसी अन्य व्यक्ति, जो बच्चे के संवाद करने के तरीके से परिचित हो, की सहायता ले सकता है अथवा ऐसे व्यक्ति की सहायता निर्धारित शुल्क पर ले सकेगा, जो इस क्षेत्र में विशेषज्ञ हो और इस प्रकार की योग्यता और अनुभव रखता हो।

अध्याय-9
मिसलेनियस

बच्चे के लिए विशेषज्ञों आदि की सहायता लेने के लिए दिशा-निर्देश—

39. इस विषय में बनाए गए नियमों के अधीन राज्य सरकार ट्रायल से पहले तथा ट्रायल के समय बच्चे के साथ गैर-सरकारी संगठनों, व्यावसायिक तथा विशेषज्ञों अथवा ऐसे व्यक्तियों को जिन्हें मनोविज्ञान, सामाजिक कार्य, शारीरिक स्वास्थ्य, मानसिक स्वास्थ तथा बच्चे के विकास का ज्ञान हो, को जोड़ने के लिए राज्य सरकार दिशा-निर्देश तैयार करेगी।

40. किसी विधि विशेषज्ञ की सहायता लेने का बच्चे का अधिकार : दंड प्रक्रिया संहिता (1973) धारा 301 के प्रावधानों के अधीन बच्चे का परिवार या अभिभावक को अधिकार होगा कि इस अधिनियम के अंतर्गत किसी अभियोजन में वे किसी अपने पसंद के वकील की सहायता प्राप्त करें, परंतु यदि बच्चे का परिवार या अभिभावक किसी वकील का खर्च वहन करने में सक्षम नहीं है, तो विधिक सेवा प्राधिकरण उन्हें एक वकील उपलब्ध कराएगा।

41. कुछ मामलों में धारा 3 से 10 तक के प्रावधानों का लागू न होना : ये प्रावधान बच्चे के चिकित्सा परीक्षण या चिकित्सा इलाज के मामलों में लागू नहीं होंगे, यदि ऐसे परीक्षण या इलाज बच्चे के अभिभावक या माता-पिता की सहमति से किए जा रहे हैं।

42. वैकल्पिक दंड : जहाँ पर कोई कृत्य या चूक, जो इस अधिनियम तथा भारतीय दंड विधान की धाराओं 166ए, 354बी, 354बी, 354सी, 354डी, 370, 370ए, 375, 376, 376ए, 376सी, 376डी, 376ई के अधीन भी दंडनीय अपराध हो तो उस समय में प्रचलित कानून में किसी भी बात के होते हुए, अपराध के दोषी को इस अधिनियम अथवा भारतीय दंड संहिता के अंतर्गत उस दंड से दंडित किया जाएगा, जो मात्रा में अधिक हो।

(ii) 42 (A) यह अधिनियम किसी अन्य कानून के उल्लंघन में नहीं है : इस अधिनियम के प्रावधान उस समय में प्रभावित किसी कानून के अतिरिक्त है, उसके उल्लंघन में नहीं है। यदि कहीं पर कोई विसंगति आती है तो उस विसंगति की सीमा तक इस अधिनियम के प्रावधान अन्य किसी प्रावधान के ऊपर प्रभावी होंगे।

43. अधिनियम के विषय में जागरूकता : केंद्रीय सरकार तथा प्रत्येक राज्य सरकार सुनिश्चित करेगी कि—

(i) बच्चों, उनके माता-पिता व अभिभावकों को इस अधिनियम की धाराओं के संबंध में जागरूक करने के लिए सरकार टेलीविजन, रेडियो तथा प्रिंट मीडिया के माध्यम से इन प्रावधानों का सार्वजनिक प्रचार-प्रसार करेंगी, जो नियमित रूप से समय-समय पर किया जाएगा।

(ii) केंद्रीय व राज्य सरकारों के अधिकारी तथा अन्य संबंधित व्यक्तियों, जिनमें पुलिस अधिकारी शामिल हैं, को इस अधिनियम के प्रावधानों को लागू करने के संबंध में समय-समय पर प्रशिक्षण की व्यवस्था की जाएगी।

44. अधिनियम के लागू किए जाने की निगरानी : धारा 3 के अंतर्गत निर्मित नेशनल कमीशन फॉर प्रोटेक्शन ऑफ चाइल्ड राइट्स या जैसी भी स्थिति हो, धारा 17 के अंतर्गत निर्मित स्टेट कमीशन फॉर प्रोटेक्शन ऑफ चाइल्ड राइट्स ऐक्ट, अथवा कमीशंस फॉर प्रोटेक्शन ऑफ चाइल्ड राइट्स ऐक्ट 2005 (4 ऑफ 2006) इस अधिनियम के अंतर्गत निर्धारित कार्यों के अतिरिक्त यह भी निगरानी करें कि इस अधिनियम के प्रावधान निर्धारित रूप में लागू किए जा रहे हैं।

(ii) उपधारा (1) में संदर्भित नेशनल कमीशन या जैसी भी स्थिति हो राज्य कमीशन की इस अधिनियम के अंतर्गत किसी अपराध की विवेचना/अन्वेषण करने में वही शक्तियाँ होंगी, जो कमीशंस फॉर प्रोटेक्शन ऑफ चाइल्ड राइट्स ऐक्ट 2005 (4 ऑफ 2006) के अंतर्गत निहित है।

(iii) कमीशंस फॉर प्रोटेक्शन ऑफ चाइल्ड राइट्स ऐक्ट 2005 (4 ऑफ 2006) की धारा 16 में संदर्भित वार्षिक रिपोर्ट में, उपधारा (1) के अंतर्गत नेशनल कमीशन, या जैसी भी स्थिति हो, राज्य कमीशन इस धारा के अंतर्गत अपनी गतिविधि भी शामिल करेंगे।

45. नियम बनाने की शक्ति : केंद्रीय सरकार, सरकारी गजट में अधिसूचना द्वारा इस अधिनियम की धाराओं में लागू करने के विषय में नियम बना सकती है।

(ii) विशेष रूप से तथा उपरोक्त शक्तियों की व्यापकता पर बिना प्रतिकूल प्रभाव डाले, इस प्रकार के नियम सभी अथवा निम्नलिखित मामलों में व्यवस्था दे सकते हैं।

(a) धारा 19 की उपधारा (4) धारा 26 की उपधारा (2) व (3) तथा धारा 38 के अंतर्गत अनुवादक, दुभाषिया, विशेष शिक्षक या ऐसे किसी अन्य व्यक्ति, जो बच्चे के बातचीत करने के तरीके से परिचित हो अथवा इस क्षेत्र के विशेषज्ञ की योग्यता तथा अनुभव व उसको देय फीस;

(b) धारा 19 की उपधारा की उपधारा (5) के अंतर्गत बच्चे की देखभाल, सुरक्षा तथा संकटकालीन चिकित्सा व्यवस्था;

(c) धारा 33 की उपधारा (8) के अंतर्गत क्षतिपूर्ति का भुगतान;

(d) धारा 44 की उपधारा (1) के अंतर्गत अधिनियम के प्रावधानों के समय-समय पर निगरानी का तरीका;

(e) इस धारा के अंतर्गत कोई भी नियम निर्मित होने के पश्चात् जितनी जल्दी हो

सके, संसद् के सत्र के दौरान उसके दोनों सदनों में रखा जाएगा, यदि संसद् कुल मिलाकर 30 दिन के सत्र में हो।

यदि सत्र, सत्र की समाप्ति से पूर्व हो तो तुरंत।

यदि दोनों सदन नियम पास करते हैं तो नियम प्रभावी हो जाएगा, परंतु यदि संशोधित या अस्वीकार कर दिया गया हो तो तद्नुसार प्रभावी होगा या नहीं होगा। यदि नियम संशोधित या अस्वीकार कर दिया गया तो संबंधित नियम के अंतर्गत किए गए कार्य पर कोई विपरीत प्रभाव नहीं पड़ेगा।

46. कठिनाई निवारण की शक्ति : यदि इस अधिनियम के प्रावधानों को लागू करने में कोई कठिनाई आती है, केंद्रीय सरकार अपने कार्यालयीन गजट में प्रकाशित आदेश के द्वारा इस प्रकार के प्रावधान बना सकती है, जो अधिनियम के प्रावधानों के साथ असंगत न हों, और जो सरकार की दृष्टि में आवश्यक हों या कठिनाई निवारण के लिए उपयुक्त हों।

(ii) इस धारा के अंतर्गत निर्मित कोई भी नियम निर्मित होने के पश्चात् जितनी जल्दी संभव हो, संसद् के दोनों सदनों में रखा जाएगा।

(अनुसूची)

धारा 2 सी देखें

ARMED FORCES AND SECURITY FORCES CONSTITUTED UNDER

(a) The Air Force Act, 1950 (45 of 1950);

(b) The Army Act, 1950 (46 of 1950);

(c) The Assam Rifles Act, 2006 (47 of 2006);

(d) The Bombay Home Guard Act, 1947 (3 of 1947);

(e) The Border Security Force Act, 1968 (47 of 1968);

(f) The Central Industrial Security Force Act, 1968 (50 of 1968);

(g) The Central Reserve Police Force Act, 1949 (66 of 1949);

(h) The Coast Guard Act, 1978 (30 of 1978);

(i) The Delhi Special Police Establishment Act, 1946 (25 of 1946);

(j) The Indo-Tibetan Border Police Force Act, 1992 (35 of 1992);

(k) The Navy Act, 1957 (62 of 1957);

(l) The National Investigation Agency Act, 2008 (34 of 2008);

(m) The National Security Guard Act, 1986 (47 of 1986);

(n) The Railway Protection Force Act, 1957 (23 of 1957);

(o) The Sashastra Seema Bal Act, 2007 (53 of 1957);

(p) The Special Protection Group Act, 1988 (34 of 1988);

(q) The Territorial Army Act, 1948 (56 of 1948).

1. स्टेट पुलिस फोर्सेज (जिसमें सशस्त्र बल शामिल है), जो राज्य के सिविल विभागों की सहायता के लिए राज्य के कानूनों के अंतर्गत निर्मित की गई है, और आंतरिक अशांति के दौरान बल प्रयोग करने के लिए अधिकृत हो, अथवा अन्यथा आर्म्ड फोर्सेज (स्पेशल पॉवर्स) ऐक्ट 1958 (28 ऑफ 1958) की धारा 2 की उपधारा (अ) में परिभाषित सशस्त्र बलों को शामिल करते हुए।

□□□